제2판

Decision Making Using EXCEL

EXCEL 활용 의사결정

박광태 | 김민철 | 김보원

박영사

EXCEL 활용 의사결정

제2판 머 리 말

21세기 글로벌 경영환경은 그 어느 때보다도 불확실성에 영향을 받고 있다. 스마트폰은 기업으로 하여금 새로운 수익창출 기회를 추구할 수 있도록 하였으나, 동시에 끊임없이 변하는 소비자의 요구를 반영하여 제품과 마케팅 전략을 수립해야 하는 도전을 과제로 줬다. 미국과 일본, 독일의 삼각체제가 붕괴되고, 그 자리에 미국과 중국의 양자대결 구도가 자리잡으면서 세계경제의 주도권을 두고 일대 혼전이 벌어지고 있다. 아시아 금융위기로 20세기를 마감했던 글로벌경제가 2012년에는 유럽발 금융위기로 기로에 서 있다. Sony, Toyota 등 20세기 후반 세계경제를 주도하였던 일본의 블루칩 기업들이 이제는 생존을 위해 몸부림치는 처절한 상황에 놓여 있다. 마찬가지로, Nokia, Motorola 등 한때 통신산업의 선두주자들도 더 이상 그 영화를 찾아볼 수 없다. 스마트 혁명을 주도했던 Apple의 아이패드는 우리가 알고 있던 컴퓨터 시장을 그 뿌리부터 흔들어 놓았다.

이러한 상황 하나하나가 엄청난 변화이지만, 어쩌면 우리 앞에 우리가 아직까지 상상할 수 없었던 더 거대한 변화가 기다리고 있을지도 모른다. 아니, 최근의 글로벌경제가 겪어 왔던 일련의 사건들을 생각한다면, 그러한 거대한 변화가 있으리라는 예상이 그리 틀린 것만은 아닐 것이다. 시장에서의 엄청난 변화는 쓰나미처럼 기업생태계에 영향을 미친다. 기존의 기업들이 쓰러지고 심지어는 사라지기도 한다. 그리고 그 위에 보다 작지만 민첩하고 변화된 경영환경에 잘 적응할 수 있는 새로운 기업들이 창출된다. 이 엄청난 적자생존의 치열한 '게임의 룰'은 결국 시장에 내재한 본질적인 불확실성에 의해 유발된 것이다.

과연 어떤 기업이 이 거대한 변화의 소용돌이 속에서 살아남을 것인가? 만약, 기업의 생존을 보장하는 능력을 단 한가지로 축약하라고 한다면, 그것은 아마도

'기업의 위험관리 능력(Corporate Risk Management Capability)'이 될 것이다. 경영환경의 위험, 즉 불확실성을 극복할 수 있는 역량이야말로 초극단적인 변화가 일상이 되어버릴 글로벌경제에서 기업이 생존하고 번영할 수 있는 가장 강력한 무기가 될 것이다. 결국, 불확실성하에서의 최적의사결정 역량이 기업의 지속가능한 경쟁우위를 창출할 수 있는 경영자의 힘이 될 것이다.

이 책의 목적은 정확히 경영자가 그러한 역량을 기를 수 있도록 하는 데 있다. 초판과 마찬가지로 수학 · 이론적인 디테일보다는 경영의사결정에 직접 활용할 수 있는 응용가능성에 초점을 두었다. 이 책이 경영과학을 학문적으로 연구하는 경영학자를 위해서가 아니라, 실제 글로벌 경영환경에서 끊임없이 의사결정을 해야 하는 경영자의 역량을 강화하기 위해서 쓰여졌기 때문이다. 따라서, 의사결정의 다양한 방법론들에 대해 최소한의 이론적인 부분을 소개한 후, 이들을 엑셀이라는 강력한 툴을 사용하여 실제 경영문제를 다루는 구체적인 응용을 강조한 것이다.

미래의 최고경영자, 즉 조직의 최고의사결정자를 꿈꾸는 경영자나 학생들이 이 책을 공부함으로써 합리적이고 효과적인 의사결정 역량을 키워갈 수 있기를 희망한다.

2012. 8

저자 일동

머 리 말

현대 사회는 정보의 홍수로 인해 빠른 시간 내에 합리적인 의사결정을 내리는 것이 매우 중요하다. 이를 위해서는 무엇보다도 신속한 분석도구가 필요하다.

일반적으로 대학에서 통계학이나 경영과학 과목을 통해 여러 경영분석기법을 배웠지만 주로 이론 위주의 교육에 치우쳐 학생들이 흥미를 갖지 못할 뿐만 아니라 실제 실무에 부딪혔을 때도 큰 도움이 되지 못하는 경우가 많은 것이 사실이다.

이에 현재 대학뿐만 아니라 기업체에서 가장 보편적으로 사용되는 소프트웨어인 마이크로소프트사에서 개발된 엑셀 프로그램을 이용하여 통계학이나 경영과학에서 배운 여러 가지 다양한 경영분석방법을 익힐 수 있게 하려는 의도로 본 저서를 집필하게 되었다. 통계학을 위한 별도의 분석도구인 SPSS나 SAS 등 그리고 경영과학을 위한 별도의 분석도구인 LINDO나 GAMS 등을 이용하지 않고서도 쉽게 구할 수 있는 보편적인 엑셀 프로그램을 이용함으로써 독자들이 더욱 친근하게 각종 기법들을 익힐 수 있으리라 생각된다.

미국의 경우에도「엑셀을 이용한 경영과학」이 경영과학 서적 중에서도 베스트셀러임을 고려해 볼 때 보편적인 프로그램을 이용한 학습이 매우 중요함을 알 수 있다. 현재 시중에서 발간된 몇몇 경영과학 서적들이 엑셀을 이용한 경영분석기법들을 소개하고 있으나 소개된 경영분석기법들이 몇 가지로 한정되어 있어 사용이 제한적일 수밖에 없는 단점이 있었다. 이에 본서에서는 저자들의 능력이 허용되는 범위 내에서 가능한 많은 통계학 및 경영과학 서적에 소개된 경영분석기법들을 다루려고 하였다. 특히 경영과학의 경우 최근 많이 활용되어 그 중요성이 더해 가고 있는 생산성 분석방법인 DEA(Data Envelopment Analysis)나 다기준 의사결정을 위한 AHP(Analytic Hierarchy Process) 기법까지도 소개하여 실제 실무에서 사용하는 데도 많은 도움이 되도록 노력하였다.

본서도 저자들의 원 의도와는 달리 많은 미비점을 갖고 있음을 인정하면서도 그래도 다음의 조그마한 장점을 가졌다고 스스로 위안해 본다.

첫째, 앞에서도 언급하였듯이 가능한 많은 분석기법들을 소개하려고 하였다.

둘째, 별도의 분석용 프로그램을 구입하지 않고서도 대학이나 기업에서 많이 사용하고 있는 엑셀이라는 보편적인 스프레드시트 형태의 프로그램을 이용하여 분석방법을 설명함으로써 독자들의 새로운 프로그램 이용에 대한 두려움이나 시간낭비 없이 이미 친숙한 엑셀 프로그램을 이용하여 각종 경영분석을 행할 수 있다.

셋째, 기존의 경영분석 프로그램의 경우 사용설명서에 나와 있는 대로 그냥 데이터를 입력하는 것과는 달리 엑셀의 경우 내용을 이해하면서 입력을 해야 하기 때문에 응용력이 더욱 늘게 된다.

넷째, 본서는 최근 서비스 업종의 비중이 점차 커지는 추세를 따라 가능한 한 많은 서비스 관련 예제를 제시하려고 노력하였다.

물론 본서에서는 가능한 한 이론적 설명이 배제되어 있으므로 시중에 나와 있는 여러 우수한 이론서들과 병행해서 사용한다면 더욱더 많은 것을 배울 수 있으리라 확신한다. 본서를 사용하는 도중 나타나는 여러 부족한 점들은 전적으로 저자들의 잘못인바 이러한 점들은 끊임없이 보완하여 더 나은 책으로 다듬어 나갈 생각이다. 아무쪼록 이 책을 사용하는 독자들이 여러 경영분석기법들을 익혀 실생활에 적용하여 만족스러운 결과를 얻을 수 있다면 저자들로서는 더 이상 바램이 없을 것이다.

끝으로 본서의 출판을 흔쾌히 승낙해 주신 안종만 사장님과 편집에 도움을 준 심성보 대리에게도 감사를 드립니다.

1999. 8

안암동 연구실에서

저 자 들 씀

차 례

제 1 장
경영과학의 현실적 적용

제 2 장
선형계획법

제 3 장 DEA(Data Envelopment Analysis)

제 4 장 정수계획법

제 5 장 수송모형

제 6 장
할당모형

제 7 장
목표계획법

제 8 장
네트워크 모형

제 9 장
PERT/CPM

제10장 재고모형

제11장 수요예측

제 12 장 의사결정론

제 13 장 비선형계획법

제 14 장
게임이론

제 15 장
계층분석과정

제16장 마코브분석

제17장 대기행렬모형

제18장 동적계획법

제 19 장
시뮬레이션

제 1 장

경영과학의 현실적 적용

1.1 경영과학의 정의

경영과학은 경영현상을 과학적이고 객관적으로 분석하여 어떤 규칙을 발견해 줌으로써 의사결정자가 의사결정을 가장 합리적으로 할 수 있도록 도와 주는 체계적 방법이다.

1.2 경영과학의 적용절차

일반적으로 경영과학은 다음의 6가지 절차를 적용한다.

① 시스템 분석

문제에서 제기된 시스템을 이해하고 분석하는 단계이다.

② 모형 수립

분석된 문제를 실제 현실을 반영할 수 있도록 모형화한다.

③ 입력자료의 획득

시스템의 특징이 가장 정확하게 표현될 수 있도록 모형에 필요한 입력자료를 준비한다.

④ 해를 구함

완성된 모형에 따라 해를 구하는 방법을 생각하고 이 방법을 통하여 해를 찾는다. 본서에서는 엑셀(Excel)을 이용하여 해를 찾을 것이다.

⑤ 해를 검증

산출된 해의 타당성을 검증한다.

⑥ 실제 적용

기업이나 조직의 환경이 항상 변할 수 있으므로 산출된 해를 실제 실무에 적용함에 있어서 모형 수립시 가정하였던 사항들이 바뀌었는지를 검토하여야 한다.

일반적으로 경영자가 겪는 분석과정은 크게 계량적 분석과 정성적 분석으로 나누어진다. 먼저 정성적 분석은 관리자의 판단력, 직관 또는 과거 경험 같은 주관적 요소에 의존하게 된다. 이러한 분석방법은 과거 동일한 문제에 부딪친 경험이 있거나 문제가 단순하다면 별 문제가 없다. 그러나 경험이 적거나 문제가 중대하고 복잡하다면 정성적 분석에 앞서 계량적 분석을 거치는 것이 필요하다.

1.3 경영과학모형의 분류

경영과학의 모형은 수학적 형태로 표현되는데 수학적 모형은 〔표 1.1〕과 같이 분류할 수 있다.

〔표 1.1〕 모형의 분류표

모형의 분류	정 의	적용 모형
규범적 모형 (normative model)	의사결정자의 목표를 가장 효율적으로 달성하기 위하여 어떻게 결정을 내려야 하는지를 규정하는 모형	선형계획법, 수송모형, 정수계획법, 네트워크모형, 동적계획법, 목표계획법, 게임이론, 재고이론 등
기술적 모형 (descriptive model)	의사결정이 실제로 어떻게 이루어지고 있는지를 기술하는 모형으로 규범적 모형을 적용할 수 없는 경우에 사용	마코브분석, 대기행렬모형, 시뮬레이션 등
확정적 모형 (deterministic model)	통제불가능변수에 대한 확실하고 정확한 지식을 전제로 의사결정에 필요한 모든 정보를 확실히 알고 있는 경우의 모형	선형계획법, 수송모형, 목표계획법, 동적계획법 등
확률적 모형 (probabilistic model)	통제불가능변수의 값이 불확실하고 변동하는 경우의 모형	대기행렬모형, 시뮬레이션, 재고통제모형 등

위와 같은 분류 외에도 정태적 모형(static model)과 동태적 모형(dynamic model)으로 구분하기도 하고, 선형모형(linear model)과 비선형모형(nonlinear model)으로 구분하기도 한다.

1.4 경영과학의 적용분야

오늘날 경영과학 기법은 기업, 산업체, 정부, 군사, 병원, 교육 등 영리 또는 비영리조직 등 모든 조직의 문제를 해결하는 데 이용되고 있다.

다음의 〔표 1.2〕는 각 기법의 적용 분야를 보여 주고 있다.

〔표 1.2〕 각 기법의 적용분야

분 야	적용 분야
재고관리	재고모형, 목표계획법, 시뮬레이션, 동적계획법
투자계획	0-1계획법, 동적계획법,
수송문제	수송모형, 네트워크모형,
작업, 자원 등 할당	할당모형, 목표계획법
인력계획	목표계획법, 마코브분석, 동적계획법
자본예산계획	목표계획법
설비대체문제	네트워크모형, 동적계획법
통신네트워크 분석	네트워크모형
수요예측	수요예측모형,
시장점유율분석	마코브분석, 게임이론
병원경영분석	마코브분석, 목표계획법, 재고모형, 동적계획법, 할당모형
요인간 평가분석	AHP,
서비스대기분석	대기모형, 시뮬레이션
생산성분석	DEA
프로젝트 계획	PERT/CPM
입지선정	AHP, 목표계획법,
광고매체선정	목표계획법

1.5 엑셀 적용 이점

엑셀은 거의 모든 기업체에서 사용되고 있는 소프트웨어일 뿐만 아니라 대학에서도 널리 이용되고 있다. 엑셀을 이용하는 경우 경영과학을 실제 적용하기 위한 별도의 프로그램을 구할 필요가 없이 곧바로 현실문제를 풀 수 있다. 즉 엑셀을 도구로 하여 이전에 이론적인 설명에 그치고 전문가들의 소유로만 생각하던 여러 의사결정기법들을 손쉽게 다룰 수 있다는 의미이다.

엑셀은 실제 경영기법의 논리를 직접 따라가면서 문제를 풀어 나가기 때문에 기존의 경영과학 프로그램보다 더욱 우수하다고 할 수 있다. 뿐만 아니라 엑셀의 경우 투입자료가 바뀌면 자동적으로 산출자료가 바뀔 수 있도록 프로그램이 구축되어 있기 때문에 실제 실무에 적용할 때 상당한 이점이 있다고 할 수 있다.

1.6 본서의 구성내용

본서는 모두 19장으로 구성되어 있다. 각 장마다 해당 경영과학기법에 대한 필요한 사항들을 설명하고 있으며, 실제 엑셀을 이용하여 관련예제를 풀어나감으로써 엑셀이용을 돕고 있다. 그리고 부록에는 엑셀과 관련된 기초사용법을 제시하여 본서를 공부하는 데 어려움이 없도록 하였다.

본서는 지금까지 국내에서 발간된 경영과학 서적들이 소개하고 있는 기법뿐만 아니라 소개되지 않으면서도 실제 기업 실무에서 널리 이용되는 DEA나 AHP 등도 엑셀을 통해 다루는 법을 제시하고 있다. 본서에서는 기존의 서적에서 기법별로 특수한 방법으로 설명된 것을 엑셀의 해찾기(solver)기능에 의하여 풀고 있으므로 대부분의 기법들을 더욱 익숙하게 익힐 수 있으리라 생각된다.

특히 본서에서는 우리나라에서 서비스산업이 차지하는 비중이 중요해짐에 따라 서비스산업에 관련된 예제를 가능한 많이 싣도록 노력하였다.

제 2 장

선형계획법

2.1 선형계획법의 개념

선형계획법(Linear Programming)은 오늘날 기업체, 정부, 병원 등 모든 기관에서 의사결정문제를 해결하기 위하여 가장 널리 사용하고 있는 계량적 분석도구의 하나로 하나의 목표달성을 위하여 한정된 자원을 최적배분하는 것과 관련이 있다.

2.2 선형계획법의 구조

선형계획법은 모든 선형제약조건을 동시에 만족시키면서 선형 목적함수(objective function)를 최대(maximization) 또는 최소(minimization)화 하는 결정변수(decision variables)들의 값을 찾아내는 것이다. 이렇게 찾아진 결정변수의 값을 최적해(optimal solution)라고 한다.

선형계획문제의 일반적인 구조는 다음과 같이 표시된다.

최대화(Max) $Z = C_1 X_1 + C_2 X_2 + \cdot\cdot\cdot + C_n X_n$

제약조건(s.t)

$$\begin{aligned} a_{11} X_1 + a_{12} X_2 + \cdot\cdot\cdot + a_{1n} X_n &\le b_1 \\ a_{21} X_1 + a_{22} X_2 + \cdot\cdot\cdot + a_{2n} X_n &\le b_2 \\ &\vdots \\ a_{m1} X_1 + a_{m2} X_2 + \cdot\cdot\cdot + a_{mn} X_n &\le b_m \\ X_1 \ge 0, X_2 \ge 0, \cdot\cdot\cdot, X_n &\ge 0 \end{aligned}$$

위의 모형을 간략하게 표시하면 다음과 같다.

$$\text{최대화} \qquad Z = \sum_{j=1}^{n} C_j X_j \quad \text{〔목적함수〕}$$

$$\text{제약조건} \qquad \sum_{j=1}^{n} a_{ij} X_j \geq b_i \quad \text{〔일반제약조건〕}$$

$$X_j \geq 0 \quad \text{〔비음제약조건〕}$$

모형에서 보듯이 모든 LP 문제는 다음 세 가지의 요소로 구성되어 있다.

① 선형의 목적함수

모든 LP 문제는 관리자가 달성하고자 하는 목적이 무엇이냐에 따라 최대화 또는 최소화문제로 나누어진다. 목적함수는 결정변수와 고려중인 하나의 목적과의 관계를 나타내는 수학적 표현으로 일반적으로 이익, 비용 등이 목적으로 사용된다. 목적함수를 구성하는 결정변수의 계수를 기여계수라고 하는데 이는 직접적으로 목적함수 값에 기여하는 정도를 나타낸다.

② 일반제약조건

만약 최대화문제에서 제약조건식이 없다면 결정변수의 값이 증가함에 따라 목적함수의 값은 무한히 증가할 것이다. 그러나 제한된 자원을 나타낸는 제약조건에 의하여 목적함수의 값은 제약을 받게 된다.

제약조건식의 한정된 자원을 나타내는 우변값을 우항(RHS: Right Hand Side)이라고 하고 제약조건식에 있는 결정변수의 계수값을 기술계수라고 한다.

③ 비음(Nonnegativity) 제약조건

이는 LP 문제의 최적해로써 얻는 결정변수의 값이 음수이어서는 안 된다는 것을 의미한다.

2.3 선형계획법의 기본가정

어떤 경영문제를 분석할 때 선형계획법을 적용할 수 있느냐하는 여부는 그 문제가 선형계회법이 요구하는 다음의 네 가지 기본적 가정을 만족시키느냐에 달려 있다.

① 일차성(linearity)

목적함수와 제약조건이 결정변수의 1차함수로 표현된다는 것이다.

② 부가성(additivity)

목적함수의 총 이윤은 목적함수 내에 존재하는 결정변수들의 이윤을 합한 것과 같고 자원의 사용량도 결정변수들이 사용하는 자원의 양을 합한 것과 같다는 것이다.

③ 가분성(divisibility)

사용하는 자원의 양이나 결정변수의 단위가 정수가 아닌 분수도 허용된다는 것이다.

④ 확정성(deterministic)

계수 및 자원의 양이 모두 확정적으로 알려져 있다는 것이다.

⑤ 비례성(proportionality)

결정변수의 목적함수 기여나 제약조건의 자원소요정도가 다른 결정변수의 값에 상관없이 해당 결정변수의 값에 따라 비례적이라는 것이다.

⑥ 유한성(finiteness)

결정변수의 수, 제약조건의 수, 우변상수인 총 가용자원 등이 유한하다는 것이다.

2.4 선형계획법의 기본해법

기본해법으로는 도표해법(graphical solution)과 심플렉스법(simplex method), 카마카의 투영축척해법(Karmarkar's projective scaling algorithm) 등이 있다.

도표해법은 2차원선상에 작성된 도표를 통하여 분석하는 것으로 의사결정변수의 수가 둘일 경우에만 사용되며 변수의 수가 둘 이상일 경우에는 평면좌표에 제약조건과 풀이 결과 등을 표시하기 힘들다. 따라서 변수와 제약조건의 숫자가 많을 때에는 일반적으로 컴퓨터를 이용한 심플렉스법이 적용되는 것이다.

심플렉스법은 1947년 Dantzig에 의해 개발된 반복적인 연산과정으로 원점으로부터 출발하여 단계적으로 최적해에 접근해가는 방법으로서, 선형계획문제의 계수와 상수의 행렬(matrix)로 형성된 하나의 표를 작성하고 이것을 이용하여 반복적 계산을 용이하게 수행함으로써 선형계획문제를 풀어나가는 것이다. 논리의 배경은 선형계획의 최적해는 항상 실행가능 영역의 꼭지점에서 결정된다는 원리를 수학적으로 체계화한 것이다. 즉, 심플렉스법은 선형계획의 최적해를 도출하기 위한 반복적인 연산과정으로 항상 원점으로부터 시작하여 현재보다 나은 다른 꼭지점으로 이동하면서 실행가능해의 영역내에서 더 이상 나은 해를 구할 수 없을 때까지 계속하여 최적해를 규명하는 방법이다.

또한 카마카의 투영축척해법은 1984년 카마카에 의해 제안된 것으로 대형문제의 최적해를 구하는 데 기존의 심플렉스법에 비하여 50배 이상의 속도를 보인 것으로 보고되어 획기적인 기법으로 소개되었다. 이는 실행가능영역 내의 점을 기준으로 목적식을 개선시키는 방향으로 적절한 거리를 실행가능영역 내부로 이동하는 것을 반복하여 최적해를 찾게 된다. 지금까지 알려진 바로는 작은 규모의 문제에서는 카마카해법이 심플렉스법에 비해 확실한 우월성을 나타내지 못하는 것으로 되어 있다. 아직은 카마카 해법이 많은 연구가 필요한 기법으로 간주되고 있으며, 향후 카마카 해법의 효율성도 많이 진척이 될 것으로 보인다.

2.5 민감도 분석(Sensitivity Analysis)

기여계수의 변화 및 제약 조건식의 기술계수나 우변상수의 변화 등에 대해 최적해가 어느 정도 민감한 가를 평가하는 사후분석이다.

보통 선형계획법의 결과를 통해 얻어진 최적해로 일단 문제를 해결된 것으로 볼 수 있으나 현실적으로 경영자의 의사결정은 단순하게 이루어지지 않는다. 따라서 이러한 민감도 분석을 통해 특정계수값 등의 일정 범위 내의 변화는 최적해에 영향을 미치지 않음을 미리 알아 의사결정 자료로 활용할 수 있다.

예를 들어 기업의 판매관련 의사결정자(Decision maker)는 자기가 구한 심플렉스의 최적해를 실제에 적용하기 전에 다음과 같은 의문을 가지게 된다.

첫째, 만약 제품의 시장가격이 변동한다면 최적해는 어떻게 될 것인가?

둘째, 만약 가용한 자원의 크기가 변한다면 최적해는 어떻게 될 것인가?

이와 같은 질문에 답을 하기 위해 민감도 분석이 필요한 것이다.

통상적으로 민감도 분석은 다음의 4가지 형태로 요약될 수 있다.

① 목적함수식의 계수변동

② 제약조건식에서 우측상수의 변동

③ 제약조건식에서 기술계수의 변동

④ 의사결정에 필요한 새로운 변수의 추가 또는 제거

2.6 엑셀에 의한 실제 사례

본서에서는 엑셀이라는 스프레트시트(Spreat Sheet)를 통한 빠른 최적해 도출에 초점을 맞추고 있기 때문에 심플렉스법이나 카마카 등의 방법에 대해서는 별도의 서적을 참고하기 바란다. 즉 여기서는 선형계획법의 엑셀적용방법과 결과해석 위주로 설명하고자 한다.

또한 이후 장에 제시되는 여러 경영과학기법들이 결국 선형계획법의 확대 · 응용된 문제들로 볼 수 있으므로 기본적인 문제의 엑셀에서의 적용방법에 대해 특히 초점을 맞추어 설명하고자 한다.

(1) 기본문제

햄버거전문점인 버거맥스에서는 치킨버거와 휘쉬버거 등 두 종류의 햄버거를 생산 · 판매하고 있다. 햄버거를 만드는 데는 재료준비와 굽기의 두 공정을 거치게 된다. 치킨버거를 만들기 위해서는 재료준비에 2분, 굽기에 4분이 소요되며 휘쉬버거를 만들기 위해서는 재료준비에 4분, 굽기에 3분이 걸린다고 한다. 그리고 현재의 매장 인원으로는 재료준비에는 주당 4,000분, 굽기에는 주당 6,000분이 최대한 사용가능하다고 한다. 치킨버거의 한 개당 이익은 6백원이고 휘쉬버거의 한 개당 이익은 8백원이라고 한다. 이 햄버거전문점의 이익을 최대로 하기 위한 각 햄버거의 최적 생산량을 결정하시오.

[엑셀 모형화]

위와 같은 문제를 엑셀로 해결하기 전에 선형계획모형을 만들어야 한다.

최대화 $Z = 6X + 8Y$ (총이익)

제약조건 $2X + 4Y \le 4000$ (재료준비)

$4X + 3Y \le 6000$ (굽기)

$X, Y \ge 0$

1. 입 력

〔그림 2.1〕과 같이 B4:C5, F4:F5 그리고 B7:C7셀에 문제의 수치를 입력한다. 그리고 엑셀 그림에서 수치이외의 내용(예를 들어 〔그림 2.1〕에서 A4셀의 「재료굽기」라는 단

어)은 입력되었다고 가정하고 설명에서는 언급하지 않는다.

[그림 2.1] 자료입력

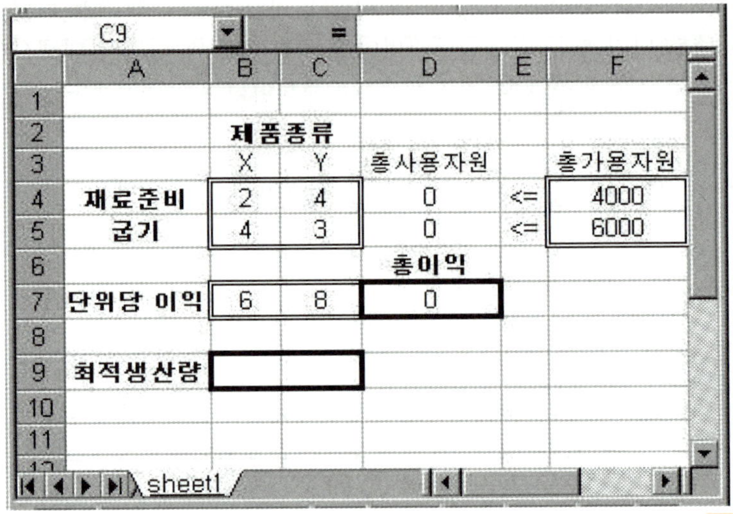

	A	B	C	D	E	F
1						
2		**제품종류**				
3		X	Y	총사용자원		총가용자원
4	**재료준비**	2	4	0	<=	4000
5	**굽기**	4	3	0	<=	6000
6				**총이익**		
7	**단위당 이익**	6	8	0		
8						
9	**최적생산량**					
10						
11						

> ※ 참고적으로 〔그림 2.1〕의 엑셀그림에서 입력(Input)은 □으로 표시되어 있고 출력(Output)은 ■으로 표시되어 있다. 이후의 그림에서도 마찬가지로 표현되었으며, 이러한 괘선을 만드는 방법은 부록을 참고하기 바란다.

2. 초기 생산량

B9:C9셀에는 초기해가 0이므로 빈칸으로 놔두거나, 아무 수치나 입력해도 상관이 없다.

3. 총 사용자원

D4셀에는 다음과 같은 함수식을 입력한다.

= SUMPRODUCT(B4:C4, $B$9:$C$9)

이는 LP모형식에 재료굽기 조건식의 왼편 항을 나타낸다.
또한 D5셀에도 B4:C4 대신에 B5:C5만 대체하여 입력한다. 여기서 SUMPRODUCT 엑셀 함수식은 LP모형식에서 상당히 유용한데 D4셀의 경우 초기해가 모두 0이므로 노동시간에 대한 총 사용자원은 현재 0이 되는 것이다.

※ 엑셀 셀(cell)의 주소개념

- 절대참조 : 고정된 위치만을 지정하는 주소개념으로 이러한 절대 주소는 열과 행 주소 앞에 '$'를 붙여 표시하게 된다.
- 상대참조 : 특정 셀에서부터 시작하여 다른 셀의 위치를 지정하는 거리의 개념으로서의 주소 개념이다.

4. 총 이 익

D7셀에 다음과 같은 함수식을 입력한다.

= SUMPRODUCT(B7:C7, B9:C9)

이는 LP모형식에서 총 이익을 나타내는 목적함수를 나타낸다. 이 공식에서 계산된 수치는 현재 생산량에서의 총 이익을 나타낸다. 그림에서는 초기해가 모두 0이므로 총 이익은 현재 0이 된다.

참고적으로 3과 달리 B9:C9셀 범위는 다른 셀에 복사를 하지 않으므로 절대참조 $로 지정할 필요가 없게되어 $를 표시하지 않았다.

[엑셀 해찾기 사용]

1. 해찾기 준비

D7셀을 먼저 클릭한다.

2. 메뉴 설정

도구(T) → 해찾기(V)… 명령을 선택한다. 그러면 〔그림 2.2〕와 같은 해찾기 대화상자가 나타나게 된다.

〔그림 2.2〕 엑셀 해찾기 사용

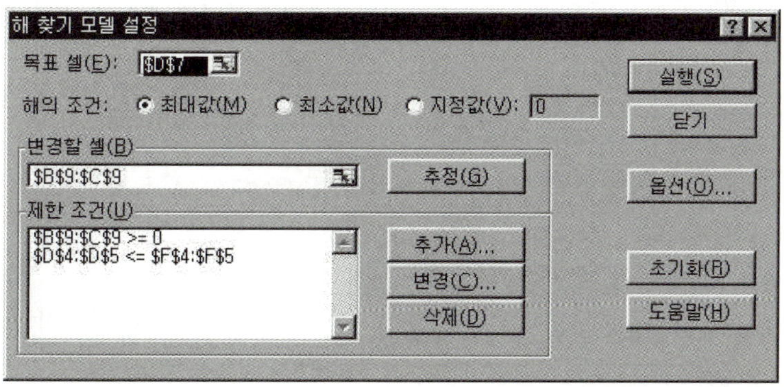

※ 해찾기(solver) 도구가 메뉴상에 없다면,

Microsoft Office Excel 2007 버전

① 아래 그림과 같이 Excel의 왼쪽 제일 위에 있는 Office 단추를 누르면 오른쪽 아래에 Excel 옵션(I)이 나온다.

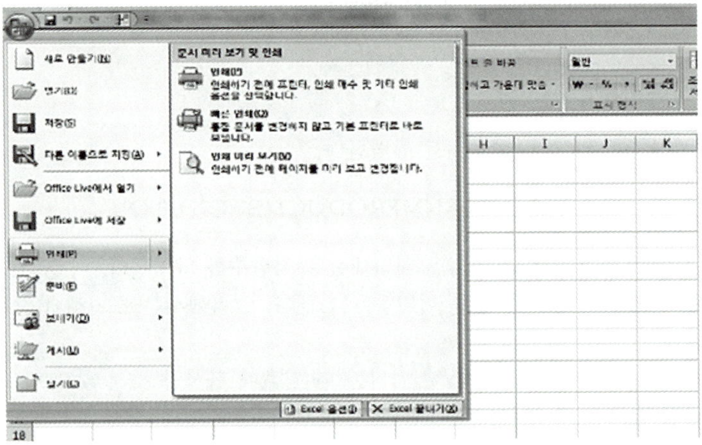

② Excel 옵션(I)을 누르면 아래와 같이 Excel 옵션 박스가 나온다. 이때, 왼쪽에 있는 리스트 중에서 "추가기능"을 선택한다. 그러면, 오른쪽 테이블에 이미 설치된 추가기능들과 설치 가능한 추가기능들이 나온다. 이 중에서 '해 찾기 추가 기능'을 선택하여 설치한다.

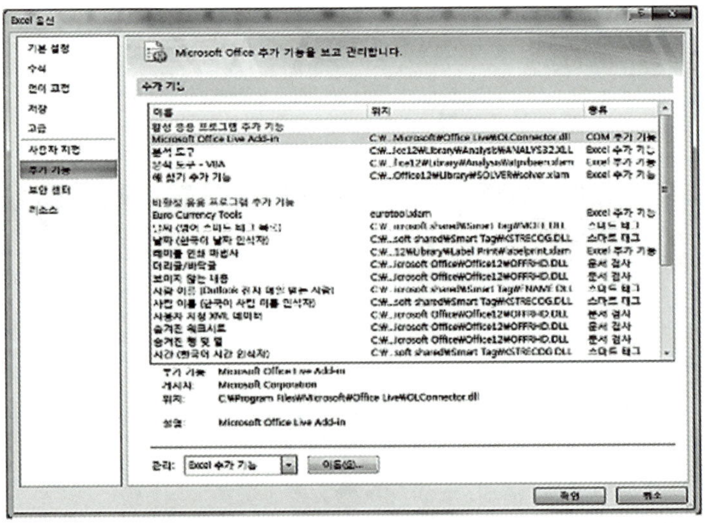

※ 해찾기(solver) 도구가 메뉴상에 없다면,

Microsoft Office 97 버전

① 도구(T) → 추가기능(I) 명령을 사용하여 해찾기 도구를 추가한다.

② 만약 추가기능에 없다면 다시 엑셀 설치(set-up)을 하면서 추가기능을 설치해야 한다. 즉 다음 그림과 같이 설치시 「일반」으로 하지 말고 「사용자 설치」로 함으로써 전문가를 위한 옵션인 해찾기기능을 추가시켜야 한다.

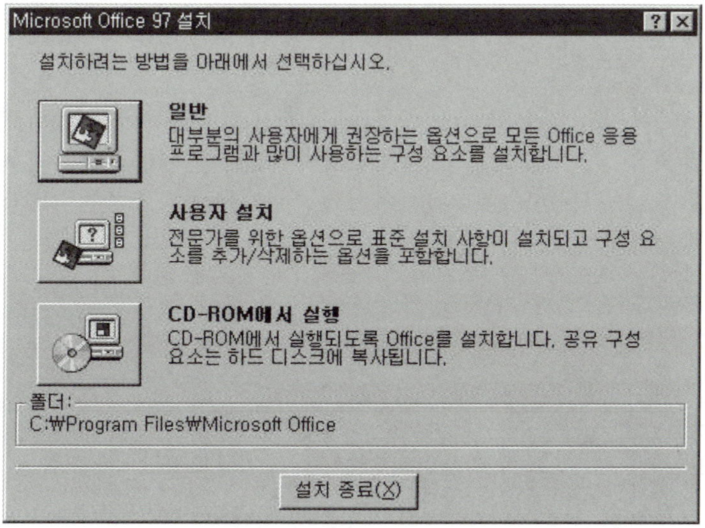

그러나 통상적으로 다시 설치하기가 어려우므로 해찾기 관련 파일을 복사하여 Excel프로그램 밑에 있는 Library 디렉토리 안에 Solver 디렉토리를 만들어 그 디렉토리 안에 놓아야 한다. 그러면 해찾기 기능이 작동하게 된다.

참고적으로 유사한 스프레드시트인 로터스1-2-3의 경우 'What's best!' 라는 추가기능이 엑셀의 해찾기와 동일한 기능을 수행하고 있다.

3. 목 표 셀

〔그림 2.2〕에서 목표 셀(E)에 D7셀을 입력하면 이 셀에 최종 결과치인 총이익이 산출되게 된다. 다음「해의 조건」에는 최대값에 클릭한다.

4. 변경할 셀

〔그림 2.2〕에서 변경할 셀(B)은 최적해를 구하는 범위를 지정하는 것이므로 B9:C9를 입력하면 된다.

5. 제한조건

〔그림 2.2〕에서 제한 조건(U)을 입력하기 위하여「추가」에 클릭하면 〔그림 2.3〕이 나오게 되며, 모형식의 제한식 2개와 비부조건식을 입력하면 된다. 즉, 셀참조영역에는 제한조건식들의 셀주소를 지정하여 주면 되며, 부등호와 우항수치(RHS)도 조건식에 맞게 지정해 준다. 지정할 때는 직접 각 영역에 셀주소를 입력을 하거나 영역의 오른쪽에 있는 엑셀표시에 클릭하여 마우스로 지정해 주면 된다.

〔그림 2.3〕 제한조건식 입력

참고적으로 일반경영과학 서적에서는 제약조건이란 용어를 사용하는데 엑셀에서는 제한조건으로 표시된다. 따라서 본서에서도 제한조건과 제약조건을 혼용하여 사용하고자 한다.

6. 실 행

실행하기 전에 〔그림 2.2〕에서「옵션」을 클릭하면 여러 옵션사항이 나오게 된다. 이 중에「선형모델가정」에 표시를 해야 한다. 그리고「중간결과보기」에 표시를 하게 되면 해찾기에서는 중간결과해를 제시하면서 최종해를 찾아 주게 된다. 이는 심플렉스표(Simplex table)에서와 같은 중간해를 보여 주는 것이다.
다음 〔그림 2.4〕는 중간해 결과를 보여 주는데 여기서는 총이익이 8000으로 표시되어 있다.

〔그림 2.4〕 중간해 결과

「Continue」에 클릭을 하면 중간해가 한번 더 나오게 되고 다시 「Continue」에 클릭을 하게 되면 〔그림 2.5〕와 같이 해찾기 결과 대화상자가 나오게 된다. 여기서 「구한 해로 바꾸기」를 클릭하고 보고서에서는 해답, 민감도, 한계값을 모두 지정한다. 만약 「초기값 유지」를 지정하면 총이익 셀에는 원래의 값인 초기해 0이 제시된다.

또한 〔그림 2.5〕에서 보면 「시나리오 저장(S)」이 있다. 보통 분석시에 나중에 여러 변수의 수치가 바뀌게 되었을 때 그 결과도 달라지게 됨에 따라 이전의 결과와 나중 결과를 비교하고자 할 때가 있다. 이때 향후에 이러한 시나리오를 저장하여 여러 결과들을 서로 비교할 수 있는 분석도구가 「시나리오」의 개념이다. 이는 별도의 절에서 상세히 설명하고자 한다.

[그림 2.5] 최적해(Optimal Solution) 결과

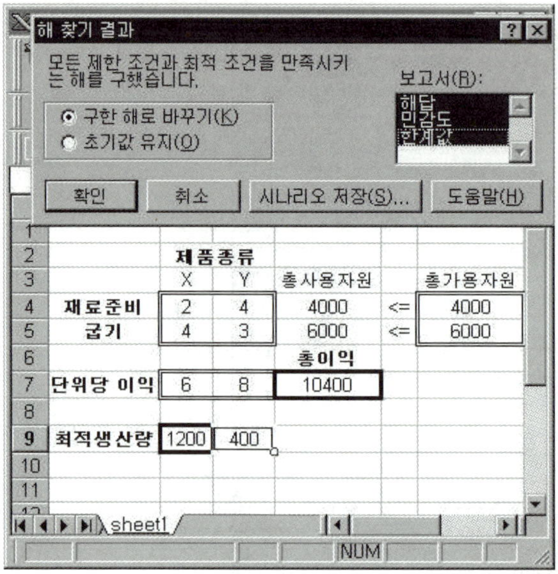

7. 결과 해석

해답을 보면 X=1,200, Y=400이고 최대이익의 값은 Max Z=10,400이라는 결과가 나오게 된다. 특히 [그림 2.5]에서 「확인」을 클릭하면 해답Sheet, 민감도Sheet, 한계값Sheet가 자동적으로 생성된다. 특히 엑셀 하단란에서 이들의 생성되는 과정을 볼 수 있다.

[그림 2.6]은 해답보고서 시트(Sheet)의 결과이다. 그리고 관련된 민감도 분석결과는 뒤에서 별도로 설명하고자 한다.

〔그림 2.6〕 해답보고서에 의한 최적해(Optimal Solution) 결과

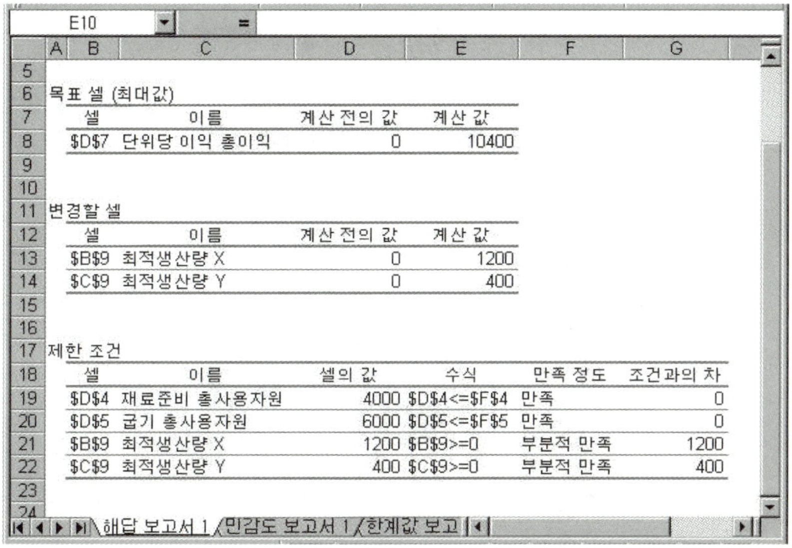

E10 =

목표 셀 (최대값)

셀	이름	계산 전의 값	계산 값
$D$7	단위당 이익 총이익	0	10400

변경할 셀

셀	이름	계산 전의 값	계산 값
$B$9	최적생산량 X	0	1200
$C$9	최적생산량 Y	0	400

제한 조건

셀	이름	셀의 값	수식	만족 정도	조건과의 차
$D$4	재료준비 총사용자원	4000	$D$4<=$F$4	만족	0
$D$5	굽기 총사용자원	6000	$D$5<=$F$5	만족	0
$B$9	최적생산량 X	1200	$B$9>=0	부분적 만족	1200
$C$9	최적생산량 Y	400	$C$9>=0	부분적 만족	400

해답 보고서 1 / 민감도 보고서 1 / 한계값 보고

〔그림 2.6〕에서 먼저 C열에는 '이름'으로 제시되어 있는데 해당 셀의 주변이름이 한꺼번에 표시가 된다. 예를 들어 C8셀의 '단위당이익 총이익'은 시트 1에서 D7셀의 좌측인 A7셀 내용과 바로 위의 셀 이름인 D6셀 내용이 엑셀에서는 한꺼번에 표시가 되는 것이다.

목표셀과 변경할 셀은 각각 계산전의 값과 계산값을 제시하고 있다. 여기서는 초기값이 0이고 최종해의 결과가 총이익이 10,400원이며, X는 1,200, Y는 400개의 생산량이 최적해임을 보여준다.

또한 제한조건의 경우 재료준비와 굽기는 가용자원을 모두 사용하고 있음을 보여 주는 것으로 이는 「조건과의 차」가 0이 나온 것으로 알 수 있다. 그리고 최적생산량 X, Y의 경우 「조건과의 차」 1,200과 400은 단지 생산량이 있다는 의미로서 비부조건식을 만족한다는 것이다. 따라서 이는 비속박(Not Binding)이라는 내용으로서 엑셀에서는 부분적 만족으로 표시된다.

여기서 두 개의 제약조건의 경우(여기서는 재료준비와 굽기 제약조건식) 속박(binding) 제약조건에 해당되는데 이는 사용가능한 자원을 모두 사용한 경우를 말한다. 예를 들어 첫 번째 제약조건식에서 $2\times1{,}200+4\times400=4{,}000$이므로 총 사용가능한 자원량인 4,000시간과 일치하게 된다.

※ 셀참조 분석도구를 활용하면 편리하다.

보기(V) → 도구모음(T) → 사용자정의(C)를 클릭하면 다음과 같이 대화상자가 나오게 된다.

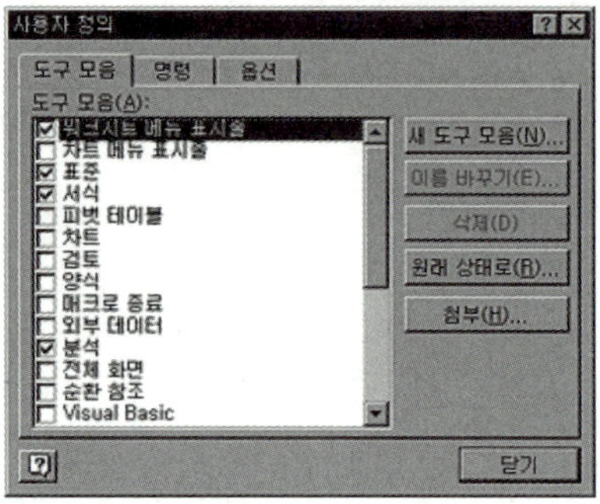

위 그림의 「도구모음」에서 「분석」을 클릭하면 다음과 같이 분석도구 상자가 생기게 된다.

이는 다음 그림과 같이 D7셀이 「=SUMPRODUCT(B7:C7,B9:C9)」이 되어 있는데 어느 셀과 연결되어 참조하고 있는지 탐색할 때 편리하다. 즉 분석도구 맨 왼쪽 모양의 도구그림을 클릭하면(이는 참조하는 셀 추적이라 한다.) 다음 그림과 같이 추적선이 자동적으로 연결되어 분석할 때 상당히 유용하게 이용될 수 있다.

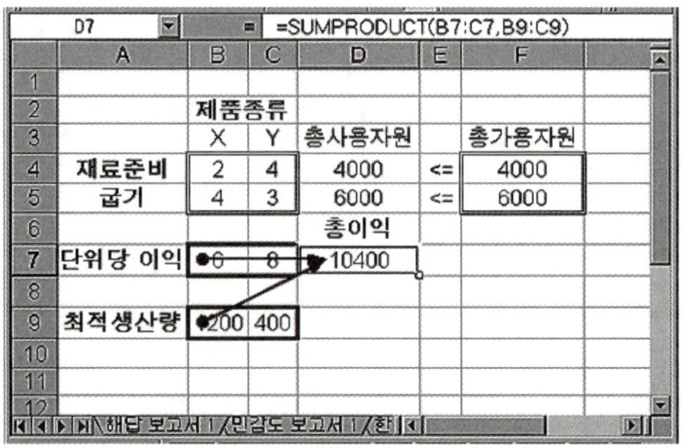

(2) 민감도 분석(Sensitivity Analysis)

해답결과뿐만 아니라 의사결정에서 더 중요한 내용은 여러 계수들의 변화를 통하여 최적해에 어떤 영향이 미쳐지는지 등의 추가적인 정보이다. 이러한 중요성을 인식하여 반드시 민감도 분석을 수행하여야 할 것이다. 여기서는 앞에서 제시된 햄버거전문점 문제를 가지고 민감도 분석을 하고자 하며 그 결과는 〔그림 2.7〕과 같다.

〔그림 2.7〕 민감도 분석결과

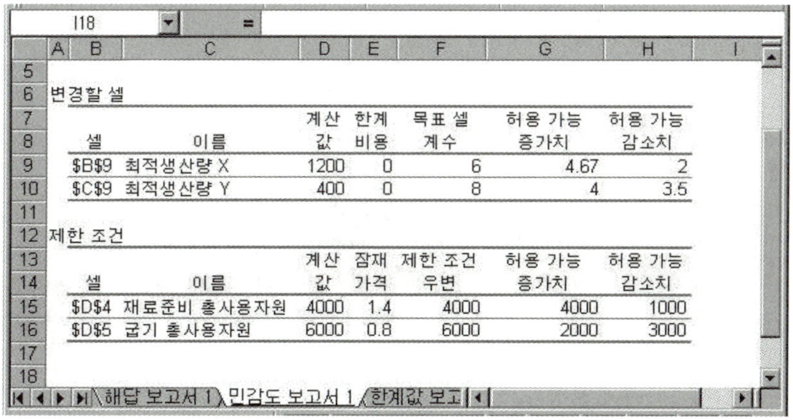

변경할 셀

셀	이름	계산 값	한계 비용	목표 셀 계수	허용 가능 증가치	허용 가능 감소치
$B$9	최적생산량 X	1200	0	6	4.67	2
$C$9	최적생산량 Y	400	0	8	4	3.5

제한 조건

셀	이름	계산 값	잠재 가격	제한 조건 우변	허용 가능 증가치	허용 가능 감소치
$D$4	재료준비 총사용자원	4000	1.4	4000	4000	1000
$D$5	굽기 총사용자원	6000	0.8	6000	2000	3000

1. 변경할 셀(Changing Cells)

① 한계비용(Reduced Cost)

이는 의사결정변수(X, Y)의 단위당 공헌이익률 증가분을 의미하게 된다. 즉, 의사결정변수가 비기저변수(nonbasic variable)일 때 최적해로 도입되기 위해서는 단위당 공헌이익률(최소화문제일 때는 공헌비용률)이 얼마나 개선되어야 하는가에 대한 정보를 제공하는 것이다. 만약 최대화 문제에서 어떤 의사결정변수의 한계비용이 양의 정수라면 그 비기저변수가 최적해에 들어가기 위해서는 단위당 공헌이익률의 증가분이 한계비용인 양의 정수만큼 개선되어야 함을 의미한다. 예를 들어 X, Y는 이미 기저변수로 들어 있기 때문에 한계비용은 0이 되는 것이며 의사결정변수 X, Y 모두 최적해에 포함되어 있다는 것을 의미하게 된다. 그리고 엑셀에서 한계비용 용어 대신 한계기울기로 나올 수도 있음을 주의하라.

여기서 기저변수(basic variables)는 최적상태에서 해의 값을 갖는 변수를 의미하며, 비기저변수(nonbasic variables)는 기저변수에 포함되지 않는 나머지 변수를 의미하는 용어이다.

② 허용가능 감소치 및 증가치

이는 다른 변수의 단위당 공헌율이 변화하지 않을 때 현재의 최적해가 유지되는 해당 변수의 단위당 공헌율의 변화를 나타낸다. 이 표에 의하면 *X*의 목표 셀 계수가 6이므로 하한가(Lower Limit)는 2〔=6-2〕이며, 상한가(Upper Limit)는 10.67〔=6+4.67〕이 된다. 이의 해석은 *X*의 단위당 공헌율이 2와 10.67 사이에 있는 한 현재의 최적해(*X*=1,200, *Y*=400)는 변화하지 않는다는 것이다. *Y*의 값인 8도 마찬가지로 해석하면 된다.

2. 제한조건(Constraints)

① 잠재가격(Shadow Price)

이는 그림자가격, 한계가치라고도 하며 이러한 잠재가격은 해당 제약조건의 자원량이 한 단위 변화함에 따른 목적함수값(*Z*)의 변화량을 나타낸다. 엑셀에서 어떤 경우에는 잠재가격 용어 대신에 라그랑지 승수로 나오는 경우가 있는데 이는 잠재가격과 동일하다고 보면 될 것이다.

위 표에 의하면 첫 번째 제약조건(C1:재료준비)의 잠재가격이 1.4이므로 이 제약조건이 나타내는 자원량이 한 단위 증가하면(4,000 → 4,001) 총이익은 1.4원이 증가할 것이며 반면에 한 단위 감소하면(4,000 → 3,999) 총이익은 1.4원이 감소할 것이다. 이러한 잠재가격의 값은 다음 ②에서 제시되는 가용자원량의 한계범위 내(C1의 경우, 3,000에서 8,000 이내에서 있을 경우에만 유효하다. 즉, C1의 가용자원량 값이 이 범위를 벗어나면 잠재가격도 변하게 되는 것이다.

이러한 잠재가격은 시장가격과 비교하여 의사결정을 내릴 때 사용될 수 있다. 예를 들어 첫 번째 제약조건의 자원 한 단위가 시장에서 1.4원 미만일 경우에는 이 자원을 추가로 구입하여 생산에 활용하면 한 단위의 수익이 비용보다 높기 때문에 이익증대를 가져 올 수 있게 된다.

또한 현재의 자원 중에서도 잠재가격이 높은 자원량을 우선 구입하는 의사결정도 가능하다. 본 예제에서 첫 번째와 두 번째 제약조건의 잠재가격을 보면 첫 번째 자원이 가져다 주는 1단위당 수익이 높으므로(1.4와 0.8) 자원의 투자 우선순위는 자원의 시장가격이 동일하다는 가정하에서 첫 번째 자원에 우선 투자하는 것이 우월하다고 해석할 수 있겠다.

② 허용가능 감소치 및 증가치

이는 제약조건식의 우변상수값(Right Hand Side)이 일정한 범위에 있게 되면 기저해는 유지된다는 의미이다. 예를 들어 〔그림 2.7〕에 의하면 *X*의 「제한조건 우변」 4,000이므로 하한가(Lower Limit)는 3,000〔=4,000-1,000〕이며, 상한가(Upper Limit)는 8,000〔=4,000+14,000〕이 된다. 이의 해석은 *X*의 「제한조건 우변」이 3,000과 8,000사이에 있는 한 현재의 기저해(*X*, *Y*)는 변화하지 않는다는 것이다. *Y*의 경우도 마찬가지로 해석하면 된다.

※ 별해

위 예제의 선형계획법은 역행렬을 통하여 간단히 산출할 수 있다. 즉 엑셀에서는 역행렬을 간단히 구할 수 있으므로 다음과 같은 순서대로 접근하면 된다.

① B2:C3셀 범위와 E2:E3셀 범위에 제한조건식의 계수를 입력한다.
② E6:E7셀 범위를 지정한 뒤 「=MMULT(MINVERSE(B2:C3), E2:E3)」을 입력한다.
③ 마지막으로 〔Ctrl〕+〔Shift〕+〔Enter〕을 한꺼번에 누르면 다음 그림과 같이 최적해가 산출된다.

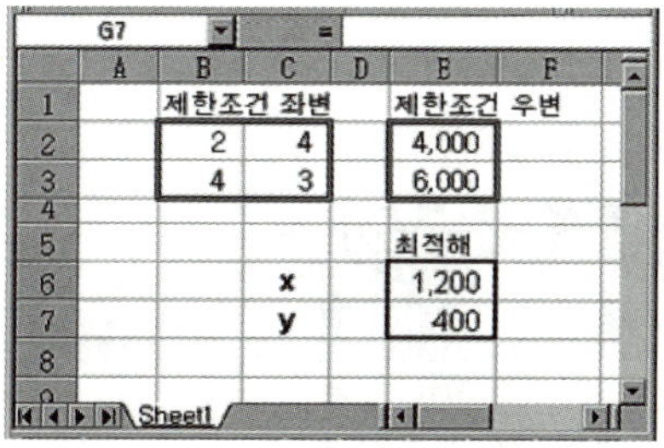

2. 시나리오를 이용한 분석

이는 1, 2에서 보여 준 분석을 요약하는 것이라 할 수 있다. 예를 들어 본 장에서 제시한 문제에서 변경할 셀인 *X*변수(결정변수)의 수치(공헌이익률)를 여러 경우로 가정하는 경우이다. 따라서 여기서는 다음과 같은 〔표 2.1〕의 시나리오를 가지고 분석하고자 한다.

〔표 2.1〕 시나리오 요약표

시나리오	*X* 변수의 값(공헌이익률)
① 현재의 값 선택	6
② 현재의 값보다 적은 값 선택	5
③ 현재의 값보다 큰 값 선택	7

이제 시나리오를 만들기 위해 메뉴에서 도구(T) → 시나리오(E)... 명령을 선택한다. 그러면 〔그림 2.8〕과 같은 대화상자가 나타나게 되고 여기서 「추가」를 누르면 〔그림 2.9〕와 같은 시나리오 추가 대화상자가 나타난다.

[그림 2.8] 시나리오 관리자

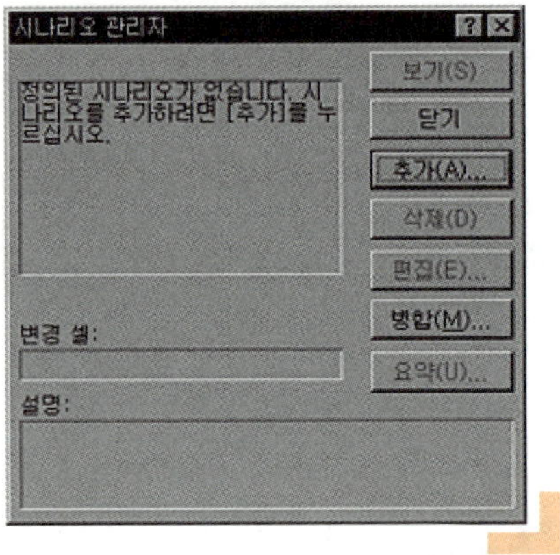

[그림 2.9] 시나리오 추가 대화상자

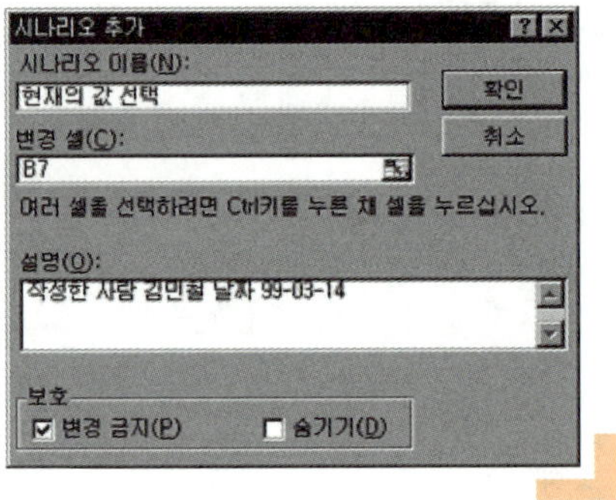

이제 [그림 2.9]에서 시나리오 이름을 첫 번째 시나리오인 '현재의 값 선택'이라고 입력하고 변경 셀(C)에는 *X*변수의 값인 「B7」을 입력한 후 「확인」을 클릭한다. 그러면 다음 [그림 2.10]이 나타나게 된다.

[그림 2.10] 시나리오 값 대화상자

〔그림 2.10〕에서 시나리오 1인 현재의 값 6을 입력하고 나머지 시나리오 2와 3에 대해서도 같은 방법으로 입력한다. 그러면 〔그림 2.11〕과 같은 시나리오 관리자가 수정되어 나타나게 된다.

〔그림 2.11〕 수정된 시나리오 관리자

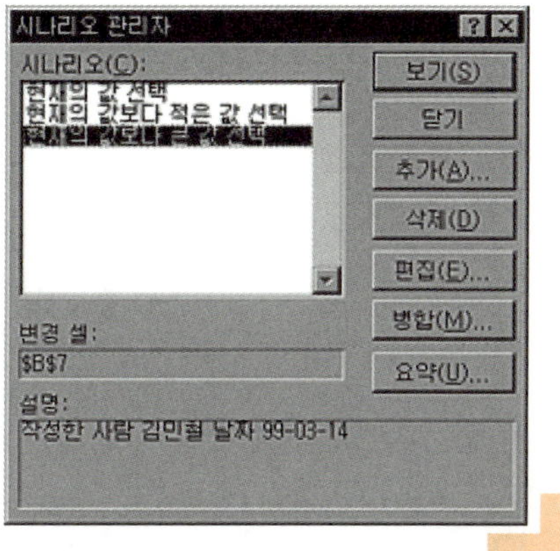

이제 시나리오에 따라 결과가 어떻게 바뀌는지 보기 위하여 〔그림 2.11〕의 시나리오 관리자에서 시나리오 3인 「현재의 값보다 큰 값」을 선택하여 보기(S)를 클릭하면 다음 〔그림 2.12〕와 같이 나타나게 된다.

〔그림 2.12〕 시나리오 분석

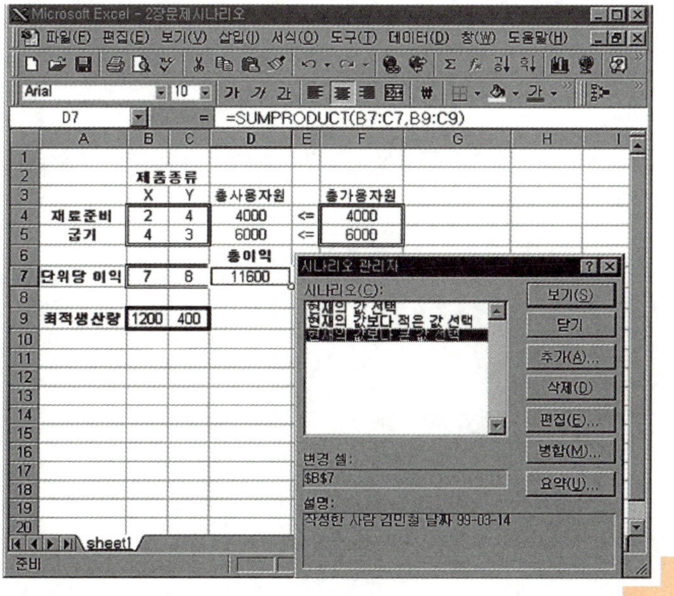

〔그림 2.12〕에서 단위당 이익인 B7셀이 종전의 6에서 7로 바뀌게 되면 총 이익이 종전의 10,400에서 11,600으로 변경됨을 볼 수가 있다.
그런데 이러한 방법으로 분석도 가능하지만 시나리오 1, 2, 3을 한꺼번에 비교·분석하고자 하는 것이 더 편리할 수 있다. 이는 「시나리오 관리자」에서 요약(U)를 클릭하면 되는데 그러면 〔그림 2.13〕과 같은 대화상자가 나타나게 된다.

〔그림 2.13〕 시나리오 요약 대화상자

〔그림 2.13〕에서 「시나리오 요약(S)」에서 확인을 클릭하면 다음의 〔그림 2.14〕와 같은 시나리오 요약이 나타나게 된다.

〔그림 2.14〕 시나리오 요약 Sheet

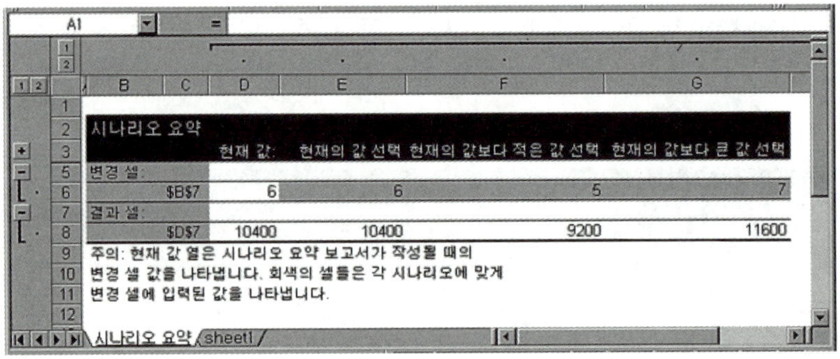

연습문제

1 다음 LP문제의 최적해를 구하시오.(최소화 문제)

최소화 $Z = 4{,}000X + 5{,}000Y$

제약조건
$$100X + 100Y \geq 800$$
$$300X + 100Y \geq 1200$$
$$300X + 500Y \geq 3000$$
$$X, Y \geq 0$$

2 본젤라또(주)는 아이스크림 A와 B 두 종류를 생산하는데 기계의 가용시간은 600분이고 A의 한 단위 생산에는 6분, B의 한 단위 생산에는 5분이 소요된다. 그리고 가용원료는 1,500g인데 A를 1단위 생산하는 데에는 10g, B를 1단위 생산하는 데에는 20g이 소요된다. A의 한 단위당 이익이 500원이고 B의 한 단위당 이익이 450원이라고 할 때 이익을 최대화하는 각각의 산출량을 구하시오.

제3장

DEA(Data Envelopment Analysis)

3.1 기본개념

DEA(Data Envelopment Analysis)는 Cooper 등(1978)에 의해 제안된 다종류의 투입물(multi-inputs)을 이용하여 다종류의 산출물(multi-output)을 생산하는 DMU(Decision Making Unit)들의 효율성을 측정, 비교하는 기법이다. 최초에는 비영리 및 공공부문조직의 효율성을 평가하기 위하여 개발되었으나 이후 이익 지향적인 서비스 조직인 병원, 은행 등의 효율성 평가에도 유용하다는 것이 밝혀졌다. 즉 DEA는 수리계획법을 이용하여 경영실적의 상대적 효율성을 사후적으로 평가하는 것으로서 의사결정 단위별로 각각 효율적으로 운용되고 있는지를 밝혀 준다.

3.2 DEA의 접근방법

다종류의 투입물을 이용하여 다종류의 산출물을 생산하는 조직들의 생산성 비교에서 가장 기본적인 측정법은 다음과 같다.

$$\text{DMU } j\text{의 효율성} = \frac{u_1 y_{1j} + u_2 y_{2j} + \cdots}{v_1 x_{1j} + v_2 x_{2j} + \cdots}$$

여기서 u_r은 산출물 r에 대한 가중치
y_{rj}는 DMU j의 산출물 r
v_i은 투입물 i에 대한 가중치
x_{ij}는 DMU j의 투입물 i
를 나타낸다.

이러한 생산성 측정방법은 투입물과 산출물들에 대한 공통의 가중치를 가정하고 있다. 그러나 현실적으로 각각의 생산단위, 혹은 경영단위가 되는 DMU들을 모두 만족하는 공통의 가중치를 찾기가 어렵다. DEA는 각각의 경영단위들이 자신의 투입물과 산출물에 대하여 최대한 자신에게 유리한 가중치들을 찾아내고 이를 이용하여 자신의 효율성을 평가받을 수 있도록 하였다. 이것은 다음과 같이 모형화할 수 있다.

$$\begin{aligned} &\text{Max} \quad h_0 = \frac{\sum_r u_r y_{rj_0}}{\sum_i v_i x_{ij_0}} \\ &\text{s.t.} \quad h_0 = \frac{\sum_r u_r y_{rj_0}}{\sum_i v_i x_{ij_0}} \le 1, \qquad j = 1, 2, \cdots, n \qquad \cdots\cdots\cdots (1) \\ &\qquad\quad u_r, v_i \ge 0 \end{aligned}$$

위의 모형 (1)은 약간의 변형을 거쳐 동치해를 갖는 다음의 모형으로 변형될 수 있다.

$$\begin{aligned} &\text{Max} \quad \sum_r u_r y_{rj_0} \\ &\text{s.t} \quad \sum_r v_i x_{ij_0} = 1 \\ &\qquad \sum_r u_r y_{rj_0} - \sum_i v_i x_{ij_0} \le 0, \qquad j = 1, 2, \cdots, n \qquad \cdots\cdots\cdots (2) \\ &\qquad u_r v_i \ge 0 \end{aligned}$$

위의 모형 (2)는 n개의 경영단위 각각에 대하여 각 DMU에 가장 유리한 투입물과 산출물들에 대한 가중치를 구해 주고, 이러한 가중치하에서 각 DMU는 자사의 효율성을 계산하는 것이다. 또한 위 문제의 쌍대문제를 풀어봄으로써 계산결과를 더욱 쉽게 도출할 수 있고 결과해석의 폭을 넓힐 수 있다.

3.3 엑셀에 의한 실제 사례: DEA에 의한 생산성 측정

3곳의 병원에 대한 효율성을 간단히 살펴보기 위해 두 개의 투입물와 세 개의 산출물을 이용하고자 한다. 투입물과 산출물의 내용은 다음과 같다.

[투 입 물]

1) 자본: 병실수로 측정

2) 노동: 월 근무시간으로 측정

[산 출 물]

1) 산출 1: 15세 미만의 환자에 대한 총 월 입원일자

2) 산출 2: 15세와 60세 사이의 환자에 대한 총 월 입원일자

3) 산출 3: 60세 초과하는 환자에 대한 총 월 입원일자

위의 투입물와 산출물에 대한 구체적인 수치는 다음과 같다.

	투 입 물		산 출 물		
	1	2	1	2	3
병원 1	6	15	10	5	17
병원 2	9	16	6	8	11
병원 3	8	13	5	10	14

문제에 대한 가정

어느 병원이 더 효율적인지를 결정하기 위하여 각 산출단위당 가격과 각 투입단위당 원가를 결정한다. 이때 병원의 효율성은 다음과 같이 결정된다.

$$\text{병원의 효율성} = \frac{\text{병원 산출물의 가치}}{\text{병원 투입물의 가치}}$$

어느 병원이 더 효율적인지 결정하기 위하여 DEA접근방법은 다음의 4가지 가정을 필요로 한다.

1. 어느 병원도 효율성(efficient)이 100% 이상 될 수 없다. 각 병원의 효율성은 1보다 같거나 작은 것으로 제한한다.
2. 어느 병원이 더 효율적인지 결정하고자 하는 것은 병원의 투입물의 가치가 1이 되도록 투입물 가격(가중치)을 측정하는 문제로 단순화된다. 이 경우 병원의 효율성은 병원의 산출물의 가치와 동일해지게 된다.
3. 병원의 효율성을 평가하고자 할 때 병원의 효율성을 최대화하는 투입물과 산출물의 가격(가중치)을 선택하도록 한다. 병원의 효율성이 1이 된다면 그 때 병원은 효율적이 된다. 만약 병원의 효율성이 1보다 작을 때는 비효율적이 된다.
4. 각 투입물의 원가와 산출물의 가격인 가중치는 비음(nonnegative)조건을 충족하여야 한다.

Ⅰ. 병원 1이 효율적인지를 결정

이를 위한 선형계획모형은 다음과 같다.

최대화 $Z = 10y_1 + 5y_2 + 17y_3$

제약조건

$$6x_1 + 15x_2 = 1$$
$$10y_1 + 5y_2 + 17y_3 - (6x_1 + 15x_2) \leq 0$$
$$6y_1 + 8y_2 + 11y_3 - (9x_1 + 16x_2) \leq 0$$
$$5y_1 + 10y_2 + 14y_3 - (8x_1 + 13x_2) \leq 0$$
$$y_r, x_i \geq 0$$

〔그림 3.1〕은 병원 1이 효율적인지를 결정하기 위한 내용이다.

〔그림 3.1〕 병원 1이 효율적인지를 결정하기 위한 엑셀 입력수치

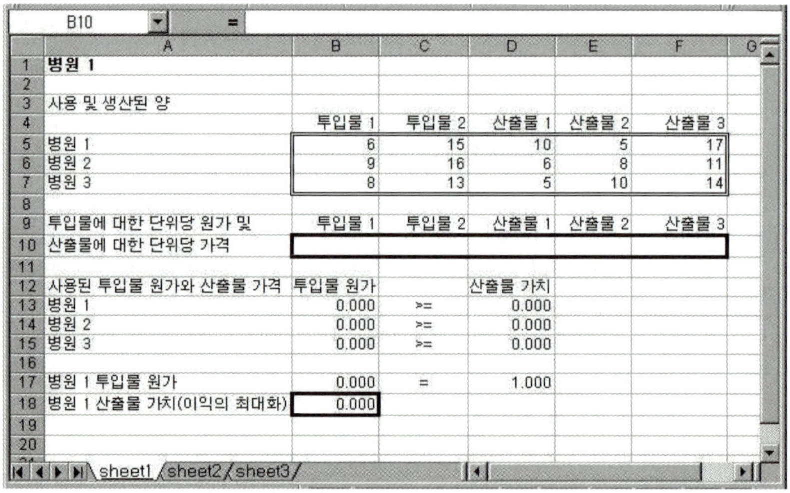

	A	B	C	D	E	F
1	**병원 1**					
2						
3	사용 및 생산된 양					
4		투입물 1	투입물 2	산출물 1	산출물 2	산출물 3
5	병원 1	6	15	10	5	17
6	병원 2	9	16	6	8	11
7	병원 3	8	13	5	10	14
8						
9	투입물에 대한 단위당 원가 및	투입물 1	투입물 2	산출물 1	산출물 2	산출물 3
10	산출물에 대한 단위당 가격					
11						
12	사용된 투입물 원가와 산출물 가격	투입물 원가		산출물 가치		
13	병원 1	0.000	>=	0.000		
14	병원 2	0.000	>=	0.000		
15	병원 3	0.000	>=	0.000		
16						
17	병원 1 투입물 원가	0.000	=	1.000		
18	병원 1 산출물 가치(이익의 최대화)	0.000				
19						
20						

1. 주어진 자료를 입력

각 병원에 대한 투입물과 산출물 자료를 B5:F7 범위에 기입

2. 투입물 원가

투입물 원가에 대한 어떤 수치 또는 0을 B10:C10에 기입

3. 산출물 가격

산출물 가격에 대한 어떤 수치 또는 0을 D10:F10에 기입

4. 각 병원에 대한 투입물 원가

B13:B15 범위에 각 병원에 의해 생산된 투입물의 원가를 계산. 먼저 B13셀에 다음과 같은 함수식을 입력한다.

=SUMPRODUCT(B$10:C$10, B5:C5)

그리고 B13을 복사한 후 이를 다른 병원에 대한 투입물을 계산하기 위하여 B14:B15 셀 범위에 입력시킨다. 이를 엑셀에서 간편하게 수행하려면 B13셀을 지정하고 마우스를 오른쪽 아래에 위치시키면 +가 생기게 된다. 이때 이를 아래로 B14셀과 B15셀까지 내리면 자동적으로 복사가 된다(부록 참조).

5. 각 병원에 대한 산출물 가치

D13:D15 범위에 각 병원에 의해 생산된 산출물의 가치를 계산한다. 먼저 D13셀에 다음과 같은 함수식을 입력한다.

=SUMPRODUCT(D$10:F$10, D5:F5)

그리고 D13을 복사하고 이를 다른 병원에 대한 산출물을 계산하기 위하여 D14:D15 셀 범위에 입력시킨다. 이것도 4와 같은 방법으로 하면 된다.

6. 병원 1에 대한 투입물 원가와 산출치 가치를 다시 복사

B17셀에 다음과 같이 병원 1의 투입물 원가에 대한 식을 다시 복사하고 D17셀에 「1」을 입력한다.

=B13

또한 B18셀에 다음과 같이 병원 1의 산출치 가치에 대한 식을 다시 복사한다.

=D13

[엑셀 해찾기 사용]

병원 1이 효율적인지를 결정하기 위해 다음과 같이 엑셀의 해찾기(Solver)를 이용한다.

1. 해찾기 준비

목표셀인 B18셀을 먼저 클릭한다.

2. 메뉴 설정

도구(T) → 해찾기(V).. 명령을 선택한다.

〔그림 3.2〕 해찾기 사용

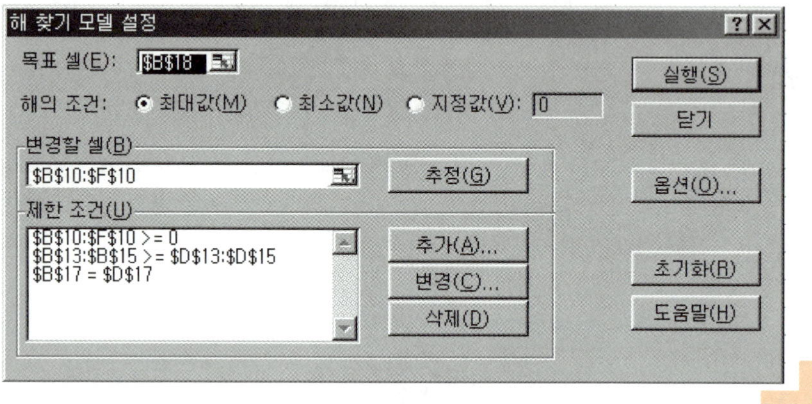

3. 목 표 셀

「목표 셀」에는 B18셀을 지정해 주고 「해의 조건」에는 최대값에 클릭한다.

4. 변경할 셀

「변경할 셀」에는 B10:F10범위를 선택한다.

5. 제한조건

① 병원의 투입물 원가 제한조건

B17=D17이라는 제한조건식을 입력한다. 이는 병원 1의 투입물 가치가 1이라는 의미이다.

② 최대 효율성 제한조건

B13:B15>=D13:D15라는 제한조건식을 입력한다. 이는 어느 병원도 100% 이상의 효율성을 갖지 못한다는 의미이다.

③ 비음조건

변경할 셀이 비음조건(nonnegative)을 만족해야 한다.

6. 실 행

모두 입력을 하였으면 「실행」을 클릭한다. 그러면 〔그림 3.3〕과 같은 결과가 나오게 된다. 최종결과인 B18셀은 병원 1의 산출물 총 가치가 투입물 총 원가와 동일하도록 투입물에 대한 단위당 원가와 산출물의 단위당 가치를 찾는 것을 의미한다. 여기서는 B18셀이 1이 되므로 병원 1이 효율적임을 알 수 있다.

[그림 3.3] 병원 1의 효율성 결과

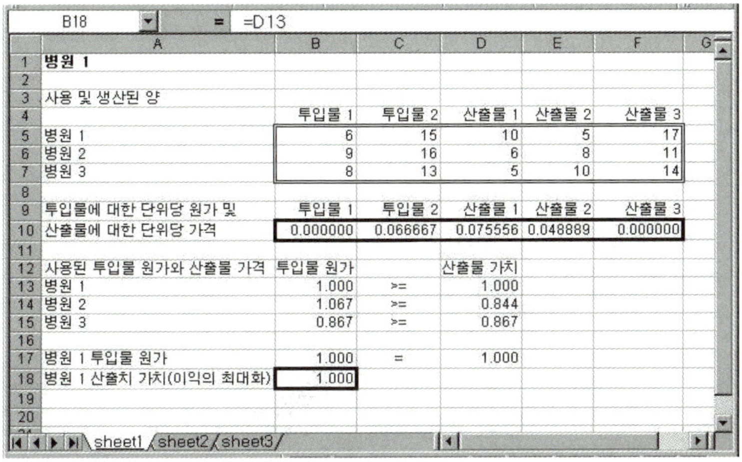

B18 = =D13

	A	B	C	D	E	F
1	**병원 1**					
2						
3	사용 및 생산된 양					
4		투입물 1	투입물 2	산출물 1	산출물 2	산출물 3
5	병원 1	6	15	10	5	17
6	병원 2	9	16	6	8	11
7	병원 3	8	13	5	10	14
8						
9	투입물에 대한 단위당 원가 및	투입물 1	투입물 2	산출물 1	산출물 2	산출물 3
10	산출물에 대한 단위당 가격	0.000000	0.066667	0.075556	0.048889	0.000000
11						
12	사용된 투입물 원가와 산출물 가격	투입물 원가		산출물 가치		
13	병원 1	1.000	>=	1.000		
14	병원 2	1.067	>=	0.844		
15	병원 3	0.867	>=	0.867		
16						
17	병원 1 투입물 원가	1.000	=	1.000		
18	병원 1 산출치 가치(이익의 최대화)	1.000				
19						
20						

sheet1 / sheet2 / sheet3

II. 병원 2가 효율적인지를 결정

먼저 시트 1(sheet 1)을 복사하여 이를 시트 2(sheet 2)에 그대로 갖다 붙인다(이러한 전체 복사방법은 부록 참조).

이제 병원 2가 효율적인지를 결정하기 위하여 시트 2에서 분석작업을 하는데 〔그림 3.1〕에서 병원 2의 투입물가치(B14셀)를 B17셀과 연결시킨다. 즉, B17셀에 「=B14」라고 입력한다. 마찬가지로 B18셀에는 「=D14」라고 입력한다. I 에서 설명한 방법대로 하면 〔그림 3.4〕의 결과를 얻게 된다.

[그림 3.4] 병원 2의 효율성 결과

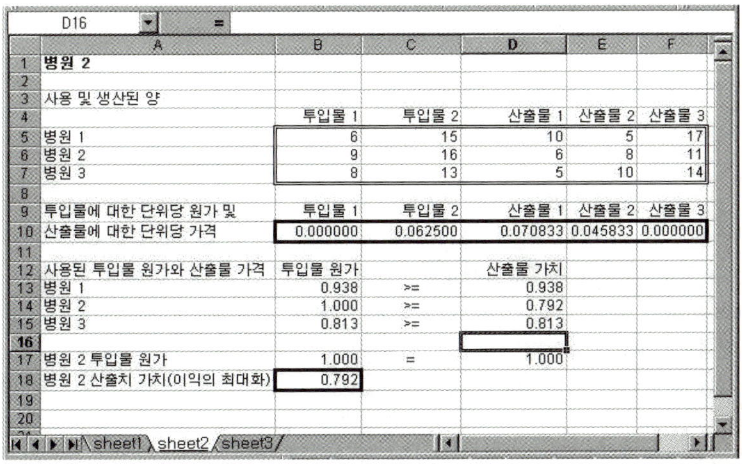

D16 =

	A	B	C	D	E	F
1	**병원 2**					
2						
3	사용 및 생산된 양					
4		투입물 1	투입물 2	산출물 1	산출물 2	산출물 3
5	병원 1	6	15	10	5	17
6	병원 2	9	16	6	8	11
7	병원 3	8	13	5	10	14
8						
9	투입물에 대한 단위당 원가 및	투입물 1	투입물 2	산출물 1	산출물 2	산출물 3
10	산출물에 대한 단위당 가격	0.000000	0.062500	0.070833	0.045833	0.000000
11						
12	사용된 투입물 원가와 산출물 가격	투입물 원가		산출물 가치		
13	병원 1	0.938	>=	0.938		
14	병원 2	1.000	>=	0.792		
15	병원 3	0.813	>=	0.813		
16						
17	병원 2 투입물 원가	1.000	=	1.000		
18	병원 2 산출치 가치(이익의 최대화)	0.792				
19						
20						

sheet1 / sheet2 / sheet3

〔그림 3.4〕에서 최적해를 보면 B18셀에 0.792로 주어져 있어 이는 병원 2가 비효율적임을 나타낸다.

Ⅲ. 병원 3이 효율적인지를 결정

Ⅱ에서와 마찬가지로 시트 1(sheet 1)을 복사하여 이를 시트 3(sheet 3)에 그대로 갖다 붙인다. 이제 병원 3이 효율적인지를 결정하기 위하여 시트 3에서 〔그림 3.1〕의 병원 2 투입물가치(B15셀)를 B17셀과 연결시킨다. 즉, B17셀에 「=B15」라고 입력한다. 마찬가지로 B18셀에는 「=D15」라고 입력한다. Ⅰ에서 설명한 방법대로 하면 〔그림 3.5〕의 결과를 얻게 된다.

[그림 3.5] 병원 3의 효율성 결과

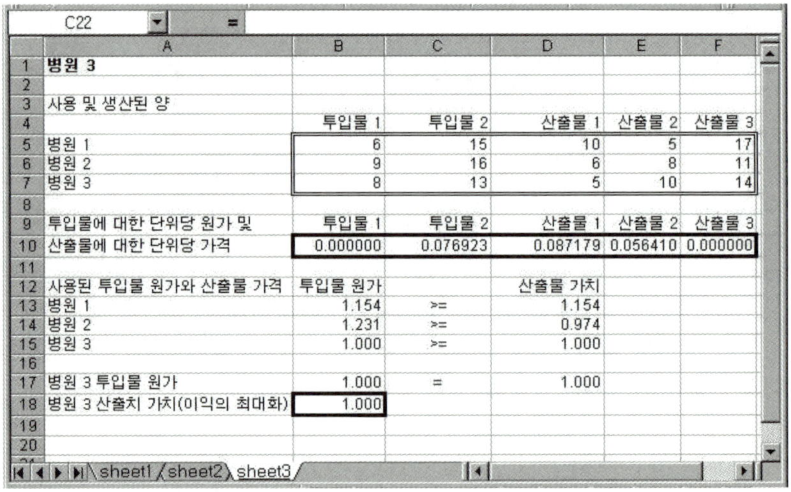

C22 =

	A	B	C	D	E	F
1	병원 3					
2						
3	사용 및 생산된 양					
4		투입물 1	투입물 2	산출물 1	산출물 2	산출물 3
5	병원 1	6	15	10	5	17
6	병원 2	9	16	6	8	11
7	병원 3	8	13	5	10	14
8						
9	투입물에 대한 단위당 원가 및	투입물 1	투입물 2	산출물 1	산출물 2	산출물 3
10	산출물에 대한 단위당 가격	0.000000	0.076923	0.087179	0.056410	0.000000
11						
12	사용된 투입물 원가와 산출물 가격	투입물 원가		산출물 가치		
13	병원 1	1.154	>=	1.154		
14	병원 2	1.231	>=	0.974		
15	병원 3	1.000	>=	1.000		
16						
17	병원 3 투입물 원가	1.000	=	1.000		
18	병원 3 산출치 가치(이익의 최대화)	1.000				
19						
20						

sheet1 / sheet2 / sheet3

〔그림 3.5〕에서 최적해를 보면 B18셀에 1로 주어져 있어 이는 병원 3도 효율적임을 나타낸다.

[분석 결과]

요약하면 병원 1, 3이 효율적이고 병원 2는 비효율적임을 알 수 있다. 여기서 효율성이란 무엇을 의미하는가? 이는 병원이 효율적이라면 그 병원의 투입물 조합(combination)은 비효율적인 병원만큼의 산출물을 생산하면서도, 더 적은 투입물을 사용함을 의미하는 것이다.

즉 잠재가격인 병원 1의 26.7%와 병원 3의 66.7% 조합이 산출물 1과 산출물 2의 양을 병원 2만큼 생산한다. 이는 〔그림 3.6〕 병원 2의 민감도 보고서에 제시되어 있다(민감도보고서를 산출하는 방법은 2장을 참조 바람). 이들 조합은 병원 2보다 산

〔그림 3.6〕 병원 2 분석의 민감도 보고서

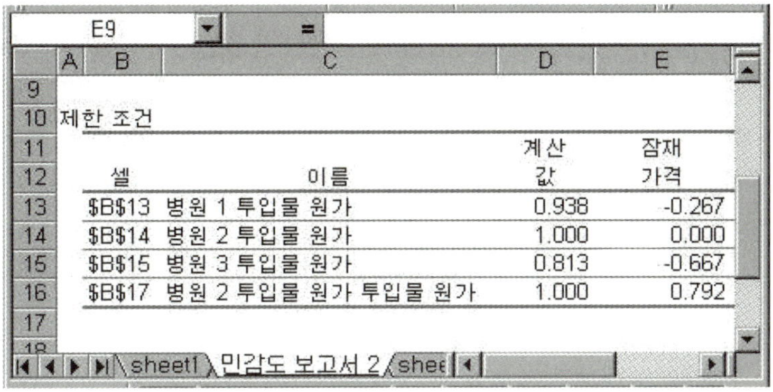

	셀	이름	계산 값	잠재 가격
10	제한 조건			
13	$B$13	병원 1 투입물 원가	0.938	-0.267
14	$B$14	병원 2 투입물 원가	1.000	0.000
15	$B$15	병원 3 투입물 원가	0.813	-0.667
16	$B$17	병원 2 투입물 원가 투입물 원가	1.000	0.792

출물 3을 26.2%(= $\frac{13.88-11}{11}$) 더 많이 생산하게 된다(아래 부분의 설명 참조). 이것은 병원 2가 비효율적임을 나타낸다.

병원 2의 비효율성을 다음과 같이 보여 줄 수 있다.

병원 1과 3의 선형결합에 의하여 생산된 산출물 1 = 0.267(10) + 0.667(5) = 6
= 병원 2에 의하여 생산된 산출물 1

병원 1과 3의 선형결합에 의하여 생산된 산출물 2 = 0.267(5) + 0.667(10) = 8
= 병원 2에 의하여 생산된 산출물 2

병원 1과 3의 선형결합에 의하여 생산된 산출물 3 = 0.267(17) + 0.667(14) = 13.88
> 11 = 병원 2에 의하여 생산된 산출물 3

병원 1과 3의 선형결합에 의하여 요구되는 투입물 1 = 0.267(6) + 0.667(8) = 6.94
< 9 = 병원 2에 의하여 요구되는 투입물 1

병원 1과 3의 선형결합에 의하여 요구되는 투입물 2 = 0.267(15) + 0.667(13) = 12.6
< 16 = 병원 2에 의하여 요구되는 투입물 2

따라서 더 적은 투입물을 사용하고서도 병원 2보다 더 많이 생산하는 병원 1과 병원 3의 '결합(combination)'이 존재하는 것이다. 일반적으로 비효율적인 의사결정 단위를 지배하는 효율적 의사결정 단위의 선형 결합을 결정하기 위하여 '단위 i의 투입물 가치 ≥ 단위 i의 산출물 가치' 제한조건(13행-15행)에 대한 잠재가격(shadow price)을 보면 된다. 어느 효율적 단위의 '가중치'는 잠재가격의 절대적 가치이다. 〔그림

3.4]에서 병원 2의 속박(binding) 제약조건은 13행과 15행에 있다. 병원 2에 관련된 민감도 보고서([그림 3.6] 재참조)에는 이러한 속박(binding) 제약조건에 대한 잠재가격의 절대값이 0.267과 0.667로 나타나 있는데 이는 병원 1의 수치에 0.267을 곱한 값과 병원 3의 수치에 0.667을 곱한 값을 더한 결과가 병원 2의 결과보다 더 나은 결과를 보여 줌을 의미한다.

연습문제

1 대우전자는 강북지역에 5개의 직영대리점(A, B, C, D, E)을 갖고 있는데 각 대리점의 생산성을 DEA에 의해 측정하고자 한다. 투입요소와 산출요소에 대한 자료가 다음과 같을 때 대리점의 생산성을 측정하시오.

요소 / 대리점	산출물	투입 1	투입 2
A	100	200	300
B	100	300	200
C	100	400	100
D	100	200	200
E	100	100	400

2 은행의 생산성 측정을 위해 산출변수로 기간이익, 총수신평균잔액, 총대출잔액을, 투입변수로 종업원수, 건물면적, 경비를 선정하였다. 여기서 종업원수는 노동을 대표하는 변수로 지점관리자, 고객서비스 담당자, 일선창구 담당자 등이 포함되며, 건물면적은 자본을 대표하는 변수로 m^2단위로 측정하였고, 각 지점에서 지출된 인건비를 제외한 모든 금액을 경비로 이용하였다.

지점	Y1(기간이익)	Y2(총수신평균잔액)	Y3(총대출잔액)
A	1,260	45,378	23,217
B	790	28,415	16,339
C	454	22,944	7,001
D	811	31,691	14,227
E	593	31,891	23,030
F	533	28,537	6,946

지점	X1(종업원수)	X2(건물면적)	X3(경비)
A	42	842	193
B	29	477	160
C	34	933	211
D	41	1,661	216
E	29	688	151
F	39	1,135	209

위의 자료를 근거로 각 지점의 생산성 측정을 하여 보시오.

제4장

정수계획법

4.1 기본개념

일반적인 선형계획모형은 분할성(divisibility)을 전제로 하고 있다. 그러나 현실적으로 변수의 값이 정수이어야만 의미가 있는 경우가 많다. 변수에 대하여 정수의 값을 요구하는 문제를 해결하기 위한 의사결정기법으로 제시된 정수계획법은 일반적인 선형계획모형에 새로운 제약식을 추가하여 결정변수의 전부가 정수가 되도록 요구한다. 일반적인 모형은 다음과 같다.

$$
\begin{aligned}
&\text{최대화(Max)} && Z = C_1 X_1 + C_2 X_2 + \cdots + C_n X_n \\
&\text{제약조건(S.t)} && a_{11} X_1 + a_{12} X_2 + \cdots + a_{1n} X_n \le b_1 \\
& && a_{21} X_1 + a_{22} X_2 + \cdots + a_{2n} X_n \le b_2 \\
& && \vdots \\
& && a_{m1} X_1 + a_{m2} X_2 + \cdots + a_{mn} X_n \le b_m
\end{aligned}
$$

$X_1 = 0$ 또는 양의 정수, $X_2 = 0$ 또는 양의 정수, $\cdots$, $X_n = 0$ 또는 양의 정수

4.2 정수계획법의 종류

(1) 순수정수계획법(all-integer programming)

이는 모형의 의사결정변수 모두가 최적해에서 정수가 될 것을 요구하는 경우이다.

(2) 혼합정수계획법(mixed integer programming)

이는 변수의 일부만이 정수가 될 것을 요구하는 경우로 이 경우의 정수제약조건은 순수정수계획법의 경우보다 덜 엄격하다.

(3) 0-1정수계획법(zero-one integer programming)

이는 의사결정변수가 0 또는 1의 제한된 값을 가질 것을 요구하는 경우이다. 이 경우 어떤 계획이 수락되면 의사결정변수는 1이고, 거절되면 0의 값을 가지게 되는 것이다. 여기에 속하는 전형적인 문제로 할당문제, 투자결정문제 등이 있다.

정수계획법의 해법으로는 도표해법(graphic method)과 분지한계법(branch-and-bound method) 등이 있으나 본서에서는 엑셀의 해찾기(Solver) 기능에 의하여 해를 찾고자 한다.

4.3 엑셀에 의한 실제 사례

(1) 정수계획법

안암 분식점은 주로 라면과 김밥을 고객에게 배달서비스하는데, 이는 재료준비와 음식준비과정을 거쳐 고객에게 전달된다. 라면을 한 개 팔면 700원의 이익이 생기며, 김밥은 500원의 이익이 생긴다고 한다. 라면은 재료준비에 5분, 음식준비에 7분이 소요되며 김밥은 재료준비에 7분 음식준비에 5분이 소요된다고 한다. 하루 총 준비시간은 재료의 경우 500분, 음식의 경우 300분이라고 한다. 이 분식점의 이익을 최대로 하기 위한 라면과 김밥의 최적생산량을 결정해 보자.

최대화 $Z = 700X + 500Y$ (총이익)

제약조건 $5X + 7Y \le 500$ (재료준비)

$7X + 5Y \le 300$ (음식준비)

$X, Y = 0$ 또는 양의 정수

[엑셀 모형화]

1. 입 력

〔그림 4.1〕과 같이 B4:C5, F4:F5 그리고 B7:C7셀에 문제의 수치를 입력한다.

[그림 4.1] 자료 입력

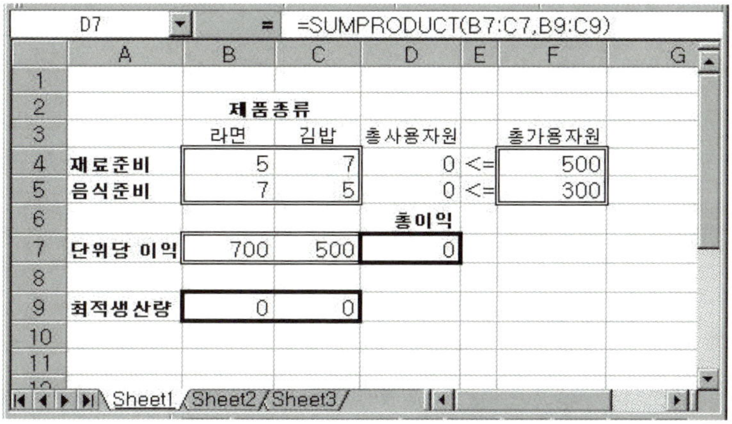

2. 초기 생산량

B9:C9셀에는 초기해가 0이 된다.

3. 총 사용자원

D4셀에는 다음과 같은 함수식을 입력한다.

= SUMPRODUCT(B4:C4, $B$9:$C$9)

또한 D5셀에도 B4:C4 대신에 B5:C5만 대체하여 입력한다.

4. 총 이 익

D7셀에 다음과 같은 함수식을 입력한다.

= SUMPRODUCT(B7:C7, B9:C9)

[엑셀 해찾기 사용]

1. 해찾기 준비

D7셀을 먼저 클릭한다.

2. 메뉴 설정

도구(T) → 해찾기(V).. 명령을 선택한다.

3. 목 표 셀

이 셀에 최종 결과치인 총이익이 산출된다. 다음 「해의 조건」에는 최대값에 클릭한다.

4. 변경할 셀

여기에는 최적해를 구하는 범위를 지정하는 것이므로 B9:C9를 입력한다.

5. 제한조건

① 일반 선형계획법의 경우

정수계획법과 비교하기 위하여 일반 선형계획법으로 해찾기 설정 및 실행 결과를 〔그림 4.2〕 및 〔그림 4.3〕에 보여 주고 있다. 〔그림 4.3〕의 최적해가 정수가 아닌 수치(라면=28.38, 김밥=20.27)로 주어져 있으므로 현실적으로 맞지 않다. 따라서 정수계획법으로 최적해를 산출해야 한다.

〔그림 4.2〕 일반 선형계획법의 해찾기 설정

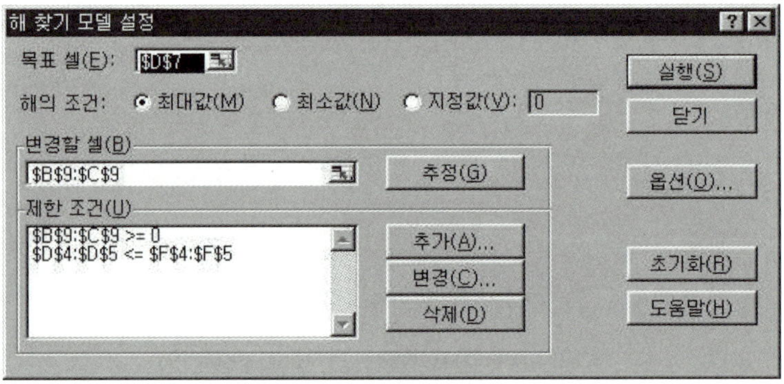

〔그림 4.3〕 일반 선형계획법의 실행 결과

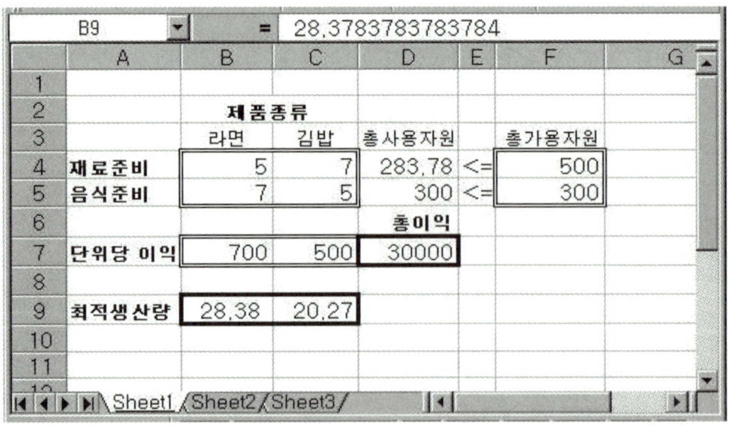

② 정수계획법의 경우

먼저 〔그림 4.2〕에서 최적해가 정수라는 조건을 제약조건식으로 추가시켜야 한다. 이를 위해 〔그림 4.4〕와 같이 입력하면 되며 이 경우 〔그림 4.5〕와 같이 정수라는 제한조건이 추가 설정된다.

〔그림 4.4〕 정수계획법의 제한조건 추가

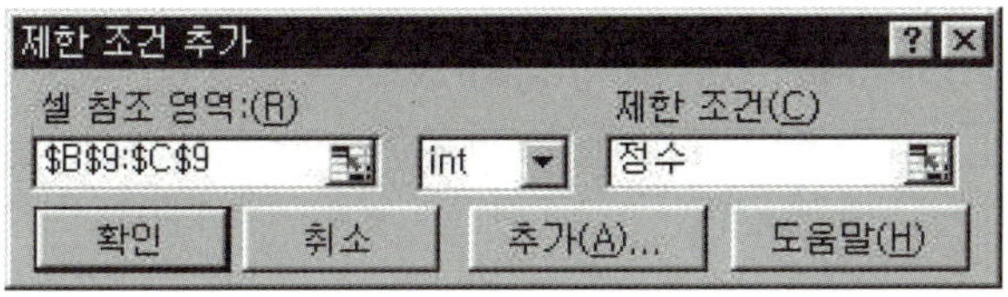

〔그림 4.5〕 정수계획법의 해찾기 설정

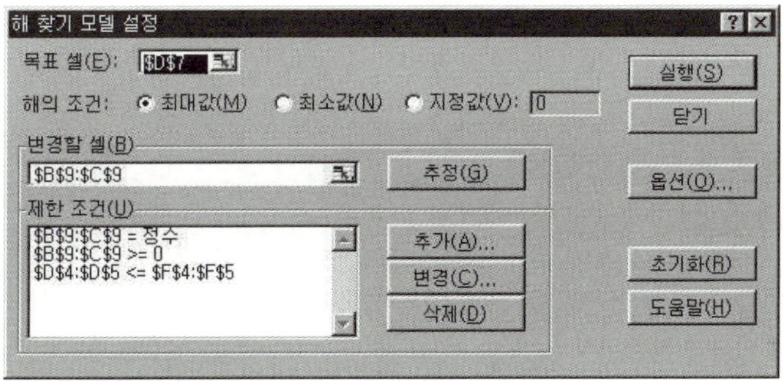

6. 실 행

「실행」을 클릭하면 〔그림 4.6〕과 같이 최적해가 산출된다.

〔그림 4.6〕 최적해(Optimal Solution) 결과

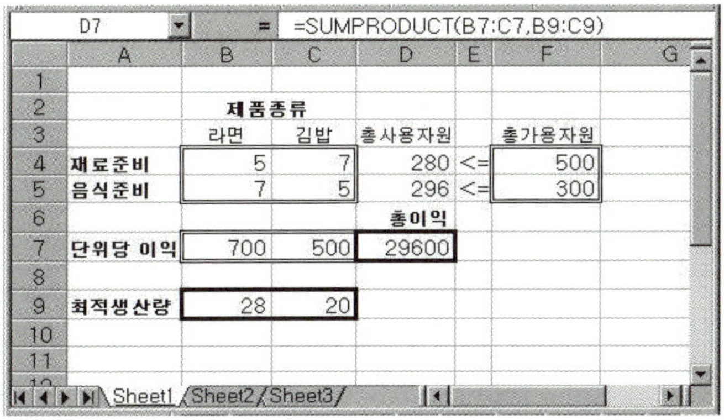

7. 결과 해석

해답을 보면 라면 X=28, 김밥 Y=20이라는 정수의 해답이 나오게 된다. 그리고 이익을 최대화하는 값 Z=29,600으로 주어진다.

(2) 0-1계획법

고려투자회사는 4가지 투자대안을 고려하고 있다. 투자예산에 대한 자료는 다음 〔표 4.1〕과 같으며, 투자에 대한 예산 한도액은 10,000백만원을 넘지 않는다고 하자. 이 투자회사는 순현가(*NPV*)를 최대로 하는 투자정책을 찾고자 한다. 여기서는 부분적 투자는 허용되지 않는다. 즉 투자 1에 50%만 투자하는 것은 허용되지 않고 투자를 하든지 안하든지의 선택이 있을 뿐이다.

〔표 4.1〕 투자예산에 대한 자료

프로젝트	초기 투자비용(단위: 백만원)	순현가(*NPV*)
투자 1	5,000	16,000
투자 2	7,000	22,000
투자 3	4,000	12,000
투자 4	3,000	8,000

[엑셀 모형화]

위와 같은 문제를 엑셀로 접근하기 전에 다음과 같이 모형을 만든다.

최대화 $Z = 16{,}000X_1 + 22{,}000X_2 + 12{,}000X_3 + 8{,}000X_4$

제약조건 $5{,}000X_1 + 7{,}000X_2 + 4{,}000X_3 + 3{,}000X_4 \le 10{,}000$

$X_j = 0$ 또는 1 $(j = 1, 2, 3, 4)$

1. 입　　력

〔그림 4.7〕과 같이 B7:E7, B9:E9 그리고 H9셀에 문제의 수치를 입력한다.

[그림 4.7] 자료 입력

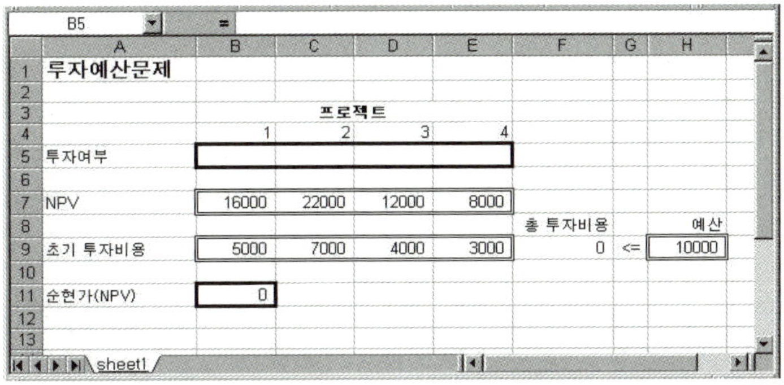

2. 초 기 해

B5:E5셀에는 초기 해가 0이 된다.

3. 총 투자비용

F9셀에는 다음과 같은 함수식을 입력한다.

= SUMPRODUCT(B5:E5, B9:E9)

4. 순 현 가

B11셀에 다음과 같은 함수식을 입력한다.

= SUMPRODUCT(B5:E5, B7:E7)

[엑셀 해찾기 사용]

1. 해찾기 준비

B11셀을 먼저 클릭한다.

2. 메뉴 설정

도구(T) → 해찾기(V).. 명령을 선택한다.

3. 목 표 셀

목표 셀인 B11에 최종 결과치인 순현가 합계액이 산출된다. 다음 「해의 조건」에는 최대값에 클릭한다.

4. 변경할 셀

여기에는 최적해를 구하는 범위를 지정하는 것이므로 B5:E5를 입력하면 된다.

5. 제한조건

여기에는 비음조건(B5:E5>=0), 정수조건(B5:E5=integer) 및 1보다는 같거나 작다(B5:E5<=1)라는 세 가지 조건식을 하나의 조건식으로 만들 수 있다. 이는 〔그림 4.8〕과 같이 bin(이진수)로 지정하여 주면 된다. 그리고 총 투자비용이 예산보다는 작다는 제한조건식(F9<=H9)을 추가시키면 해찾기 설정이 되며 이는 〔그림 4.9〕에 제시되어 있다.

〔그림 4.8〕 0-1계획법의 0-1제한조건식

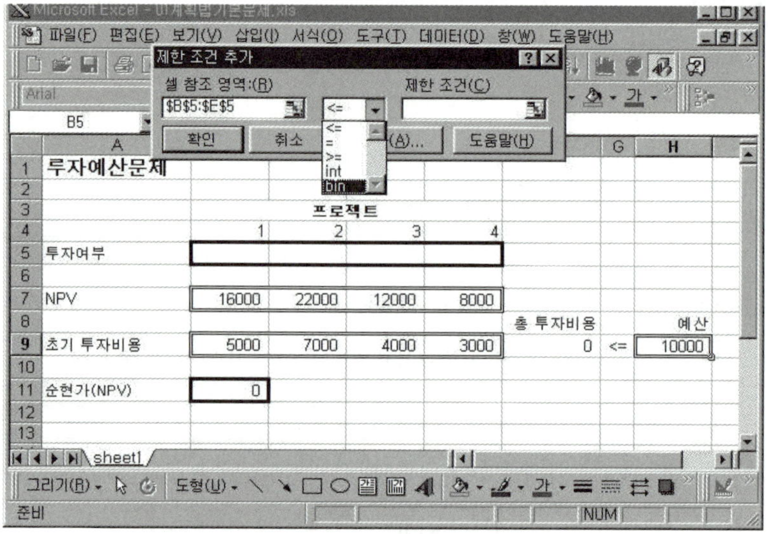

〔그림 4.9〕 0-1계획법의 해찾기 설정

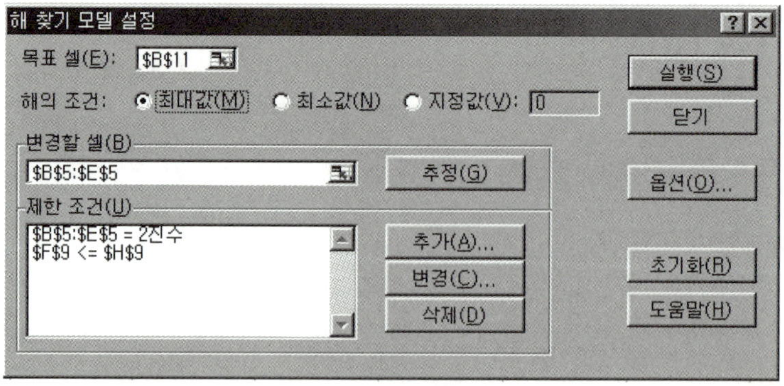

6. 실　　행

「실행」에 클릭을 하면 〔그림 4.10〕과 같이 최적해가 제시된다.

〔그림 4.10〕 최적해(Optimal Solution) 결과

B11 = =SUMPRODUCT(B5:E5,B7:E7)

	A	B	C	D	E	F	G	H
1	루자예산문제							
2								
3			프로젝트					
4		1	2	3	4			
5	투자여부	0	1	0	1			
6								
7	NPV	16000	22000	12000	8000			
8						총 투자비용		예산
9	초기 투자비용	5000	7000	4000	3000	10000	<=	10000
10								
11	순현가(NPV)	30000						
12								
13								

sheet1

7. 결과 해석

해답을 보면 프로젝트 2와 4에 투자하면 순현가(*NPV*)가 30,000으로 최대가 됨을 알 수 있다.

연습문제

1 다음 모형을 만족하는 최적해와 총이익을 구하시오.

최대화 $Z = 7X + 5Y$ (총이익)

제약조건 $5X + 2Y \leq 37$ (제약조건 1)

$2X + 6Y \leq 32$ (제약조건 2)

$X, Y = 0$ 또는 양의 정수

2 서울랜드는 새로이 도입할 놀이기구 6가지에 대한 투자를 고려하고 있다.

투 자 안	초기비용 (단위: 백만원)	신규 운영인원(명)	*NPV*
1	600	5	100
2	900	5	150
3	150	3	230
4	450	7	170
5	670	6	70
6	580	2	77
최대요구금액 또는 인원	1500	27	

여기서 투자안 3과 5는 상호 배타적인 투자안이다. 따라서 둘 중의 하나는 반드시 선택되어져야 한다. *NPV*를 최대화하는 최적해를 산출해 보자.

제 5 장

수송모형

5.1 기본개념

수송기법(transportation method)은 선형계획법의 한 유형으로서, 복수의 공급지인 생산지로부터 복수의 수요지인 목적지까지 재화 또는 서비스를 최소의 비용으로 수송하기 위해 사용되는 의사결정기법이다. 즉, 상품운송에 따른 총 수송비용을 최소화하면서 다수의 공급원으로부터 다수의 수요지까지 상품을 운송하는 문제해결을 위해 사용된다.

수송모형의 일반적 구조는 다음과 같다.

최소화(Min)

$$
\begin{aligned}
Z = C_{11} X_{11} + C_{12} X_{12} + \cdots + C_{1n} X_{1n} \\
+ C_{21} X_{21} + C_{22} X_{22} + \cdots + C_{2n} X_{2n} \\
\cdots \\
C_{m1} X_{m1} + C_{m2} X_{m2} + \cdots + C_{mn} X_{mn}
\end{aligned}
$$

제약조건(s.t)

$$
\begin{aligned}
X_{11} + X_{12} + \cdots + X_{1n} = S_1 \\
X_{21} + X_{22} + \cdots + X_{2n} = S_2 \\
\vdots \\
X_{m1} + X_{m2} + \cdots + X_{mn} = S_m \\
X_{11} + X_{21} + \cdots + X_{m1} = D_1 \\
X_{12} + X_{22} + \cdots + X_{m2} = D_2 \\
\vdots \\
X_{1n} + X_{2n} + \cdots + X_{mn} = D_n \\
X_{ij} \geq 0
\end{aligned}
$$

(X_{ij}은 i에서 j까지의 수송량, S는 공급량, D는 수요량)

5.2 수송의 기법

수송문제는 선형계획문제의 특수한 형태로 선형계획모형을 이용하여 해결되거나 특별히 고안된 수송기법을 사용하여 해결된다.

수송기법에는 초기해를 얻는 방법으로 북서코너법(northwest corner rule), 최소비용법(minimum cell cost method), 보겔의 추정법(Vogel's approximation method) 등이 있으며, 초기해로부터 최적해를 얻는 방법으로는 징검다리법(stepping stone method), 수정배분법(modified distribution method) 등이 있다.

본서에서는 별도의 기법을 이용할 필요 없이 엑셀에 의해 빠르게 풀이할 수 있음을 보여 주고자 한다.

5.3 엑셀에 의한 실제 사례

(1) 일반적인 경우: 균형 수송문제

여기서는 공급량의 합과 수요량의 합이 일치하는 균형 수송문제의 경우에 대한 예제를 제시하고자 한다.

신속 물류회사는 세 개의 공장 1, 2, 3에서 수요지인 서울, 부산, 대구, 대전에 완제품을 수송해 주는 업체이다. 이 회사는 현재 총 수송비용을 최소화하면서 수송해 주는 방법을 검토중에 있다. 먼저 문제를 풀기 전에 오직 공장에서만 각 도시에 제품을 공급할 수 있고 도시간 제품의 이동은 없는 것으로 가정한다. 〔표 5.1〕은 공장과 도시의 공급량 및 수요량 그리고 단위당 수송비를 요약한 것이다. 이 문제는 총공급량과 총수요량이 일치하는 균형 수송문제이다.

〔표 5.1〕 균형수송문제의 자료

공급 \ 수요	서울	부산	대구	대전	총 공급량
공장 1	15	6	10	3	70
공장 2	9	3	12	7	30
공장 3	6	9	7	5	60
총 수요량	20	30	70	40	160

[엑셀 모형화]

위와 같은 문제를 엑셀로 접근하기 전에 모형을 만들어야 한다.

최소화 $Z = 15X_{11} + 6X_{12} + 10X_{13} + 3X_{14} + 9X_{21} + 3X_{22} + 12X_{23}$
$+ 7X_{24} + 6X_{31} + 9X_{32} + 7X_{33} + 5X_{34}$

제약조건
$X_{11} + X_{12} + X_{13} + X_{14} = 70$
$X_{21} + X_{22} + X23 + X_{24} = 30$
$X_{31} + X_{32} + X_{33} + X_{34} = 60$
$X_{11} + X_{21} + X_{31} = 20$
$X_{12} + X_{22} + X_{32} = 30$
$X_{13} + X_{23} + X_{33} = 70$
$X_{14} + X_{24} + X_{34} = 40$
$X_{ij} \geq 0$ 또는 양의 정수
(X_{ij}은 i에서 j까지의 수송량)

1. 입　력

〔그림 5.1〕과 같이 C6:F8셀에는 문제의 비용 수치를 입력하고 I13:I15셀과 C18:F18셀에는 각각의 가용 공급량과 요구 수요량을 입력시킨다.

〔그림 5.1〕 자료 입력

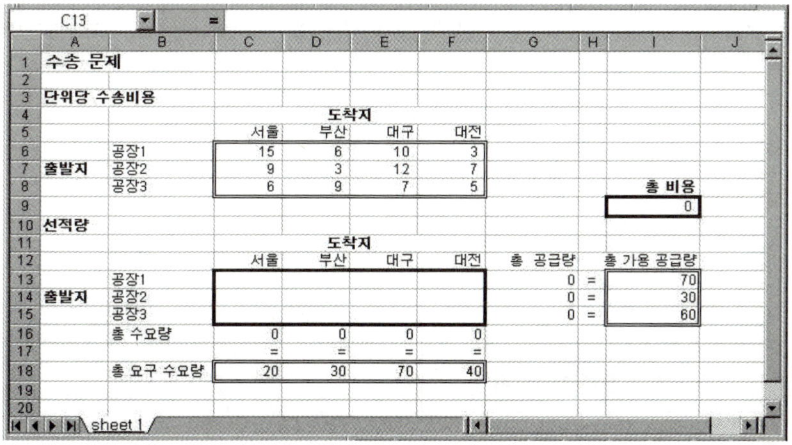

2. 초기 수송해

C13:F15셀은 초기해가 0으로 주어지며 이후 변경 셀(changing cells)이 된다. 따라서 빈칸으로 놓거나 아무 수치나 입력해도 된다.

3. 총 공급량

G13:G15셀 범위에는 각 공장별 총 공급량을 나타내는데 예를 들어 G13셀에는 다음과 같은 함수식을 입력한다.

= SUM(C13:F13)

이것은 공장 1의 총 공급량을 계산해 준다. 그리고 나머지 G14:G15셀에도 G13셀과 같이 각 공장의 총 공급량을 계산하도록 공식을 입력한다. 이를 위해 G13셀을 지정한 뒤 셀의 오른쪽 아래에 마우스를 갖다 놓으면 +가 생기게 되고 이를 밑으로 이동시키면 자동으로 식이 복사가 된다.

4. 총 수요량

C16:F16셀 범위에는 도착지의 총 수요량을 나타내는데 예를 들어 C16셀에는 다음과 같은 함수식을 입력한다.

= SUM(C13:C15)

나머지 D16:F16셀에도 C16셀과 같이 각 도착지의 총 수요량을 계산하도록 공식을 입력한다.

5. 총 비 용

각각의 공장에서 각각의 목적지까지 소요되는 총 비용을 계산하기 위하여 I9셀에 다음과 같은 함수식을 입력한다.

= SUMPRODUCT(C6:F8, C13:F15)

[엑셀 해찾기 사용]

1. 해찾기 준비

I9셀을 먼저 클릭한다.

2. 메뉴 설정

도구(T) → 해찾기(V).. 명령을 선택한다.

[그림 5.2] 수송계획법의 해찾기 설정

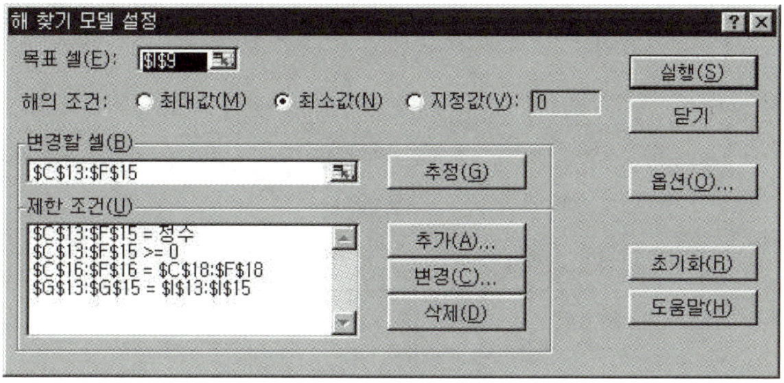

3. 목 표 셀

I9셀에 최종 결과치인 총비용이 산출된다. 다음 「해의 조건」에는 최소값에 클릭한다.

4. 변경할 셀

여기에는 최적해를 구하는 범위를 지정하는 것이므로 C13:F15를 입력하면 된다.

5. 제한조건

① 총 가용 공급량 제한조건

제한조건식 「G13:G15=I13:I15」를 추가시킨다. 이 제한조건은 산출된 공급량이 가정한 공급량과 일치하도록 해 주는 조건식이다.

② 요구되는 최소 수요량 제한조건

제한조건식 「C16:F16=C18:F18」을 추가시킨다. 이 제한조건은 모든 목적지가 요구하는 수요량을 반드시 충족시키도록 해 주는 조건식이다.

③ 정수조건 및 비음조건

C13:F15셀 범위는 반드시 0보다는 커야 하는 비음조건과 정수조건을 만족시켜야 한다.

6. 실 행

「실행」에 클릭을 하면 [그림 5.3]과 같이 원하는 최적해를 얻게 된다.

[그림 5.3] 최적해(Optimal Solution) 결과

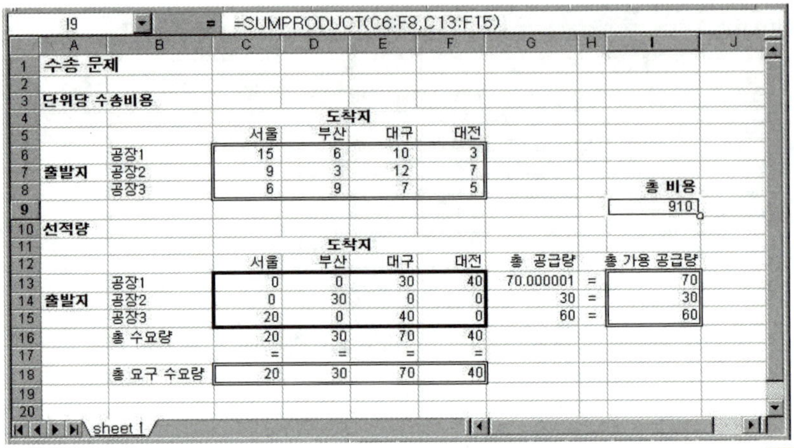

I9 = =SUMPRODUCT(C6:F8,C13:F15)

	A	B	C	D	E	F	G	H	I	J
1	수송 문제									
2										
3	단위당 수송비용									
4					도착지					
5			서울	부산	대구	대전				
6		공장1	15	6	10	3				
7	출발지	공장2	9	3	12	7				
8		공장3	6	9	7	5			총 비용	
9									910	
10	선적량									
11					도착지					
12			서울	부산	대구	대전	총 공급량		총 가용 공급량	
13		공장1	0	0	30	40	70.000001	=	70	
14	출발지	공장2	0	30	0	0	30	=	30	
15		공장3	20	0	40	0	60	=	60	
16		총 수요량	20	30	70	40				
17			=	=	=	=				
18		총 요구 수요량	20	30	70	40				
19										
20										

sheet 1

7. 결과 해석

해답을 보면 공장 1은 대구에 30개, 대전에 40개를 공급하고, 공장 2는 부산에 30개를 공급하며, 공장 3은 서울에 20개, 대구에 40개를 공급함으로써 최소의 비용을 달성할 수 있다. 이 경우 최소 수송비용은 910으로 주어진다.

(2) 특수한 경우: 불균형 수송문제

신속 물류회사는 앞의 문제처럼 최적해로 공장 1에서 대전에 40개를 공급하였는데 대전지역에서 그 제품에 대한 수요가 40개에서 10개로 감소하였다고 하자. 그러면 총공급량과 총수요량이 일치하지 않는 불균형 문제가 되는데 이를 다시 수송모형으로 해결해 보자.

[엑셀 모형화]

위와 같은 문제를 엑셀로 접근하기 전에 모형을 만들어야 한다.

최소화 $$Z = 15X_{11} + 6X_{12} + 10X_{13} + 3X_{14} + 9X_{21} + 3X_{22} + 12X_{23} + 7X_{24} + 6X_{31} + 9X_{32} + 7X_{33} + 5X_{34}$$

제약조건
$$X_{11} + X_{12} + X_{13} + X_{14} \leq 70$$
$$X_{21} + X_{22} + X_{23} + X_{24} \leq 30$$
$$X_{31} + X_{32} + X_{33} + X_{34} \leq 60$$
$$X_{11} + X_{21} + X_{31} = 20$$
$$X_{12} + X_{22} + X_{32} = 30$$

$$X_{13} + X_{23} + X_{33} = 70$$
$$X_{14} + X_{24} + X_{34} = 10$$
$$X_{ij} \geq 0 \text{ 또는 양의 정수}$$

1. 입 력

〔그림 5.4〕과 같이 C6:F8셀에는 문제의 비용 수치를 입력하고 I13:I15셀과 C18:F18셀에는 각각의 가용 공급량과 요구 수요량을 입력한다. (1)의 균형문제와 다른 점은 F18이 종전의 40에서 10으로 수정되었다는 것이다. 이로 인해 총공급량과 총수요량이 다르게 된다.

〔그림 5.4〕 자료 입력

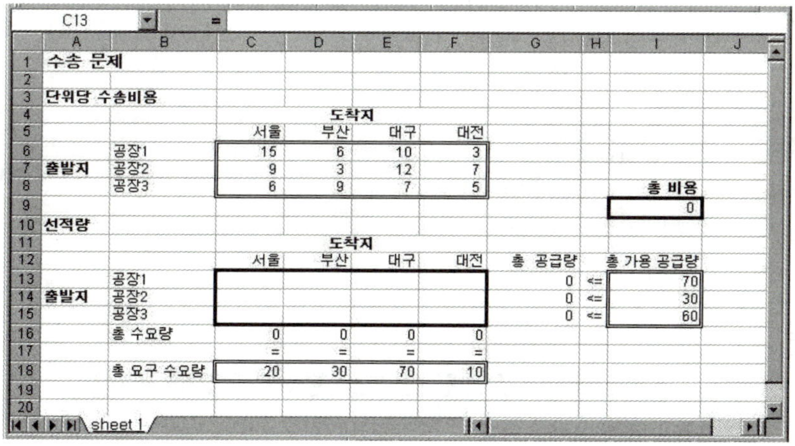

C13 =

	A	B	C	D	E	F	G	H	I	J
1	수송 문제									
2										
3	단위당 수송비용									
4				도착지						
5			서울	부산	대구	대전				
6		공장1	15	6	10	3				
7	출발지	공장2	9	3	12	7				
8		공장3	6	9	7	5			총 비용	
9									0	
10	선적량									
11				도착지						
12			서울	부산	대구	대전	총 공급량		총 가용 공급량	
13		공장1					0	<=	70	
14	출발지	공장2					0	<=	30	
15		공장3					0	<=	60	
16		총 수요량	0	0	0	0				
17			=	=	=	=				
18		총 요구 수요량	20	30	70	10				
19										
20										

sheet 1

2. 초기 수송해

C13:F15셀은 초기해가 0으로 주어지며 이후 변경 셀(changing cells)이 된다. 따라서 빈칸으로 둔다.

3. 총 공급량

G13:G15셀 범위에는 각 공장별 총 공급량을 나타내는데 예를 들어 G13셀에는 다음과 같은 함수식을 입력한다.

= SUM(C13:F13)

이것은 공장 1의 총 공급량을 계산해 준다. 그리고 나머지 G14:G15셀에도 G13셀과 같이 각 공장의 총 공급량을 계산하도록 공식을 입력한다.

4. 총 수요량

C16:F16셀 범위에는 도착지의 총 수요량을 나타내는데 예를 들어 C16셀에는 다음과 같은 함수식을 입력한다.

= SUM(C13:C15)

나머지 D16:F16셀에도 C16셀과 같이 각 도착지의 총 수요량을 계산하도록 공식을 입력한다.

5. 총 비 용

각각의 공장에서 각각의 목적지까지 소요되는 총 비용을 계산하기 위하여 I9셀에는 다음과 같은 함수식을 입력한다.

= SUMPRODUCT(C6:F8, C13:F15)

[엑셀 해찾기 사용]

1. 해찾기 준비

I9셀을 먼저 클릭한다.

2. 메뉴 설정

도구(T) → 해찾기(V).. 명령을 선택한다.

[그림 5.5] 수송계획법의 해찾기 설정

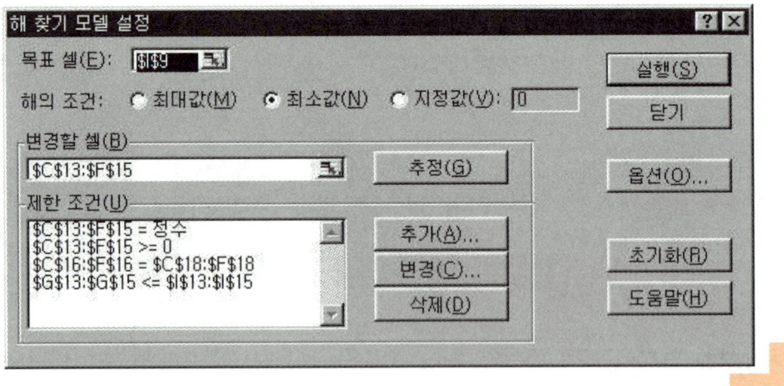

3. 목 표 셀

이 셀에 최종 결과치인 총비용이 산출된다. 다음 「해의 조건」에는 최소값에 클릭한다.

4. 변경할 셀

여기에는 최적해를 구하는 범위를 지정하는 것이므로 C13:F15를 입력하면 된다.

5. 제한조건

① 총 가용 공급량 제한조건

제한조건식 「G13:G15<=I13:I15」를 추가시킨다. 이 제한조건은 산출된 공급량이 가정한 공급량을 초과하지 않도록 해 주는 공급제약조건식이다. 이것이 균형문제와 다른 부분이다.

② 요구되는 최소 수요 제한조건

제한조건식 「C16:F16=C18:F18」를 추가시킨다. 이 제한조건은 모든 목적지가 요구하는 수요량을 반드시 충족시키도록 해 주는 조건식이다.

③ 정수조건 및 비음조건

C13:F15셀 범위는 반드시 0보다는 커야 하는 비음조건과 정수조건을 만족시켜야 한다.

6. 실　　행

「실행」에 클릭을 하면 〔그림 5.3〕과 같이 원하는 최적해를 얻게 된다.

〔그림 5.6〕 최적해(Optimal Solution) 결과

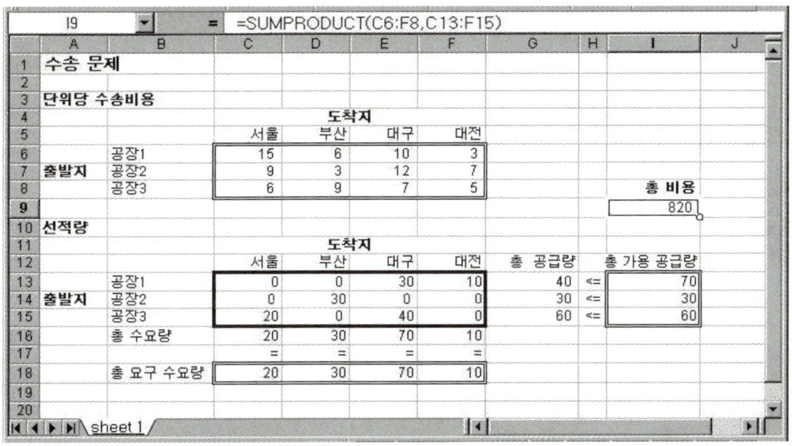

I9 = =SUMPRODUCT(C6:F8,C13:F15)

	A	B	C	D	E	F	G	H	I	J
1	수송 문제									
2										
3	단위당 수송비용									
4				도착지						
5			서울	부산	대구	대전				
6		공장1	15	6	10	3				
7	출발지	공장2	9	3	12	7				
8		공장3	6	9	7	5			총 비용	
9									820	
10	선적량									
11				도착지						
12			서울	부산	대구	대전	총 공급량		총 가용 공급량	
13		공장1	0	0	30	10	40	<=	70	
14	출발지	공장2	0	30	0	0	30	<=	30	
15		공장3	20	0	40	0	60	<=	60	
16		총 수요량	20	30	70	10				
17			=	=	=	=				
18		총 요구 수요량	20	30	70	10				
19										
20										

sheet 1

7. 결과 해석

해답을 보면 공장 1은 대구에 30개, 대전에 10개를 공급하고, 공장 2는 부산에 30개를 공급하며, 공장 3은 서울에 20개, 대구에 40개를 공급함으로써 최소의 비용을 달성한다. 그 결과 최소 수송비용은 820으로 나타났다.

연습문제

1 의약품을 생산하는 D제약회사는 세 개의 공장 A, B, C를 가지고 포항, 부산, 울산 지역에 약품을 공급하고 있다. 이 회사의 각 공장과 수요지간의 단위상자당 수송비가 다음 표와 같이 주어져 있을 때 최적해를 산출해 보시오.

	포항	부산	울산	총 공급량
공장 A	70	50	60	120
공장 B	150	90	120	90
공장 C	30	90	100	70
총 수요량	150	75	55	280

2 앞의 1번 문제에서 만일 울산에서 대단위 병원과 약국들의 폐업증가로 수요가 55에서 25로 감소되었다면 총 수요와 총 공급에서 차질이 생길 것이다. 이 초과공급을 감안하여 새로운 해를 산출해 보시오.

제 6 장

할당모형

6.1 기본개념

기업의 경영관리에 있어서 할당모형은 다양한 생산자원이나 종업원을 여러 업무에 할당해야 하는 문제를 해결하는 데 사용되는 의사결정기법이다. 할당모형도 수송모형과 같이 선형계획법의 특수한 형태에 속한다. 할당모형에 있어서 수요와 공급은 1이어야 하며, 따라서 수송할 수 있는 양은 0 아니면 1이 된다. 즉 할당하게 되면 1이고 그렇지 않으면 0이 되는 것이다. 이 경우의 일반적인 구조는 다음과 같다.

최소화(Min)

$$\begin{aligned} Z = {} & C_{11} X_{11} + C_{12} X_{12} + \cdots + C_{1n} X_{1n} \\ & + C_{21} X_{21} + C_{22} X_{22} + \cdots + C_{2n} X_{2n} \\ & \cdots \\ & + C_{m1} X_{m1} + C_{m2} X_{m2} + \cdots + C_{mn} X_{mn} \end{aligned}$$

제약조건(s.t)

$$\begin{aligned} & X_{11} + X_{12} + \cdots + X_{1n} = 1 \\ & X_{21} + X_{22} + \cdots + X_{2n} = 1 \\ & \quad \vdots \\ & X_{m1} + X_{m2} + \cdots + X_{mn} = 1 \\ & X_{11} + X_{21} + \cdots + X_{m1} = 1 \\ & X_{12} + X_{22} + \cdots + X_{m2} = 1 \\ & \quad \vdots \\ & X_{1n} + X_{2n} + \cdots + X_{mn} = 1 \\ & X_{ij} = 0 \text{ 또는 } 1 \end{aligned}$$

6.2 할당모형의 특징과 적용분야

할당모형은 5장에서 다룬 수송모형의 특수한 형태로서 수요지와 공급지의 수가 일치하고 각 공급지의 공급량과 각 수요지의 수요량이 항상 1로 동일한 수송문제라고 볼 수 있다. 할당모형의 특징을 요약하면 다음과 같다.

① 공급지의 수와 수요지의 수는 같다.

② 각 공급지는 반드시 서로 다른 하나의 수요지하고만 연결되며 이때의 수송량은 항상 1이다.

③ 최소비용이나 최대이익, 최소완성시간 등 단지 하나의 목적만을 갖는다.

이러한 할당모형은 종업원에 대한 작업할당, 판매원에 대한 판매처의 배정, 강사에 대한 강의실의 할당 등 다양한 분야에 적용되고 있다.

6.3 엑셀에 의한 실제 사례

(1) 일반적인 경우: 균형 할당문제

여기서는 공급지와 수요지의 수가 일치하는 균형 할당문제의 경우에 대한 예제를 제시하고자 한다. 할당모형의 풀이법으로는 헝가리법이 있으나 본서에서는 엑셀을 이용하여 해결하는 법을 보이고자 한다.

4명의 종업원을 4종류의 작업(Job)에 할당하는데 각 작업에 대한 종업원의 처리시간이 〔표 6.1〕과 같이 주어진 경우 할당비용이 최소로 되는 해를 구해 보자.

〔표 6.1〕 균형 할당문제의 자료

종업원 \ 작업	가	나	다	라
A	3	7	3	5
B	2	2	4	6
C	2	3	6	5
D	4	5	4	5

[엑셀 모형화]

위와 같은 문제를 엑셀로 접근하기 전에 모형을 만들어야 한다.

최소화 $Z = 3X_{11} + 7X_{12} + 3X_{13} + 5X_{14} + 2X_{21} + 2X_{22} + 4X_{23} + 6X_{24}$
$\quad + 2X_{31} + 3X_{32} + 6X_{33} + 5X_{34} + 4X_{41} + 5X_{42} + 4X_{43} + 5X_{44}$

제약조건

$$X_{11} + X_{12} + X_{13} + X_{14} = 1$$
$$X_{21} + X_{22} + X_{23} + X_{24} = 1$$
$$X_{31} + X_{32} + X_{33} + X_{34} = 1$$
$$X_{41} + X_{42} + X_{43} + X_{44} = 1$$
$$X_{11} + X_{21} + X_{31} + X_{41} = 1$$
$$X_{12} + X_{22} + X_{32} + X_{42} = 1$$
$$X_{13} + X_{23} + X_{33} + X_{43} = 1$$
$$X_{14} + X_{24} + X_{34} + X_{44} = 1$$
$$X_{ij} = 0 \text{ 또는 } 1$$

(X_{ij}는 i번째 종업원을 j번째 작업에 할당하는 결정변수)

1. 입 력

〔그림 6.1〕과 같이 C4:F7셀에 문제의 수치를 입력하고 I12:I15셀과 C18:F18셀에는 각각 1을 입력한다.

〔그림 6.1〕 초 기 해

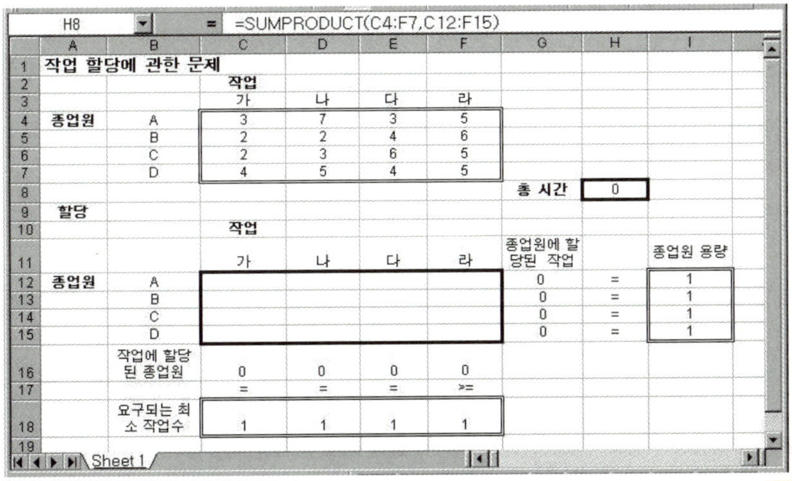

2. 초기 작업할당

C12:F15셀에는 초기해가 0으로 주어지게 된다.

3. 작업자에 할당된 작업

G12:G15셀 범위는 각 종업원에 할당된 작업의 수를 나타내는데 예를 들어 G12셀에는 다음과 같은 함수식을 입력한다.

= SUM(C12:F12)

이것은 종업원 1에 할당된 작업의 총 수를 계산해 준다. 그리고 나머지 G13:G15셀에도 G12셀과 같이 각각의 종업원에 할당된 총 수를 계산해 주는 공식을 입력한다. 이를 위해 G12셀을 지정한 뒤 셀의 오른쪽 아래에 마우스를 갖다 놓으면 +가 생기게 되고 이를 밑으로 이동시키면 자동으로 식이 복사가 된다.

4. 작업에 할당된 종업원

C16:F16셀 범위에는 작업에 할당될 종업원의 총 수를 나타내는데 예를 들어 C16셀에는 다음과 같은 함수식을 입력한다.

= SUM(C12:C15)

나머지 D16:F16셀에도 C16셀과 같이 작업에 할당될 종업원의 총 수를 계산해 주는 공식을 입력한다.

5. 총 비 용

작업을 완성하는 데 소요되는 총 비용을 계산하기 위하여 H8셀에 다음과 같은 함수식을 입력한다.

= SUMPRODUCT(C4:F7, C12:F15)

[엑셀 해찾기 사용]

1. 해찾기 준비

H8셀을 먼저 클릭한다.

2. 메뉴 설정

도구(T) → 해찾기(V).. 명령을 선택한다.

〔그림 6.2〕 할당문제의 해찾기 설정

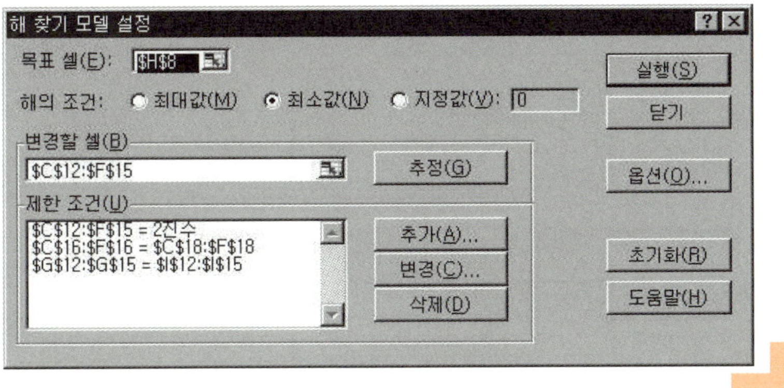

3. 목 표 셀

H8셀을 목표셀로 지정하였기 때문에 이 셀에 최종 결과치인 총비용이 산출된다. 「해의 조건」에는 최소값에 클릭한다.

4. 변경할 셀

여기에는 최적해를 구하는 범위를 지정하는 것이므로 C12:F15를 입력하면 된다.

5. 제한조건

① 종업원 제한조건

제한조건식 「G12:G15=I12:I15」를 추가시킨다. 이 제한조건은 어느 종업원도 둘 이상의 작업에 할당되지 않도록 하는 조건식이다.

② 요구되는 최소 작업수 제한조건

제한조건식 「C16:F16=C18:F18」을 추가시킨다. 이 제한조건은 모든 작업이 반드시 한 종업원에 할당되어 완성될 수 있도록 해 주는 조건식이다.

③ 비음조건

C12:F15셀 범위에 해가 반드시 0보다는 커야 하는 비음조건을 만족시켜야 한다.

6. 실 행

「실행」에 클릭을 하면 〔그림 6.3〕과 같이 원하는 최적해를 얻게 된다.

[그림 6.3] 최적해(Optimal Solution) 결과

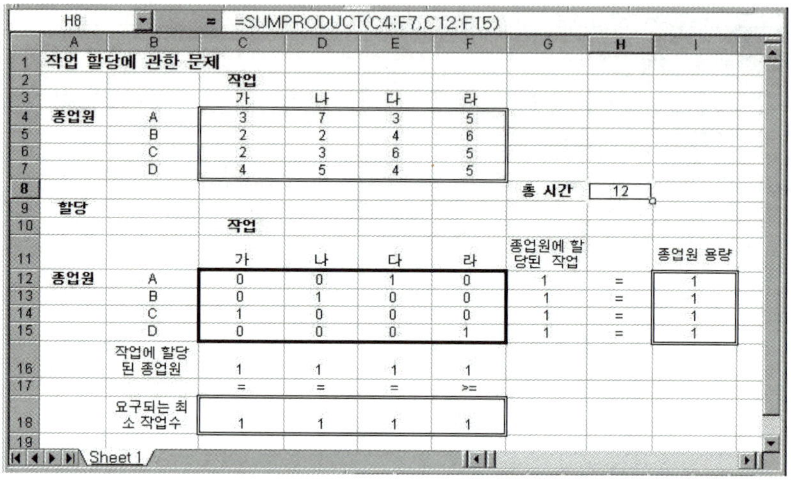

H8 = =SUMPRODUCT(C4:F7,C12:F15)

	A	B	C	D	E	F	G	H	I
1	작업 할당에 관한 문제								
2			작업						
3			가	나	다	라			
4	종업원	A	3	7	3	5			
5		B	2	2	4	6			
6		C	2	3	6	5			
7		D	4	5	4	5			
8							총 시간	12	
9	할당								
10			작업						
11			가	나	다	라	종업원에 할당된 작업		종업원 용량
12	종업원	A	0	0	1	0	1	=	1
13		B	0	1	0	0	1	=	1
14		C	1	0	0	0	1	=	1
15		D	0	0	0	1	1	=	1
16		작업에 할당된 종업원	1	1	1	1			
17			=	=	=	>=			
18		요구되는 최소 작업수	1	1	1	1			
19									

Sheet 1

7. 결과 해석

해답을 보면 종업원 A에는 작업 다, 종업원 B에는 작업 나, 종업원 C에는 작업 가, 종업원 D에는 작업 라가 할당된다. 이 경우 최소 비용은 12로 주어진다.

(2) 특수한 경우: 불균형 할당문제

여기서는 공급지와 수요지의 수가 일치하지 않는 불균형 할당문제의 경우에 대한 예제를 제시하고자 한다. 이 경우 가상행(dummy row) 또는 가상열(dummy column)을 도입하여 먼저 균형된 할당표를 작성한 후 일반적인 할당문제 해법을 적용할 수 있다.

OK 콜택시 운송회사는 현재 4대의 콜택시를 운영중이다. 이제 3명의 고객으로부터 콜택시 이용 요청이 접수되었다. 콜택시를 요청한 고객과 콜택시가 위치한 거리(km)는 다음과 같다. 총거리를 최소화하는 최적할당을 도출해 보자.

택시 \ 고객	가	나	다
A	5	4	6
B	8	5	2
C	3	7	4
D	6	4	5

[엑셀 모형화]

위와 같은 문제를 엑셀로 접근하기 전에 모형을 만들어야 한다.

최소화 $Z = 5X_{11} + 4X_{12} + 6X_{13} + 10X_{14} + 8X_{21} + 5X_{22} + 2X_{23} + 10X_{24} + 3X_{31} + 7X_{32} + 4X_{33} + 10X_{34} + 6X_{41} + 4X_{42} + 5X_{43} + 10X_{44} - 10$

제약조건

$$X_{11} + X_{12} + X_{13} + X_{14} = 1$$
$$X_{21} + X_{22} + X_{23} + X_{24} = 1$$
$$X_{31} + X_{32} + X_{33} + X_{34} = 1$$
$$X_{41} + X_{42} + X_{43} + X_{44} = 1$$
$$X_{11} + X_{21} + X_{31} + X_{41} = 1$$
$$X_{12} + X_{22} + X_{32} + X_{42} = 1$$
$$X_{13} + X_{23} + X_{33} + X_{43} = 1$$
$$X_{14} + X_{24} + X_{34} + X_{44} = 1$$
$$X_{ij} = 0 \text{ 또는 } 1$$

불균형 문제를 해결하기 위해서는 가상의 고객 4를 만들어야 한다. 이를 「가상」이라고 표시한다면 가상고객과의 거리는 아주 큰 수를 부여하여야 하는데 여기서는 수치 10을 부여하는 것으로 가정하자.

1. 입 력

〔그림 6.4〕과 같이 C4:F7셀에 문제의 수치를 입력하고 I12:I15셀과 C18:F18셀에는 각각 1를 입력한다.

[그림 6.4] 초 기 해

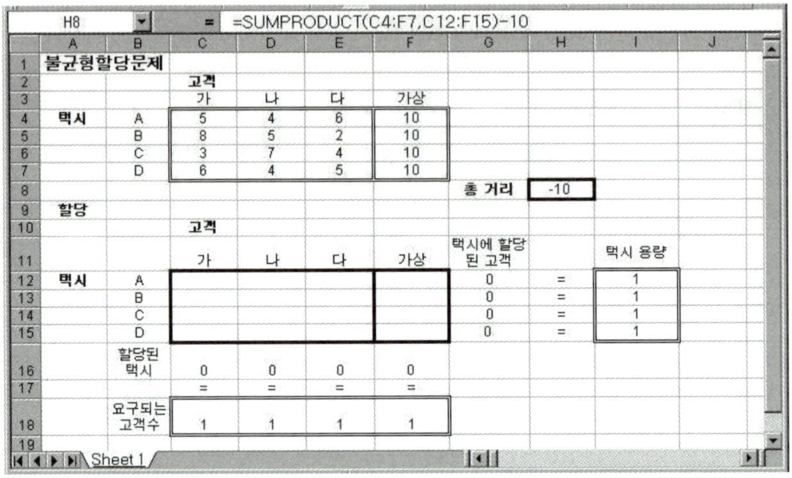

2. 초기 할당

C12:F15셀에는 초기해가 0으로 주어지게 된다.

3. 택시에 할당된 고객

G12:G15셀 범위에는 각 택시에 할당된 고객의 수를 나타내는데 예를 들어 G12셀에는 다음과 같은 함수식을 입력한다.

= SUM(C12:F12)

이것은 택시 1에 할당된 고객의 총 수를 계산해 준다. 그리고 나머지 G13:G15셀에도 G12셀과 같이 각각의 택시에 할당된 총 고객수를 계산하는 공식을 입력한다. 이를 위해 G12셀을 지정한 뒤 셀의 오른쪽 아래에 마우스를 갖다 놓으면 +가 생기게 되는데 이를 밑으로 이동시키면 자동으로 복사되게 된다.

4. 고객에 할당된 택시

C16:F16셀 범위에는 고객에 할당될 택시의 총 수를 나타내는데 예를 들어 C16셀에는 다음과 같은 함수식을 입력한다.

= SUM(C12:C15)

나머지 D16:F16셀에도 C16셀과 같이 고객에 할당될 택시의 총 수를 계산하도록 해 주는 공식을 입력한다.

5. 총 거 리

할당된 총거리를 계산하기 위하여 H8셀에 다음과 같은 함수식을 입력한다.

= SUMPRODUCT(C4:F7, C12:F15) – 10

여기서 10은 가상손님에 할당된 거리이므로 최종적으로 총 거리를 산출하기 위해서는 이 값을 빼주어야 한다. 이것이 앞의 균형문제와 다른 점이다.

[엑셀 해찾기 사용]

1. 해찾기 준비

H8셀을 먼저 클릭한다.

2. 메뉴 설정

도구(T) → 해찾기(V).. 명령을 선택한다.

[그림 6.5] 할당문제의 해찾기 설정

3. 목 표 셀

H8셀에 최종 결과치인 총 거리가 산출된다. 다음 「해의 조건」에는 최소값에 클릭한다.

4. 변경할 셀

여기에는 최적해를 구하는 범위를 지정하는 것이므로 C12:F15를 입력하면 된다.

5. 제한조건

① 택시 제한조건

제한조건식 「G12:G15=I12:I15」를 추가시킨다. 이 제한조건식은 어느 택시도 두 명이상의 고객에 할당되지 않도록 해 주는 조건식이다.

② 요구되는 최소 고객수 제한조건

제한조건식 「C16:F16=C18:F18」를 추가시킨다. 이 제한조건식은 모든 고객이 적어도 하나의 택시에 할당될 수 있도록 해 주는 조건식이다.

③ 비음조건

C12:F15셀 범위는 해가 반드시 0보다 커야 하는 비음조건을 만족시켜야 한다.

6. 실 행

「실행」에 클릭을 하면 〔그림 6.6〕과 같이 원하는 최적해를 얻게 된다.

〔그림 6.6〕 최적해(Optimal Solution) 결과

H8 =SUMPRODUCT(C4:F7,C12:F15)-10

	A	B	C	D	E	F	G	H	I	J
1	**불균형할당문제**									
2			**고객**							
3			가	나	다	가상				
4	**택시**	A	5	4	6	10				
5		B	8	5	2	10				
6		C	3	7	4	10				
7		D	6	4	5	10				
8							**총 거리**	9		
9	**할당**									
10			**고객**							
11			가	나	다	가상	택시에 할당된 고객		택시 용량	
12	**택시**	A	0	1	0	0	1	=	1	
13		B	0	0	1	0	1	=	1	
14		C	1	0	0	0	1	=	1	
15		D	0	0	0	1	1	=	1	
16		할당된 택시	1	1	1	1				
17			=	=	=	=				
18		요구되는 고객수	1	1	1	1				
19										

Sheet 1

7. 결과 해석

해답을 보면 택시 A에는 고객 나, 택시 B에는 고객 다, 택시 C에는 고객 가, 택시 D에는 가상고객으로 할당되어 있다. 그리고 이 경우의 총거리는 9로 나타나 있다.

연습문제

1 안암마을버스 회사는 더 좋은 고객서비스를 위하여 4개의 구간에 버스를 1대씩 더 증차하고자 한다. 다음의 자료를 가지고 총 이익을 최대화하는 해를 구하시오. 표의 수치는 하루 운영으로 얻게 되는 이익으로 단위는 만원이다.

버스 \ 구간	가	나	다	라
A	70	65	36	29
B	102	92	64	46
C	22	45	37	105
D	75	52	98	35

2 안암뷔페식당은 4명의 요리사가 있는데 이 요리사들로 하여금 뷔페 음식을 만들게 하고 있다. 그런데 안암뷔페식당에서는 요리사의 전문분야를 살려 음식조리시간을 단축시킬 뿐만 아니라 고객서비스를 높이고자 한다. 다음 표는 요리사의 음식별 조리시간(분)을 나타낸다. 이 자료를 가지고 요리사를 각 음식군에 배치시켜 보시오.

요리사 \ 음식군	가	나	다	라
A	9	7	6	5
B	8	8	7	7
C	6	8	8	6
D	9	8	6	4

제 7 장

목표계획법

7.1 기본개념

이는 선형계획법에 있어서와 같이 하나의 목적함수를 최대화 또는 최소화하려는 것이 아니고, 복수목표간에 존재하는 (+)와 (-)의 편차를 주어진 제한조건하에서 최소화하고자 하는 의사결정기법이다. 즉, 선형계획법이 단일목적을 전제로 하는 반면 목표계획법은 다목적을 전제로 한다.

7.2 목표계획법의 특징과 적용분야

목표계획법의 특징으로 다음을 들 수 있다.

(1) 목표계획법의 목적함수에는 편차변수(deviation variables)만 포함된다. 이 편차변수는 원칙적으로 음의 편차(d^-: negative deviation)와 양의 편차(d^+: positive deviation)의 두 가지로만 표시되고, d^-와 d^+는 상호보완적이다.

(2) 목표계획법의 목적함수는 복수목표를 포함하게 되므로, 경우에 따라서는 단위가 서로 다른 변수를 가질 수도 있다.

(3) 목표는 중요도에 따라 우선순위로 구분하여 표시할 수 있다. 또 하위의 우선순위를 갖는 목표는 상위의 우선순위를 갖는 목표가 달성되기 전에는 이루어질 수 없다.

이러한 목표계획법은 기업, 정부 그리고 비영리단체 등의 의사결정문제에 광범위하게 적용될 수 있다. 가장 널리 사용된 적용분야의 예로는 자원할당, 일정계획, 그리고 정책분석문제이고 이 외에도 광고매체선정, 마케팅 전략수립, 인력계획, 환경보존계획, 생산 및 재고관리, 자본예산계획, 재무분석, 입지선정 등에 이용되고 있다.

7.3 엑셀에 의한 실제 사례

선형계획법과 마찬가지로 목표계획법도 그래프에 의한 방법이나 심플렉스와 같은 변형된 형태로도 해결할 수가 있으나 본서에서는 엑셀에 의해 해를 찾고자 한다.

고려 광고회사는 삼송사에 대한 TV 광고계획을 결정하고자 한다. 삼송사는 다음과 같은 세 가지 목표를 가지고 있다.
① 적어도 45만의 고소득 남성에 의해 시청됨
② 적어도 35만의 고소득 여성에 의해 시청됨
③ 적어도 60만의 저소득 일반인에 의해 시청됨
삼송사는 두 종류의 광고를 구입할 수 있다. 하나는 야구경기에서의 광고이고 다른 하나는 드라마에서의 광고이다. 광고예산은 600,000천원으로 책정되어 있다. 각 광고의 분당 광고비용과 잠재시청자가 〔표 7.1〕에 제시되어 있다. 세 가지 목표를 최대로 충족시킬 수 있는 광고계획을 찾아보도록 하자.

〔표 7.1〕 광고비용과 잠재시청자 자료

광고 종류	고소득 남성	고소득 여성	저소득 일반인	단위 비용
야구경기	8만	5만	10만	100,000천원
드라마	3만	4만	5만	70,000천원

■ 일반선형계획법으로 접근

[엑셀 모형화]

1. 입　　력

B5:C7범위에 각 광고에 의한 각 집단별(고소득남성, 고소득여성, 저소득일반인) 잠재시청자수를 입력하고 B9:C9범위에는 광고종류별 분당 광고비용을 입력한다. D20:D22범위에는 각 집단별 목표시청자수를 입력하고 D16셀에는 총 예산액을 입력한다.

[그림 7.1] 자료 입력

D16 = 600000

	A	B	C	D	E
1	**다수 목표의 광고모형**				
2					
3	**광고 단위의 각 집단별 시청자수(만명)**				
4		야구경기	드라마		
5	고소득 남성	8	3		
6	고소득 여성	5	4		
7	저소득 일반인	10	5		
8					
9	광고 단위 비용	100000	70000		
10					
11	**광고계획**				
12		야구 경기	드라마		
13	구입한 수				
14					
15	**비용 제한조건**	총 비용		예산	
16		0	<=	600000	
17					
18	**목표 달성**				
19		총 시청자수		목표 시청자수	
20	고소득 남성	0	>=	45	
21	고소득 여성	0	>=	35	
22	저소득 일반인	0	>=	60	

sheet 1 / sheet 2 / sheet 3 / sheet 4

2. 초 기 해

광고계획으로서 구입한 수를 나타내는 B13:C13셀 범위에 야구경기와 드라마의 초기 해인 0을 입력한다.

3. 총 시청자수

B20:B22셀 범위에는 각 집단별 총 시청자수를 계산한다. 예를 들어 B20셀에는 다음과 같은 함수식을 입력한다.

= SUMPRODUCT($B$13:$C$13, B5:C5)

이것은 고소득남성의 총 시청자수를 계산해 준다. 그리고 B21:B22셀에도 B20셀과 같이 고소득여성과 저소득일반인의 총 시청자수를 계산하는 공식을 입력한다.

4. 총 비 용

B16셀에는 광고에 소요된 실제 총 비용을 계산한다. 즉, B16셀에는 다음과 같은 함수식을 입력한다.

= SUMPRODUCT(B9:C9, B13:C13)

[엑셀 해찾기 사용]

1. 메뉴 설정

도구(T) → 해찾기(V).. 명령을 선택한다.

2. 목 표 셀

일반선형계획법으로 접근하는 경우 다수 목표를 전부 지정할 수 없기 때문에 일단은 목표 셀을 빈 칸으로 둔다(〔그림 7.2〕 참조). 이것은 단지 주어진 제한조건에서의 가능 해(feasible solution)를 찾는 것이다. 그리고 「해의 조건」에는 최대값에 클릭한다.

〔그림 7.2〕 다수의 목표를 가지는 모형을 일반선형계획법으로 접근시 해찾기 설정

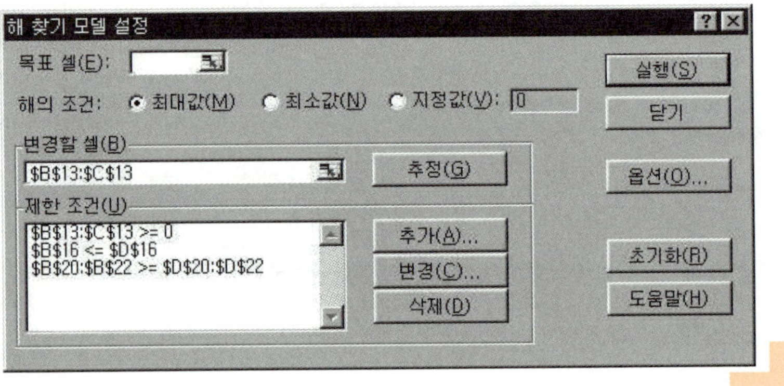

3. 변경할 셀

여기에는 최적해를 산출하기 위한 것이므로 B13:C13을 입력한다.

4. 제한조건

① 시청자수 목표달성 제한조건

제한조건식 「B20:B22>=D20:D22」를 추가시킨다. 이 제한조건은 총 목표 시청자수를 초과하거나 충족시킬 수 있게 해 주는 조건식이다.

② 예산 제한조건

제한조건식 「B16<=D16」를 추가시킨다. 이 제한조건은 주어진 예산을 초과하지 않게 해 주는 조건식이다.

③ 비음조건

B13:C13셀 범위의 해는 0보다는 커야 하는 비음조건을 만족시켜야 한다.

5. 실 행

「실행」에 클릭을 하면 〔그림 7.3〕과 같이 적합한 해를 구하지 못했음을 나타내는 메시지가 제시된다.

[그림 7.3] 다수의 목표를 가지는 모형을 일반선형계획법으로 접근시 해찾기 결과

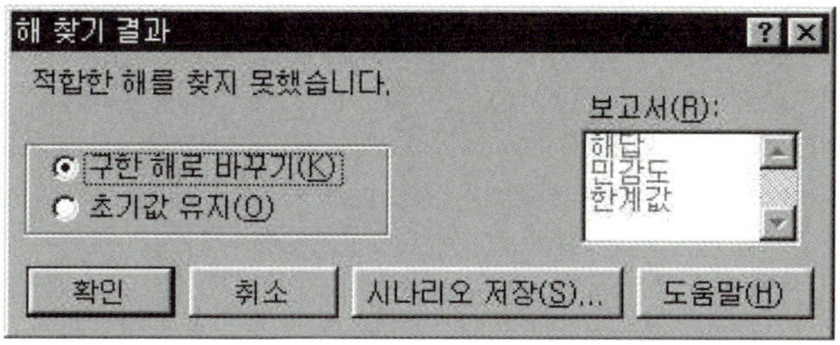

이것은 주어진 제한조건하에서 복수 목표를 충족시키는 해가 존재하지 않음을 보여 주는 것이다. 따라서 이의 해결책으로 제시된 것이 목표계획법이므로 위의 예제를 가지고 접근해 본다.

■ 목표계획법으로 접근

[엑셀에 의한 목표계획법의 접근]

여기서는 복수목표를 먼저 우선순위별로 만족시켜야 한다. 즉, 1순위의 목표가 충족되면 다음 순위의 목표가 충족되야 하는데 이때 반드시 1순위의 목표가 충족되는 것이 보장되어야 한다. 이것을 엑셀에서 해결하기 위해서는 목표수에 대응되는 단계를 거쳐야 한다. 예를 들어 광고계획의 예제에서는 목표가 3개이므로 3단계에 걸친 접근을 통해 해결되어야 한다. 이를 위해서 시트(Sheet)를 시트 2에서 4까지 나누어 접근하려고 한다. 즉 단계 1은 시트 2에서, 단계 2는 시트 3에서, 단계 3은 시트 4에서 분석하고자 한다.

앞서 살펴본 대로 목적함수는 각 목표와의 편차를 최소화하는 것이다. 따라서 시트 1의 내용을 가지고 시트 2에 추가적으로 편차를 최소화하는 공식을 입력해야 한다.

이를 엑셀로 접근하기 위해 다음의 모형을 고려해 보자.

1단계에서의 모형식

최소화 $Z = P_1 d_1^- + P_2 d_2^- + P_3 d_3^-$

제약조건

$$8X_1 + 3X_2 + d_1^- - d_1^+ = 45$$
$$5X_1 + 4X_2 + d_2^- - d_2^+ = 35$$
$$10X_1 + 5X_2 + d_3^- - d_3^+ = 60$$
$$100{,}000X_1 + 70{,}000X_2 \leq 600{,}000$$
$$X_1, X_2, d_i^-, d_i^+ \geq 0 \ (i=1, 2, 3)$$

> P_1은 P_2 보다 우선순위이고 P_2은 P_3보다 우선순위임
> X_1은 야구경기 광고 구입수 , X_2는 드라마 광고 구입수

1. 목표로부터의 초과 또는 미달

먼저 〔그림 7.1〕과 비교할 때 D20:D22범위의 목표 시청자수를 G20:G22범위로 이동시킨다. 또한 변경할 셀에 추가시킬 C20:D22는 초기해로 0이 되게 한다. 이것이 〔그림 7.4〕에 나타나 있다.

〔그림 7.4〕 목표계획법의 접근

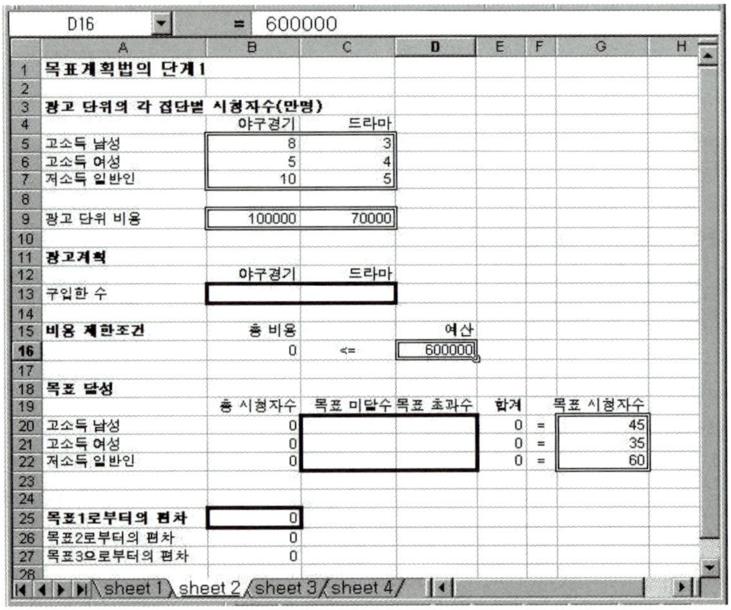

D16 = 600000

	A	B	C	D	E	F	G	H
1	**목표계획법의 단계1**							
2								
3	**광고 단위의 각 집단별 시청자수(만명)**							
4		야구경기	드라마					
5	고소득 남성	8	3					
6	고소득 여성	5	4					
7	저소득 일반인	10	5					
8								
9	광고 단위 비용	100000	70000					
10								
11	**광고계획**							
12		야구경기	드라마					
13	구입한 수							
14								
15	**비용 제한조건**	총 비용		예산				
16		0	<=	600000				
17								
18	**목표 달성**							
19		총 시청자수	목표 미달수	목표 초과수	합계		목표 시청자수	
20	고소득 남성	0			0	=	45	
21	고소득 여성	0			0	=	35	
22	저소득 일반인	0			0	=	60	
23								
24								
25	**목표1로부터의 편차**	0						
26	목표2로부터의 편차	0						
27	목표3으로부터의 편차	0						

sheet 1 / sheet 2 / sheet 3 / sheet 4

2. 목표에 대한 논리적 표현식

E20:E22셀 범위에는 다음과 같은 공식을 입력한다.

「실제 달성한 목표수치 + 목표 미달수치 − 목표 초과수치」

예를 들어, E20셀에는 다음과 같은 계산식을 입력한다.

$$= B20 + C20 - D20$$

이 계산식을 E21:E22셀 범위에도 복사시킨다.

3. 목표 미달수치를 복사

본 예제는 목표 시청자수를 달성하기 위한 것이므로 목표미달수치를 최소화하는 것이 목적함수가 된다. 따라서 다음과 같이 B25:B27셀 범위에 C20:C22를 그대로 연결시킨다. 예를 들어 B25셀에는 「=C20」을 입력하면 된다.

[단계(Step) 1의 실행]

1. 목 표 셀

〔그림 7.5〕와 같이 B25셀 범위를 선택한다. 이는 최우선 목표 1을 달성하기 위한 것이다. 그리고 편차를 최소화하는 것이므로「해의 조건」을 최소값으로 지정한다.

〔그림 7.5〕 목표계획법 1단계 해찾기 설정

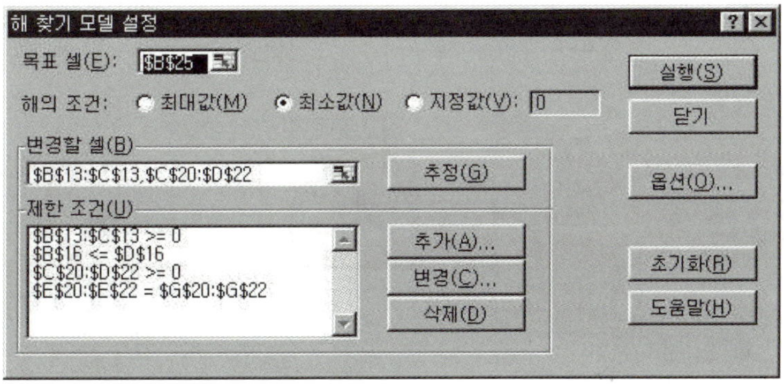

2. 변경할 셀

〔그림 7.2〕의 변경할 셀 B13:C13에 C20:D22를 추가로 입력한다.

3. 제한조건

① 목표달성의 논리적 제한조건

제한조건식「E20:E22=G20:G22」를 추가시킨다. 이 제한조건은 각 목표를 충족시키지 못할 때 C20:D22셀 범위에 미충족 수치를 보여 주도록 한다.

② 예산 제한조건

제한조건식「B16<=D16」를 추가시킨다. 이 제한조건은 주어진 예산을 초과하지 않도록 해 주는 조건식이다.

③ 비음조건

B13:C13셀 범위뿐만 아니라 C20:D20셀 범위도 해가 반드시 0보다 커야 한다는 비음조건을 만족시키도록 한다.

4. 실　　행

「실행」에 클릭을 하면 〔그림 7.6〕과 같이 단계 1을 충족시킨 해를 보여 준다.

[그림 7.6] 목표계획법 1단계 최적해(Optimal Solution) 결과

D16 = 600000

	A	B	C	D	E	F	G	H
1	**목표계획법의 단계1**							
2								
3	**광고 단위의 각 집단별 시청자수(만명)**							
4		야구경기	드라마					
5	고소득 남성	8	3					
6	고소득 여성	5	4					
7	저소득 일반인	10	5					
8								
9	광고 단위 비용	100000	70000					
10								
11	**광고계획**							
12		야구경기	드라마					
13	구입한 수	5.19	1.15					
14								
15	**비용 제한조건**	총 비용		예산				
16		600000	<=	600000				
17								
18	**목표 달성**							
19		총 시청자수	목표 미달수	목표 초과수	합계		목표 시청자수	
20	고소득 남성	45	0	0	45	=	45	
21	고소득 여성	30.58	4.42	0	35	=	35	
22	저소득 일반인	57.69	2.31	0	60	=	60	
23								
24								
25	**목표1로부터의 편차**	0						
26	목표2로부터의 편차	4.42						
27	목표3으로부터의 편차	2.31						
28								

sheet 1 / sheet 2 / sheet 3 / sheet 4

5. 결과 해석

해답을 보면 첫번째 목표는 0(B25셀)으로서 목표를 충족시키지만 두번째와 세번째 목표는 그렇지 않다(각각의 편차는 4.42과 2.31임). 그러나 실제로 단계 1에서는 목표 1에만 초점을 두었고 다른 목표는 단지 그 편차만 보여 주고자 하는 것이므로 다음의 단계 2에서 추가적인 분석이 뒤따를 것이다.

[단계(Step) 2의 실행]

여기서는 첫번째 목표를 달성하면서(즉, 편차 0을 유지하면서), 두번째 목표인 고소득 여성의 목표 시청자수에 대한 편차를 최소화하고자 한다. 이것이 시트 3에서 분석되는데 이를 위해 시트 2의 전체 내용을 시트 3에 복사해 둔다.

1. 목 표 셀

〔그림 7.7〕과 같이 B26셀 범위를 선택한다. 이는 목표 2를 달성하기 위한 것이다. 여기서도 편차를 최소화하는 것이므로 「해의 조건」을 최소값으로 지정한다.

〔그림 7.7〕 목표계획법 2단계 해찾기 설정

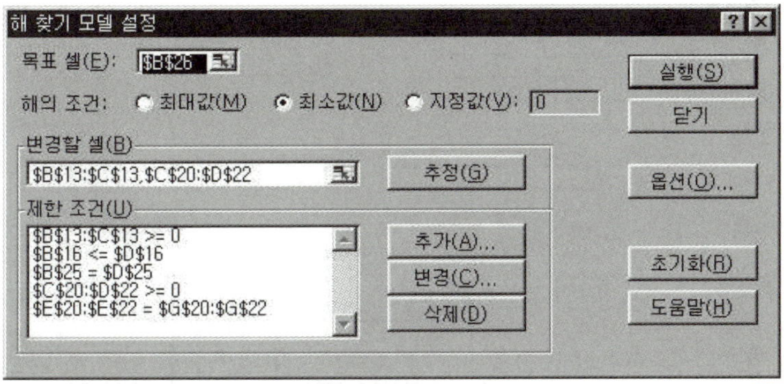

2. 변경할 셀

앞서 단계 1과 동일하게 입력한다.

3. 제한조건

앞서 단계 1과 동일하나 추가적으로 「B25=D25」를 입력한다. 여기서 B25셀에는 「=C20」을 입력하고 D25셀에는 「0」을 입력하면 된다. 이는 1순위의 목표를 계속해서 충족시키기 위한 조건식이다.

4. 실 행

「실행」에 클릭을 하면 〔그림 7.8〕과 같이 단계 2에 적합한 해를 보여 준다.

〔그림 7.8〕 목표계획법 2단계 최적해(Optimal Solution) 결과

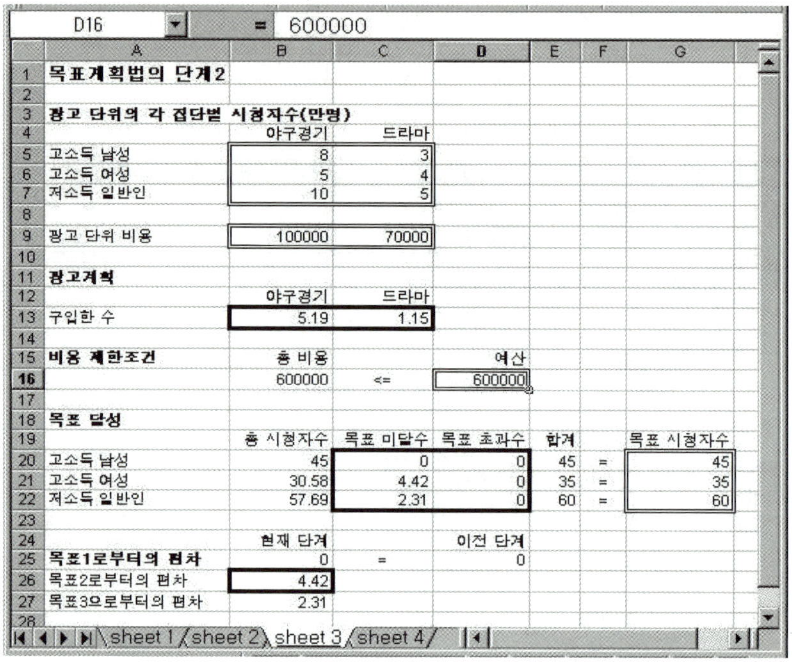

D16 = 600000

	A	B	C	D	E	F	G
1	목표계획법의 단계2						
2							
3	광고 단위의 각 집단별 시청자수(만명)						
4		야구경기	드라마				
5	고소득 남성	8	3				
6	고소득 여성	5	4				
7	저소득 일반인	10	5				
8							
9	광고 단위 비용	100000	70000				
10							
11	광고계획						
12		야구경기	드라마				
13	구입한 수	5.19	1.15				
14							
15	비용 제한조건	총 비용		예산			
16		600000	<=	600000			
17							
18	목표 달성						
19		총 시청자수	목표 미달수	목표 초과수	합계		목표 시청자수
20	고소득 남성	45	0	0	45	=	45
21	고소득 여성	30.58	4.42	0	35	=	35
22	저소득 일반인	57.69	2.31	0	60	=	60
23							
24		현재 단계		이전 단계			
25	목표1로부터의 편차	0	=	0			
26	목표2로부터의 편차	4.42					
27	목표3으로부터의 편차	2.31					

sheet 1 / sheet 2 / sheet 3 / sheet 4

5. 결과 해석

해답을 보면 첫번째 목표를 충족시키지만 여전히 두번째와 세번째 목표는 충족시키지 못하고 있다(각각의 편차는 4.42과 2.31임). 즉, 두번째 목표의 편차는 4.42로서 목표 시청자수에 미달되었음을 알 수 있다. 이러한 결과가 목표계획법에서 흔히 일어나는 사항이 아니지만 본 예제에서는 우연의 일치인지 이러한 결론이 나오게 되었다. 이제 마지막 세번째 단계에서 세번째 목표의 편차를 최소화하려 할 때의 결과를 살펴보고자 한다.

[단계(Step) 3의 실행]

여기서는 첫번째 목표의 편차 0과 두번째 목표의 편차 4.42를 유지하면서 세번째 목표인 저소득 일반인의 목표 시청자수와의 편차를 최소화하고자 한다. 이것은 시트 4에서 분석하게 되는데 이를 위해 시트 3의 전체 내용을 시트 4에 복사해 둔다.

1. 목 표 셀

〔그림 7.9〕와 같이 B27셀 범위를 선택한다. 이는 목표 3을 달성하기 위한 것이다. 여기서도 편차를 최소화하는 것이므로 「해의 조건」을 최소값으로 지정한다.

〔그림 7.9〕 목표계획법 3단계 해찾기 설정

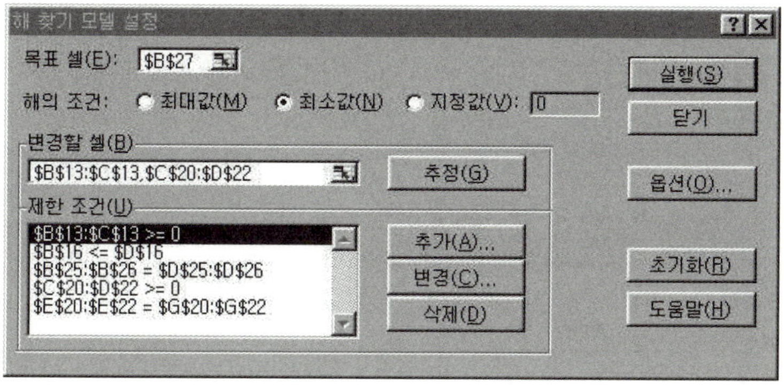

2. 변경할 셀

앞의 단계 1과 동일하게 입력한다.

3. 제한조건

앞서 단계 2와 동일하나 추가적으로 「B25:B26=D25:D26」을 입력한다. 이는 첫번째와 두번째 목표를 여전히 충족시키기 위한 조건식이다. 특히 D26셀에는 C21셀의 수치 그 자체를 그대로 입력해야 한다(이는 C21셀을 복사하여 단축메뉴인 「선택하여 붙여넣기」에서 「값」만 지정하여 붙이면 된다). 만약 D26셀에 B26셀와 같이 C21셀을 연결시키면(즉, 「=C21」을 입력하면) 엉뚱한 해를 얻을 수 있으므로 주의할 필요가 있다.

4. 실 행

「실행」에 클릭을 하면 〔그림 7.10〕과 같이 단계 3에 적합한 해를 보여 준다.

[그림 7.10] 목표계획법 3단계 최적해(Optimal Solution) 결과

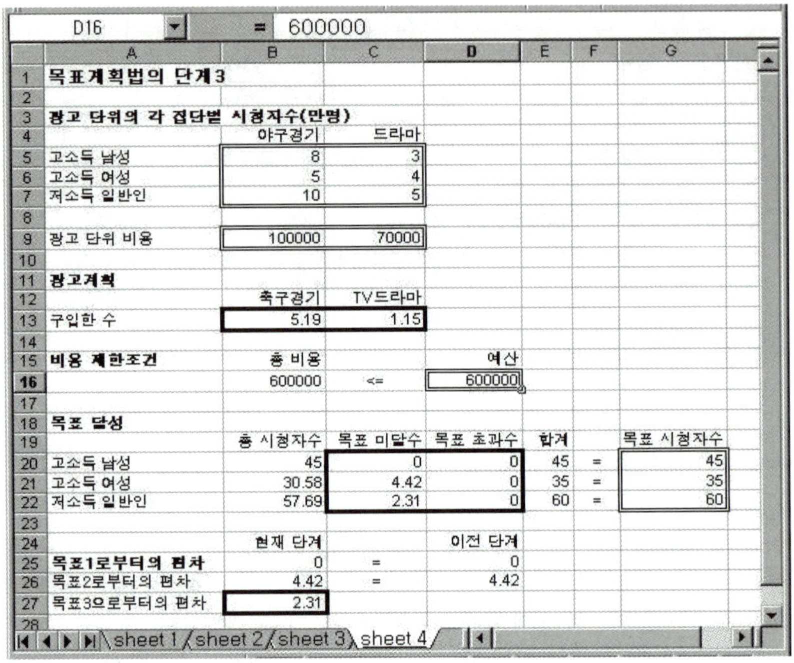

D16 = 600000

	A	B	C	D	E	F	G
1	목표계획법의 단계3						
2							
3	광고 단위의 각 집단별 시청자수(만명)						
4		야구경기	드라마				
5	고소득 남성	8	3				
6	고소득 여성	5	4				
7	저소득 일반인	10	5				
8							
9	광고 단위 비용	100000	70000				
10							
11	광고계획						
12		축구경기	TV드라마				
13	구입한 수	5.19	1.15				
14							
15	비용 제한조건	총 비용		예산			
16		600000	<=	600000			
17							
18	목표 달성						
19		총 시청자수	목표 미달수	목표 초과수	합계		목표 시청자수
20	고소득 남성	45	0	0	45	=	45
21	고소득 여성	30.58	4.42	0	35	=	35
22	저소득 일반인	57.69	2.31	0	60	=	60
23							
24		현재 단계		이전 단계			
25	목표1로부터의 편차	0	=	0			
26	목표2로부터의 편차	4.42	=	4.42			
27	목표3으로부터의 편차	2.31					

sheet 1 / sheet 2 / sheet 3 / sheet 4

5. 결과 해석

해답을 보면 단계 1에서의 결과와 동일하다. 즉, 야구경기는 5.19분, 드라마는 1.15분의 광고를 구입하는 것이 최적의 해임을 목표계획법이 제시하고 있다. 이러한 최적해 하에서 목표 1은 충족되었지만 목표 2와 3은 미충족되었는데 이는 목표간의 주어진 우선순위하에서 최적해임을 의미한다. 만약 목표간의 우선순위가 바뀌게 되면 최적해는 달라질 수 있음을 유의할 필요가 있다.

연습문제

1 다음 목표계획법을 풀어보시오.

최소화 $Z = P_1 d_2^- + P_2 d_1^- + P_3 d_3^-$

제약조건
$$x_1 + x_2 + d_1^- - d_1^+ = 80$$
$$x_1 + d_2^- - d_2^+ = 100$$
$$x_2 + d_3^- - d_3^+ = 45$$

2 고려 패스트푸드점은 불고기버거와 치킨버거 두 가지 종류의 햄버거를 재료준비, 굽기, 포장의 세 단계를 거쳐 만든다. 불고기버거를 만드는 데는 재료준비에 7분, 굽기에 3분, 포장에 2.5분이 소요되며, 치킨버거를 만드는 데는 재료준비에 10분, 굽기에 2분, 포장에 5분이 소요된다고 한다. 불고기버거를 판매하여 얻는 이익은 개당 1,000원, 치킨버거는 개당 900원이고 하룻동안에 재료준비에 투자할 수 있는 시간(분)은 630분, 굽기는 222분, 포장는 275분이다. 이제 포장과 재료준비에 소요되는 시간이 각각 275분과 630분에 미달되면 급료가 떨어지므로 매일 275분의 포장시간과 630분의 재료준비시간을 확보하려고 하며 이익 또한 80,750원을 달성하려고 한다.
이상의 자료를 가지고 목표계획법을 이용하여 최적의 해를 산출해 보시오.

제 8 장

네트워크 모형

8.1 기본개념

네트워크 모형은 일련의 활동과 그 활동들의 선후관계를 그래프로 나타낸 것이다. 이 그래프는 작업공정이나 프로젝트를 관리하는 데 있어 각 활동의 일정계획을 최적화하고 과업이 계획대로 진행되고 있는지를 파악하는 데 있어 매우 효율적으로 활용되고 있다.

네트워크 모형은 최근 중요도가 점점 높아지고 있는데 이는 현실세계의 다양한 의사결정상황을 네트워크 형태로 구현하기가 용이할 뿐만 아니라 이러한 모형을 통하여 시각적이고 효율적으로 의사결정상황을 표현함으로써 팀원 상호간 또는 경영층과의 의사소통을 원활히 할 수 있기 때문이다.

8.2 네트워크 모형의 구성요소

네트워크 모형은 각각의 작업공정에 소요되는 인력이나 시간 등과 같은 행위를 나타내는 활동들과 작업공정에 대한 시작이나 완료를 의미하는 단계들로 구성된 그래프라고 볼 수 있다. 이러한 그래프를 보다 표준화된 모형으로 표시하기 위해서 각 단계는 보통 원(circle)으로 표시하고, 이를 마디(node)라 부르며, 활동은 마디를 연결하는 직선으로 나타내는데 이를 호(arc, link)라고 한다. 또한 일련의 단계가 화살표로 연결된 것을 경로(path)라 하며, 네트워크 모형의 출발점이 되는 점을 시작점(source node)이라 하고 끝나는 점을 목적지(sink node)이라고 한다.

8.3 엑셀에 의한 실제 사례

여기에서는 엑셀을 이용하여 최적해를 산출하는 방법을 보여 주고자 한다.

(1) 최단경로문제(Shortest-path problem)

네트워크 모형의 가장 단순한 문제는 마디를 서로 연결한 네트워크 상의 출발지로부터 목적지까지의 최단경로를 찾는 문제이다. 최단경로의 기준으로는 거리, 시간 또는 비용이 사용된다. 최단경로문제는 수송이나 통신네트워크의 설계 또는 설비대체문제 등에 유용하게 사용된다. 일반적으로 수송문제와 관련된 상황이 많으나 본 예제에서는 설비대체문제를 제시하고자 한다.

고려 렌트카(주)는 최고급 고객을 위하여 1999년 초에 최고급 자동차를 12,000만원에 구입하면서 향후 이런 유형의 자동차 대체시기를 결정하고자 한다. 연 유지비는 〔표 8.1〕과 같이 자동차의 내용연수에 따라 달라지므로 구형 자동차에 대한 높은 유지비용을 피하기 위하여 일정시점에서 구형 자동차를 신형 자동차로 보상구입(trade-in)할 수 있다. 이 경우 보상받을 수 있는 가격은 〔표 8.1〕에 제시되어 있으며 신형 자동차의 가격은 편의상 항상 12,000만원이라고 가정하자. 따라서 고려 렌트카의 목표는 향후 5년 동안에 발생할 다음 비용을 최소화하고자 하는 것이다. 즉「순 비용 = 유지비용 + 새 자동차 구입비용 - 보상판매가격」을 최소화하고자 하는 것이다.

[표 8.1] 연 유지비용과 보상판매가격 자료

내용연수	연 유지비용	보상판매가격
0	3,000	-
1	4,000	7,000
2	5,000	6,000
3	9,000	2,000
4	12,000	1,000
5	-	0

[엑셀 모형화]

이 예제에 대한 네트워크는 6개의 노드를 가진다. 노드 i는 i년도 초를 나타낸다. $i < j$에서 활동(i, j)는 i년도 초에 새 자동차를 구입하고 이를 j년도 초까지 유지하는 것을 의미한다. Cij를 i년도 초에 새 자동차를 구입하고 이를 j년도 초에 보상가격으로 판매하는 경우 i년도 초에서 j년도 초까지의 소유와 운용에 따른 총비용을 나타낸다고 하자.

이 경우 해당되는 비용을 계산하면 다음과 같다.

C12 = 12 + 3 - 7 = 8
C13 = 12 + 3 + 4 - 6 = 13
C14 = 12 + 3 + 4 + 5 - 2 = 22
C15 = 12 + 3 + 4 + 5 + 9 - 1 = 32
C16 = 12 + 3 + 4 + 5 + 9 + 12 - 0 = 45
C23 = 12 + 3 - 7 = 8
C24 = 12 + 3 + 4 - 6 = 13
C25 = 12 + 3 + 4 + 5 - 2 = 22
C26 = 12 + 3 + 4 + 5 + 9 - 1 = 32
C34 = 12 + 3 - 7 = 8
C35 = 12 + 3 + 4 - 6 = 13
C36 = 12 + 3 + 4 + 5 - 2 = 22
C45 = 12 + 3 - 7 = 8
C46 = 12 + 3 + 4 - 6 = 13
C56 = 12 + 3 - 7 = 8

위와 같은 문제를 엑셀로 접근하기 전에 모형을 만들어야 한다.

최소화 $Z = 1{,}000{,}000X_{11} + 8{,}000X_{12} + 13{,}000X_{13} + 22{,}000X_{14}$
$+ 32{,}000X_{15} + 45{,}000X_{16}$
$1{,}000{,}000X_{21} + 1{,}000{,}000X_{22} + 8{,}000X_{23} + 13{,}000X_{24}$
$+ 22{,}000X_{25} + 32{,}000X_{26}$
$1{,}000{,}000X_{31} + 1{,}000{,}000X_{32} + 1{,}000{,}000X_{33} + 8{,}000X_{34}$
$+ 13{,}000X_{35} + 22{,}000X_{36}$
$1{,}000{,}000X_{41} + 1{,}000{,}000X_{42} + 1{,}000{,}000X_{43} + 1{,}000{,}000X_{44}$
$+ 8{,}000X_{45} + 13{,}000X_{46}$
$1{,}000{,}000X_{51} + 1{,}000{,}000X_{52} + 1{,}000{,}000X53 + 1{,}000{,}000X_{54}$
$+ 1{,}000{,}000X_{55} + 8{,}000X_{56}$

제약조건 $(X_{11} + X_{21} + X_{31} + X_{41} + X_{51} + X_{61})$
$- (X_{11} + X_{12} + X_{13} + X_{14} + X_{15} + X_{16}) = 1$
$(X_{12} + X_{22} + X_{32} + X_{42} + X_{52} + X_{62})$
$- (X_{21} + X_{22} + X_{23} + X_{24} + X_{25} + X_{26}) = 0$
$(X_{13} + X_{23} + X_{33} + X_{43} + X_{53} + X_{63})$
$- (X_{31} + X_{32} + X_{33} + X_{34} + X_{35} + X_{36}) = 0$

$$(X_{14} + X_{24} + X_{34} + X_{44} + X_{54} + X_{64}) - (X_{41} + X_{42} + X_{43} + X_{44} + X_{45} + X_{46}) = 0$$
$$(X_{15} + X_{25} + X_{35} + X_{45} + X_{55} + X_{65}) - (X_{51} + X_{52} + X_{53} + X_{54} + X_{55} + X_{56}) = 0$$
$$(X_{16} + X_{26} + X_{36} + X_{46} + X_{56} + X_{66}) - (X_{61} + X_{62} + X_{63} + X_{64} + X_{65} + X_{66}) = -1$$

$$X_{ij} \geq 0$$

1. 입 력

① 비용 입력

〔그림 8.1〕과 같이 B4셀과 B7:G9셀 범위에 문제의 비용 수치를 입력한다.

② C*ij* 입력

C13:H18셀 범위에는 비용 C*ij*를 입력하는데 D13셀에는 다음과 같은 공식으로 비용 C12를 계산한다.

= B\$7 + \$B\$4 – C\$8

E13셀은 다음과 같은 공식으로 계산한다.

= D13 + C\$7 + (C\$8 – D\$8)

E13셀에 있는 공식을 F13:H13에 복사한다.

E14셀에는 비용 C23를 계산하기 위하여 비용 C23=C12라는 사실에 근거하여 다음 공식으로 입력한다

= D13

E14셀의 공식을 F14:H14, F15:H15, G16:H16과 H17셀에 복사한다.

③ 존재하지 않는 C*ij* 입력

연결선이 없는 각 (i, j) 쌍에 대해서는 큰 수(Big Number)로서 여기서는 1,000,000을 입력하였다.

④ 해

최적해가 제시될 범위(C23:H28)에 초기해로 0을 입력한다.

⑤ 노드로부터의 유출량

I23:I28셀 범위에는 각 노드로부터의 유출량을 계산한다. 여기서 유출량이란 연도별로 새 자동차를 구입하면 1, 그렇지 않으면 0이 된다. I23 셀의 경우 노드 1로부터 유

출량 계산을 위해 다음을 입력한다.

= SUM(C23:H23)

이 계산식을 다른 노드로부터의 유출량 계산을 위해 I24:I28셀 범위에 복사해 둔다.

⑥ 노드까지의 유입량

C29:H29 셀 범위에는 각 노드로부터의 유입량을 계산한다. 여기서 유입량이란 연도별로 기존 자동차를 보상판매한 경우는 1, 그렇지 않으면 0이 된다. C29셀의 경우 노드 1까지의 유입량 계산을 위해 다음을 입력한다.

= SUM(C23:C28)

이 계산식을 다른 노드에 대한 유입량 계산을 위해 D29:H29셀 범위에 복사해 둔다.

⑦ 노드 유출량의 전치(transpose)

각 노드에 대한 순 유출량을 계산하기 위하여 각 노드로부터 C30:H30셀 범위까지의 유출량을 복사해 둔다. 예를 들어 노드 1로부터 다음과 같은 공식으로 C30셀에 유출량을 입력한다.

= I 23

같은 방법으로 D30:H30셀 범위까지 I24:I28셀 범위와 연결시킨다.

⑧ 순 유출량

C31:H31셀 범위에는 각 노드로부터의 실제 순유출량을 계산한다. C31셀에 노드 1로부터의 순유출량을 계산하기 위해 다음의 공식을 입력한다.

= C30 - C29

각 노드에 대한 실제 순 유출량을 계산하기 위하여 위 식을 D31:H31셀 범위에 복사해 둔다.

⑨ 요구되는 순 유출량

C33:H33셀 범위에는 각 노드에 대한 요구되는 순 유출량을 입력한다. 여기서 노드 1(출발점)은 반드시 +1의 순 유출량을 가져야 하며 노드 6(목적지)은 반드시 -1의 순 유출량을 가져야 한다. 다른 노드는 모두 0의 순 유출량을 가져야 한다.

[그림 8.1] 자료 입력

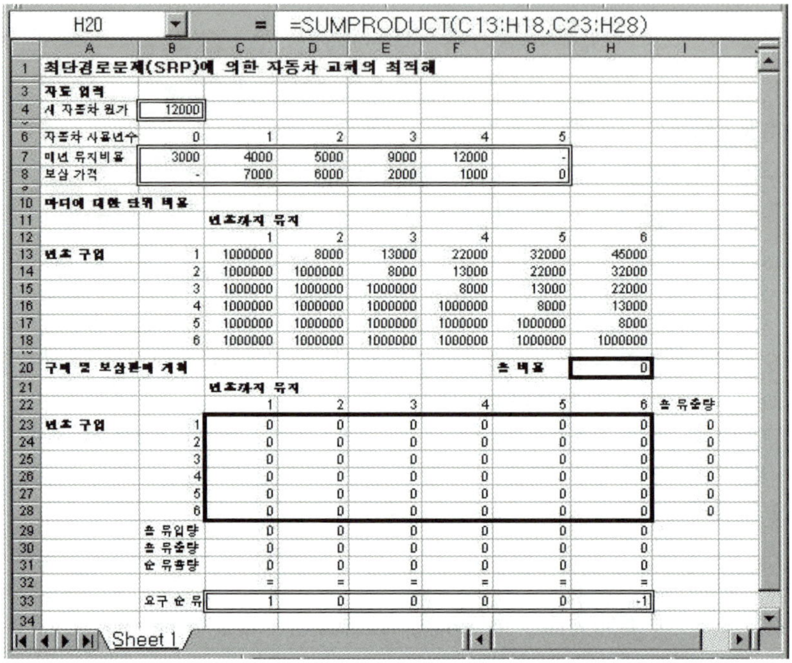

H20 = =SUMPRODUCT(C13:H18,C23:H28)

	A	B	C	D	E	F	G	H	I
1	최단경로문제(SRP)에 의한 자동차 교체의 최적해								
3	자료 입력								
4	새 자동차 원가	12000							
6	자동차 사용년수	0	1	2	3	4	5		
7	매년 유지비용	3000	4000	5000	9000	12000	-		
8	보상 가격	-	7000	6000	2000	1000	0		
10	마디에 대한 단위 비용								
11			년초까지 유지						
12			1	2	3	4	5	6	
13	년초 구입	1	1000000	8000	13000	22000	32000	45000	
14		2	1000000	1000000	8000	13000	22000	32000	
15		3	1000000	1000000	1000000	8000	13000	22000	
16		4	1000000	1000000	1000000	1000000	8000	13000	
17		5	1000000	1000000	1000000	1000000	1000000	8000	
18		6	1000000	1000000	1000000	1000000	1000000	1000000	
20	구매 및 보상판매 계획						총 비용	0	
21			년초까지 유지						
22			1	2	3	4	5	6	총 유출량
23	년초 구입	1	0	0	0	0	0	0	0
24		2	0	0	0	0	0	0	0
25		3	0	0	0	0	0	0	0
26		4	0	0	0	0	0	0	0
27		5	0	0	0	0	0	0	0
28		6	0	0	0	0	0	0	0
29		총 유입량	0	0	0	0	0	0	
30		총 유출량	0	0	0	0	0	0	
31		순 유출량	0	0	0	0	0	0	
32			=	=	=	=	=	=	
33		요구 순 유	1	0	0	0	0	-1	
34									

Sheet 1

2. 총 비 용

네트워크를 통한 흐름의 총 비용을 계산하기 위하여 셀 H20에 다음과 같은 공식을 입력한다.

= SUMPRODUCT(C13:H18, C23:H28)

[엑셀 해찾기 사용]

1. 메뉴 설정

도구(T) → 해찾기(V).. 명령을 선택한다.

[그림 8.2] 최단경로문제의 해찾기 설정

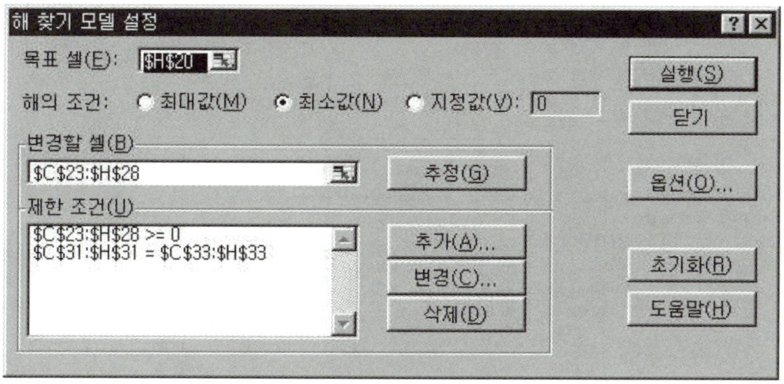

2. 목 표 셀

H20을 목표 셀로 선택한다. 이 셀에 최종 결과치인 총비용이 산출된다. 「해의 조건」에는 최소값에 클릭한다.

3. 변경할 셀

여기에는 최적해를 구하는 범위를 지정하는 것이므로 C23:H28을 입력하면 된다.

4. 제한조건

① 용량 균형 제한조건

제한조건식 「C31:H31=C33:H33」을 추가한다.

② 비음조건

C23:H28셀 범위의 해는 반드시 0보다 커야 하는 비음조건을 추가시킨다.

5. 실 행

「실행」에 클릭을 하면 〔그림 8.3〕과 같이 최적해를 얻게 된다.

[그림 8.3] 최적해(Optimal Solution) 결과

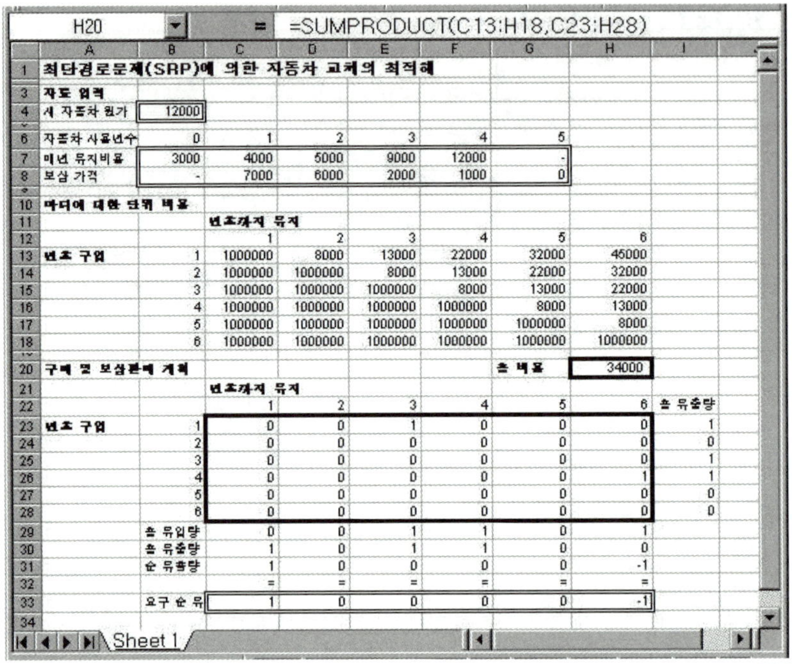

H20 = =SUMPRODUCT(C13:H18,C23:H28)

	A	B	C	D	E	F	G	H	I
1	최단경로문제(SRP)에 의한 자동차 교체의 최적해								
3	자료 입력								
4	새 자동차 원가	12000							
6	자동차 사용년수	0	1	2	3	4	5		
7	매년 유지비용	3000	4000	5000	9000	12000	-		
8	보상 가격	-	7000	6000	2000	1000	0		
10	마디에 대한 단위 비용								
11			년초까지 유지						
12			1	2	3	4	5	6	
13	년초 구입	1	1000000	8000	13000	22000	32000	45000	
14		2	1000000	1000000	8000	13000	22000	32000	
15		3	1000000	1000000	1000000	8000	13000	22000	
16		4	1000000	1000000	1000000	1000000	8000	13000	
17		5	1000000	1000000	1000000	1000000	1000000	8000	
18		6	1000000	1000000	1000000	1000000	1000000	1000000	
20	구매 및 보상판매 계획						총 비용	34000	
21			년초까지 유지						
22			1	2	3	4	5	6	총 유출량
23	년초 구입	1	0	0	1	0	0	0	1
24		2	0	0	0	0	0	0	0
25		3	0	0	0	0	0	0	1
26		4	0	0	0	0	0	1	1
27		5	0	0	0	0	0	0	0
28		6	0	0	0	0	0	0	0
29		총 유입량	0	0	1	1	0	1	
30		총 유출량	1	0	1	1	0	0	
31		순 유출량	1	0	0	0	0	-1	
32			=	=	=	=	=	=	
33		요구 순 유	1	0	0	0	0	-1	
34									

Sheet 1

6. 결과 해석

C23:H28셀 범위에서 1이 표시된 것을 따라서 보면 노드 1에서 6까지의 가장 짧은 경로는 1-3-4-6임을 알 수 있다. 이 경우 총비용은 34,000으로 주어져 있다. 이 값이 향후 5년 동안 자동차의 운용 및 대체에 따른 최소비용임을 나타낸다. 즉 1년초 구입하고 3년초(2년 말) 처분 및 새자동차 구입, 4년초(3년 말) 다시 처분 및 새자동차 구입하여 6년까지 유지하는 것이다.

참고로 C23:H28셀 범위를 지정하고 현재의 소수점수를 0에서 2까지로 늘려보면〔이는 서식(O)메뉴 → 셀서식(C) → 표시형식에서 종류를 숫자로 선택한 뒤 소수점 이하 자리수를 2로 하면 됨〕 실질적으로 수치가 1이 아닌 소수점 수치가 나오게 된다. 이는 반올림되어 1이 된 것으로, 소수점의 수치가 나온 경로들을 찾아 열거하면 각각 1-3-4-6, 1-2-4-6, 1-3-5-6의 3가지 경우가 있음을 의미하고 이들 모두 총 비용은 34,000원으로 동일함을 알 수 있다. 즉 다수의 최적해(multiple optimal solution)가 있음을 의미하는 것이다.

특히 F25셀의 경우 1이 아니고 0인 이유는 다른 셀에 수치가 있다는 것을 의미하는 것으로 해가 되는 변경할 셀이 0 또는 1의 이진수가 아님을 뜻한다. 만약 변경할 셀범위(C23:H28)를 2진수로 수정하여 해찾기를 수행하게 되면 적합한 해를 찾지 못한다

는 대화상자가 나타나게 된다.

(2) 최대유동량문제(Maximum flow problem)

이는 출발지(source node)에서 목적지(sink node)까지 최대용량을 수송하고자 하는 경우에 이용된다. 즉, 마디 i에서 j까지 흐르는 시간당 최대용량과 이를 가능토록 하기 위한 각 가지의 흐름의 양을 계산해 준다.

기름을 배급하는 고려정유(주)는 〔그림 8.4〕과 같이 안암시(source)에서 조치원(sink)시까지의 파이프라인(pipeline)을 통해 시간당 최대용량의 기름을 보내고자 한다. 이 경우 1, 2, 3의 모든 지역 또는 일부지역을 통과하여야 한다. 각 마디 연결선을 통하여 흐를 수 있는 최대용량(시간당 백만톤)은 그림에 제시되어 있다. 여기서 SI에서 SO까지의 흐름은 가상연결선(dummy arc)으로 점선으로 표시되어 있다.

〔그림 8.4〕 용량흐름도

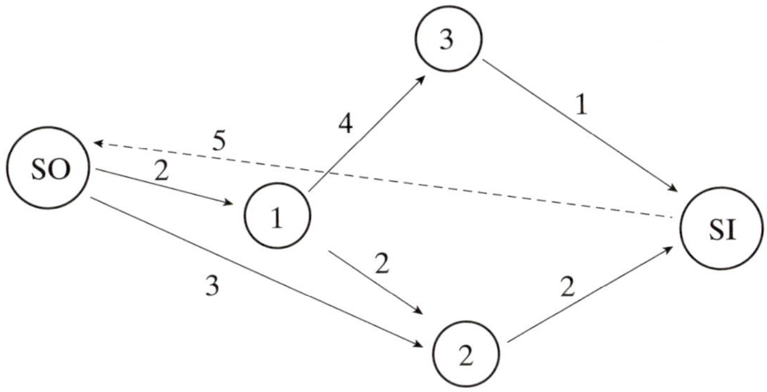

[엑셀 모형화]

네트워크 모형으로서 최대 흐름문제를 나타내기 위하여 목적지에서 출발지까지의 가상연결선상의 흐름을 추가해야 한다. 여기서 네트워크 내의 각 노드에 대한 순 유출량은 0으로 고정하자. 그러면 가상연결선을 통하는 흐름이 목적지 내의 흐름과 동일한 것으로 되기 위해서는 다음과 같은 방정식을 이용할 수 있다.

노드 i로부터의 흐름 - 노드 i까지의 흐름 = 노드 i에서의 순 공급량

여기서는 가상연결선상의 흐름을 최대화하는 것이 필요하다. 그러나 가상연결선상의 흐름이 얼마인지 알 수 없기 때문에 가상연결선상의 용량을 출발지에서 나가는 용량

의 합과 일치시킨다. 이 경우 출발지에서 나오는 총 흐름은 2 + 3 = 5로 이를 가상 연결선상의 용량으로 이용한다.

위와 같은 문제를 엑셀로 접근하기 전에 다음의 모형을 만들어야 한다.

최대화 $Z = X_{11} + X_{12} + X_{13} + X_{14} + X_{15}$

제약조건

$$(X_{11} + X_{21} + X_{31} + X_{41} + X_{51}) - (X_{11} + X_{12} + X_{13} + X_{14} + X_{15}) = 0$$

$$(X_{12} + X_{22} + X_{32} + X_{42} + X_{52}) - (X_{21} + X_{22} + X_{23} + X_{24} + X_{25}) = 0$$

$$(X_{13} + X_{23} + X_{33} + X_{43} + X_{53}) - (X_{31} + X_{32} + X_{33} + X_{34} + X_{35}) = 0$$

$$(X_{14} + X_{24} + X_{34} + X_{44} + X_{54}) - (X_{41} + X_{42} + X_{43} + X_{44} + X_{45}) = 0$$

$$(X_{15} + X_{25} + X_{35} + X_{45} + X_{55}) - (X_{51} + X_{52} + X_{53} + X_{54} + X_{55}) = 0$$

$$\sum_i \sum_j X_{ij} \leq 19 \text{(총 유동량)}$$

$$X_{ij} \leq 0 \ (i=1, 2, 3, 4, 5, \quad j=1, 2, 3, 4, 5)$$

1. 입　　력

최대 흐름문제에 대한 모형을 구축하기 위하여 먼저 각 연결선을 통한 용량과 각 노드에 대한 순 유출량(이는 0이 되어야 함)을 제시하여야 한다.

① 연결선(arc) 용량

〔그림 8.5〕와 같이 C20:G24셀 범위에 연결선 용량을 입력한다. 목적지에서 출발지까지의 가상 연결선에 대한 용량은 C24셀에 입력한다. 연결선이 없는 나머지 부분에는 0의 용량을 입력한다.

② 주어진 순 유출량

C15:G15셀 범위에는 각 노드에 대한 순 유출량인 0을 입력한다.

③ 해

각 노드를 통한 흐름인 최적해가 제시될 C6:G10셀 범위에 0을 입력한다.

④ 노드로부터의 유출량

H6:H10셀 범위에는 각 노드로부터의 유출량을 계산한다. H6 셀의 경우 출발지부터의 유출량을 계산하기 위해 다음의 식을 입력한다.

= SUM(C6:G6)

다른 노드로부터의 유출량을 계산하기 위하여 위 식을 H7:H10셀 범위에 복사해 둔다.

⑤ 노드까지의 유입량

C11:G11셀 범위에는 각 노드로부터의 유입량을 계산한다. C11셀의 경우 출발지까지의 흐름을 계산하기 위해 다음의 식을 입력한다.

=SUM(C6:C10)

다른 노드에 대한 유입량을 계산하기 위하여 위 식을 D11:G11셀 범위에 복사해 둔다.

⑥ 노드로부터의 유출량 전치(transpose)

각 노드에 대한 순 유출량을 계산하기 위하여 각 노드로부터 C12:G12셀 범위까지의 유출량을 복사해 둔다. 예를 들어 C12셀에 다음과 같이 유출량을 입력한다.

= H 6

같은 방법으로 D12:H12셀 범위까지 H7:H10셀 범위와 연결시킨다.

다른 방법으로는 C12:G12셀 범위를 지정하고 다음을 입력한 뒤 Ctrl+Shift를 누른 상태에서 Enter키를 치면 자동으로 입력이 된다.

=transpose(H6:H10)

[그림 8.5] 자료 입력

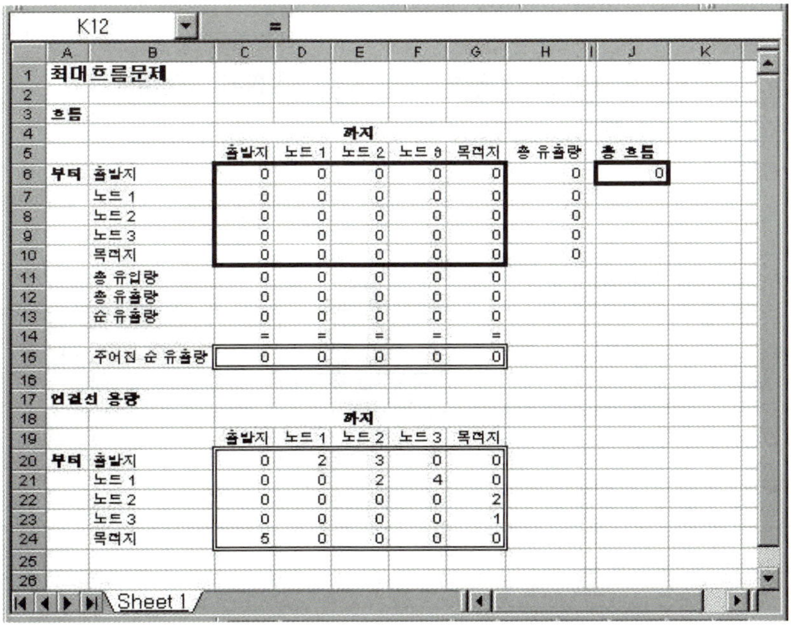
K12 =

	A	B	C	D	E	F	G	H	I	J	K
1	최대흐름문제										
2											
3	흐름										
4					까지						
5			출발지	노드 1	노드 2	노드 3	목적지	총 유출량		총 흐름	
6	부터	출발지	0	0	0	0	0	0		0	
7		노드 1	0	0	0	0	0	0			
8		노드 2	0	0	0	0	0	0			
9		노드 3	0	0	0	0	0	0			
10		목적지	0	0	0	0	0	0			
11		총 유입량	0	0	0	0	0				
12		총 유출량	0	0	0	0	0				
13		순 유출량	0	0	0	0	0				
14			=	=	=	=	=				
15		주어진 순 유출량	0	0	0	0	0				
16											
17	연결선 용량										
18					까지						
19			출발지	노드 1	노드 2	노드 3	목적지				
20	부터	출발지	0	2	3	0	0				
21		노드 1	0	0	2	4	0				
22		노드 2	0	0	0	0	2				
23		노드 3	0	0	0	0	1				
24		목적지	5	0	0	0	0				
25											
26											

Sheet 1

⑦ **노드로부터의 순 유출량**

C13:G13셀 범위에는 각 노드로부터 실제 순 유출량을 계산한다. C13셀에 출발지로부터의 순 유출량을 계산하기 위해 다음의 공식을 입력한다.

= C12 - C11

각 노드에 대한 실제 순 유출량을 계산하기 위하여 위 식을 D13:G13셀 범위에 복사해 둔다.

2. 총 흐 름

목적지에서 출발지까지의 가상연결선을 통하는 흐름과 동일하게 목적지에서 출발지까지 총 흐름을 계산하기 위해 J6 셀에 다음의 공식을 입력한다.

= C10

또한 출발지에서의 흐름이 목적지까지의 흐름과 동일해야 하므로 「= H6」을 입력해도 동일한 결과가 된다.

[엑셀 해찾기 사용]

1. 메뉴 설정

도구(T) → 해찾기(V).. 명령을 선택한다.

[그림 8.6] 최대흐름문제의 해찾기 설정

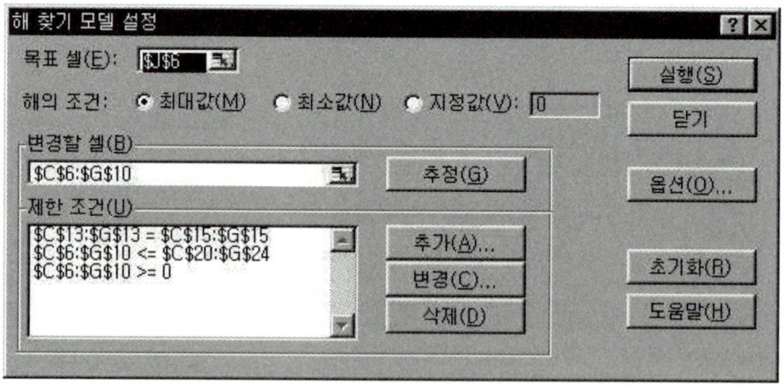

2. 목 표 셀

J6이 목표 셀로 선택된다. 이 셀에 출발지에서 목적지까지의 흐름을 최대화한 값, 즉 최종 결과치인 총 흐름이 주어진다. 「해의 조건」에는 최대값에 클릭한다.

3. 변경할 셀

여기에는 최적해를 구하는 범위를 지정하는 것이므로 C6:G10을 입력하면 된다.

4. 제한조건

① 흐름 균형 제한조건

제한조건식 「C13:G13=C15:G15」를 추가시킨다.

② 연결선 용량 제한조건

제한조건식 「C6:G10<=C20:G24」를 추가시킨다.

③ 비음조건

C6:G10셀 범위의 해는 반드시 0보다는 커야 한다는 비음조건을 추가시킨다.

5. 실 행

「실행」에 클릭을 하면 〔그림 8.7〕과 같이 최적해를 얻게 된다.

〔그림 8.7〕 최적해(Optimal Solution) 결과

K12 =

	A	B	C	D	E	F	G	H	I	J	K
1	최대흐름문제										
2											
3	흐름										
4					까지						
5			출발지	노드 1	노드 2	노드 3	목적지	총 유출량		총 흐름	
6	부터	출발지	0	1	2	0	0	3		3	
7		노드 1	0	0	0	1	0	1			
8		노드 2	0	0	0	0	2	2			
9		노드 3	0	0	0	0	1	1			
10		목적지	3	0	0	0	0	3			
11		총 유입량	3	1	2	1	3				
12		총 유출량	3	1	2	1	3				
13		순 유출량	0	0	0	0	0				
14			=	=	=	=	=				
15		주어진 순 유출량	0	0	0	0	0				
16											
17	연결선 용량										
18					까지						
19			출발지	노드 1	노드 2	노드 3	목적지				
20	부터	출발지	0	2	3	0	0				
21		노드 1	0	0	2	4	0				
22		노드 2	0	0	0	0	2				
23		노드 3	0	0	0	0	1				
24		목적지	5	0	0	0	0				
25											
26											

Sheet 1

6. 결과 해석

J6셀의 해답을 보면 3이 최대흐름임을 알 수 있다. 즉, 시간당 3백만톤의 최대용량이 출발지에서 목적지까지 수송될 수 있다는 것이다. 이를 그림으로 나타내면 〔그림 8.8〕

과 같은데 SO에서 나가는 흐름의 합이 3(=1+2)이고 SI에 들어오는 흐름의 합도 3(=1+2)으로 나타난다.

여기서 연결선(arc) 위의 수치는 용량(capacities)이 아니라 흐름(flow)을 나타낸다. 그리고 목적지에서 출발지까지의 가상연결선은 실제의 흐름을 나타내는 것이 아니기 때문에 해답에서는 나타나지 않는다.

[그림 8.8] 최대유동량흐름 결과

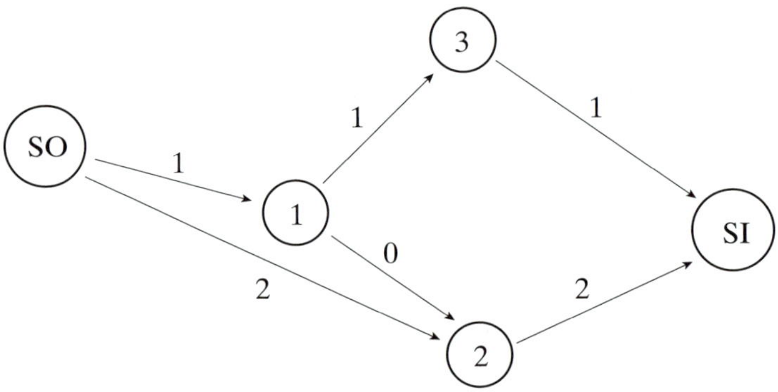

연습문제

1 한국통신은 IMT-2000 시스템에 대한 장비교체문제를 분석하려고 한다. 다음 사항을 고려하여 관련 총 비용을 최소화하는 장비교체시기를 결정하시오.

① 향후 5년간의 기간만을 고려한다.

② 첫해 시작을 1년 초, 마지막 해 말을 5년 말 또는 6년 초로 표시한다.

③ 지금 보유하고 있는 시스템은 없으며 1년 초에 새 시스템을 구입한다.

④ 고려되는 비용은 구입비, 유지비, 중고판매가격으로 이들 비용은 아래에 주어져 있다.

에서 \ 까지	1	2	3	4	5	6
1		3710	1600	1900	1700	
2			1700	3200	1700	1600
3				1850	3425	1900
4					1950	3650
5						2075

2 아시아항공회사가 제주 → 서울 노선의 예약을 초과접수함으로써 승객들은 좌석이 부족하여 대합실에서 대기하고 있다. 이들 승객들은 다른 도시를 경유해서라도 서울을 오늘 내에 도착하기를 원하고 있다. 제주에서 다른 도시로 가는 항공편과 이 항공편과 연결되어 서울로 가는 항공편의 여유좌석이 다음 표와 같이 주어져 있을 때 다른 도시를 경유하여 서울로 갈 수 있는 승객의 최대수와 그 경로를 나타내보시오. 단, 각 도시에서 서울로 출발하는 항공기는 다른 도시에서 해당 도시로 오는 항공기가 모두 도착한 뒤에 출발하는 것으로 가정한다.

에서 \ 까지	제주	경주	광주	대구	울산	부산	서울
제주		30	10	20	15	55	
경주					15	7	37
광주							26
대구			25				25
울산							20
부산							45

제 9 장

PERT/CPM

9.1 기본개념

PERT(Program Evaluation and Review Technique)는 일련의 작업으로 구성된 프로젝트를 완성하는 데 소요되는 시간을 결정하는 네트워크 기법이다. PERT는 1950년대에 미 해군에서 폴라리스 미사일 제조의 계획과 통제를 위하여 개발되었다. PERT와 달리 CPM(Critical Path Method)은 각 활동들의 활동시간이 정확하게 주어진 상황하에 프로젝트 완료시간과 비용간의 절충(trade-off)분석에 역점을 두고 있다.

9.2 PERT/CPM 적용시 필요내용

일반적으로 PERT/CPM의 적용을 위해 다음 3가지 사항이 필요하다.

① 구분된 활동

먼저 프로젝트는 활동(activities)으로 나뉘어져야 하며 각 활동은 완성되어야 할 프로젝트의 부분(part)을 구성한다. 각 활동을 살펴봄으로써 각 활동이 타부문에 기여하는 정도를 파악할 수 있다.

② 활동의 순서

먼저 프로젝트를 구성하는 각 활동의 순서가 결정되어야 한다. 통상 활동은 이전 활동이 끝나야만 시작되지만 어떤 활동들은 동시에 이루어지기도 한다. 위와 같이 순서에 의해 프로젝트의 활동 사이의 관계를 도표로 보여줄 수 있다.

③ 각 활동을 완성하는 데 소요되는 시간

각각의 개별적 활동은 소요되는 시간이 추정치로 주어진다. 추정시간은 보통 과거 작업자의 성과에 대한 시간연구로부터 혹은 관리자, 감독자 그리고 종업원의 주관적인 판단에 의해 구해진다.

특히 PERT에서는 활동시간에 대한 단일 시간추정치를 구하는 데 있어서

- 가장 가능성 있는 시간추정치(most likely estimate)
- 비관적 시간추정치(pessimistic estimate)
- 낙관적 시간추정치(optimistic estimate)

의 가중치를 이용하여 각 활동에 대한 하나의 기대시간을 구한다.

9.3 엑셀에 의한 실제 사례

여기서는 엑셀을 이용하여 최적해를 산출한다.

(1) 일반적인 경우

시간(time)만을 고려하여 최적경로를 찾는 경우이다.

조홍은행은 신 금융상품을 출시하고자 한다. 이 상품은 출시 전 검토과정 1, 2를 거쳐 출시된다. 검토과정이 시작되기 전에 우선 기본자료가 입수되어야 하며 실무자에 대한 교육이 이루어져야 한다. 이것과 관련한 활동(activities), 선행활동(predecessors) 그리고 추정 소요기간(duration)의 정보가 〔표 9.1〕과 〔그림 9.1〕에 주어져 있다.

〔표 9.1〕 활동, 선행활동, 추정소요기간에 대한 자료

활동	선행활동	추정 소요기간(일)
A(실무자 교육)	–	5
B(자료 입수)	–	9
C(검토과정 1)	A, B	8
D(검토과정 2)	A, B	7
E(최종검사)	D	10
F(금융상품 출시)	C, E	12

[그림 9.1] 흐름도

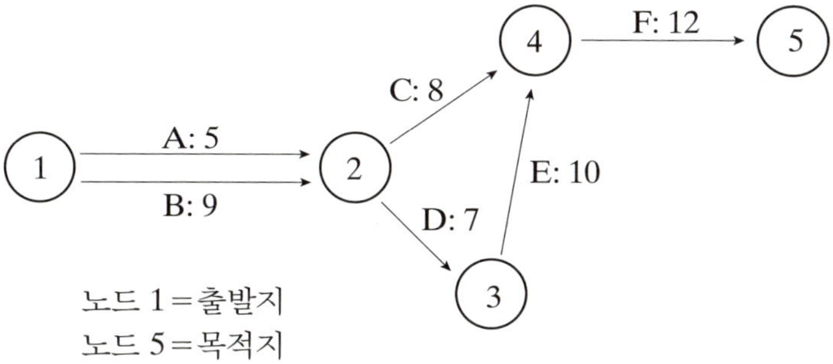

[엑셀 모형화]

위와 같은 문제를 엑셀로 접근하기 전에 다음의 모형을 만들어야 한다.

최소화 $Z = X_5$

제약조건

$$X_2 - X_1 \geq 5$$
$$X_2 - X_1 \geq 9$$
$$X_4 - X_2 \geq 8$$
$$X_3 - X_2 \geq 7$$
$$X_4 - X_3 \geq 10$$
$$X_5 - X_4 \geq 12$$
$$X_i \geq 0$$

1. 입 력

J13:J18셀 범위에 각 활동의 추정소요기간을 입력한다.

[그림 9.2] 자료 입력

G7 =

	A	B	C	D	E	F	G	H	I	J	K
1	PERT/CPM										
2											
3	마디에 대한 출발 기간										
4					마디						
5			1	2	3	4	5			프로젝트 기간	
6			0	0	0	0	0			0	
7											
8	활동 및 마디 발생의 매트릭스										
9											
10											
11					마디						
12			1	2	3	4	5			추정기간	
13	활동	A	-1	1	0	0	0	0	>=	5	
14		B	-1	1	0	0	0	0	>=	9	
15		C	0	-1	0	1	0	0	>=	8	
16		D	0	-1	1	0	0	0	>=	7	
17		E	0	0	-1	1	0	0	>=	10	
18		F	0	0	0	-1	1	0	>=	12	
19											

Sheet 1

2. 마디 기간

각 마디에 대한 변경할 셀로서 먼저 프로젝트의 출발점인 마디 1이 기간 0에서 시작하기 때문에 C6셀에는 0을 입력하고 D6:G6셀 범위에도 0을 초기해로서 입력한다.

3. 활동-마디 매트릭스

a를 임의의 활동이라 하자. 활동 a에 해당하는 마디 사이의 연결선은 마디 i로부터 다른 마디 j로 입력되어 온다. 여기서 t_i와 t_j는 마디 i, j의 기간이다. 그리고 d_a는 활동 a의 추정소요기간이라 하면

$$t_j \geq t_i + d_a$$

이 성립한다.

이를 다시 쓰면 $t_j - t_i \geq d_a$가 되어 이것이 각 활동에 대한 제한조건이 된다.

특히 [그림 9.2]에서 자료 입력시 유의할 점은 만약 활동이 마디로 들어갈 때는 +1을 입력하고, 활동이 마디를 나갈 때는 -1을 입력해 준다. 나머지는 0을 입력한다. 이렇게 하여 얻어진 행렬을 활동-마디 매트릭스라고 한다.

4. 프로젝트의 추정소요기간

J6셀에 다음과 같이 입력한다.

= G6

5. 활동시간

H13:H18셀 범위에는 3에서 설명된 제한조건공식 $t_j - t_i \geq d_a$의 좌변 $t_j - t_i$를 계산하여 입력한다. 예를 들어 활동 A에 해당하는 제한조건식의 좌변은 $t_2 - t_1$이므로 다음의 식을 입력한다.

= SUMPRODUCT($C$6:$G$6, C13:G13)

다른 활동에 대해서도 위의 식을 H14:H18셀 범위에 복사해 둔다.

[엑셀 해찾기 사용]

1. 메뉴 설정

도구(T) → 해찾기(V).. 명령을 선택한다.

[그림 9.3]　해찾기 설정

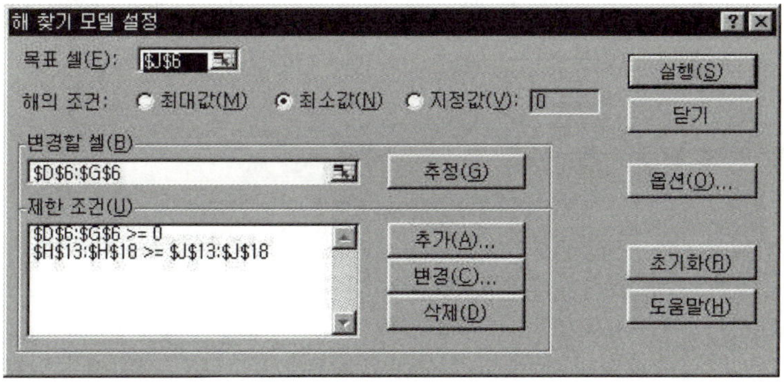

2. 목 표 셀

J6을 목표 셀로 선택한다. 이 셀에 최종 결과치인 총 프로젝트 기간이 산출된다. 「해의 조건」에는 최소값에 클릭한다.

3. 변경할 셀

여기에는 최적해를 구하는 범위를 지정하는 것이므로 D6:G6을 입력하면 된다.

4. 제한조건

① 활동시간 제한조건

제한조건식 H13:H18>=J13:J18을 추가시킨다.

② 비음조건

D6:G6셀 범위의 해는 반드시 0보다 커야 한다는 비음조건을 만족시켜야 한다.

5. 실 행

「실행」에 클릭을 하면 〔그림 9.4〕과 같이 최적해를 얻게 된다.

〔그림 9.4〕 최적해(Optimal Solution) 결과

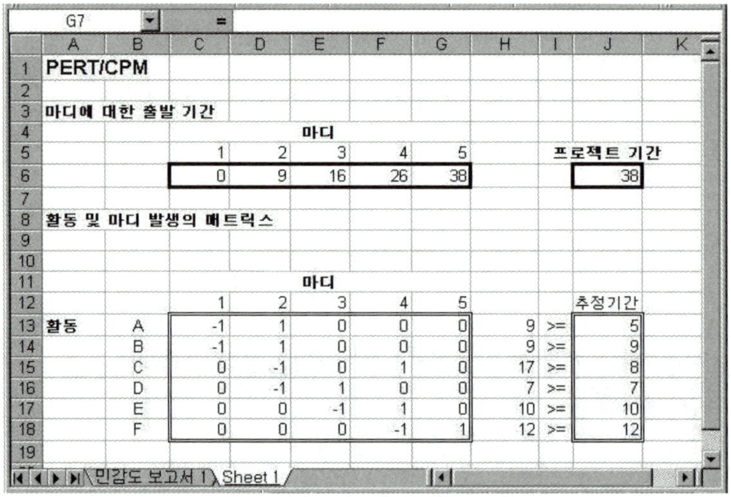

G7 =

	A	B	C	D	E	F	G	H	I	J	K
1	PERT/CPM										
2											
3	마디에 대한 출발 기간										
4					마디						
5			1	2	3	4	5			프로젝트 기간	
6			0	9	16	26	38			38	
7											
8	활동 및 마디 발생의 매트릭스										
9											
10											
11					마디						
12			1	2	3	4	5			추정기간	
13	활동	A	-1	1	0	0	0	9	>=	5	
14		B	-1	1	0	0	0	9	>=	9	
15		C	0	-1	0	1	0	17	>=	8	
16		D	0	-1	1	0	0	7	>=	7	
17		E	0	0	-1	1	0	10	>=	10	
18		F	0	0	0	-1	1	12	>=	12	
19											

6. 결과 해석

해답을 보면 총 프로젝트 시간이 J6셀에 38일로 나타나 있고 주경로(CP: critical path)는 B, D, E, F임을 알 수 있다. H열의 수치와 J열의 수치가 일치하는 것이 바로 주경로이다. 즉, B는 9=9, D는 7=7, E는 10=10, F는 12=12로 두 값이 일치하고 있다.

엑셀에서 제공하는 기능 중 민감도 보고서(sensitivity report)를 통해서도 주경로를 또한 찾을 수 있다. 〔그림 9.5〕를 보면 잠재가격(shadow price)에서 1이라는 의미는 제한조건 우변이 1 감소할 때마다 총 프로젝트 기간도 1만큼 감소한다는 것을 의미한다. 따라서 잠재가격이 1인 B, D, E, F가 주경로에 영향을 미치는 주활동임을 알 수 있다.

[그림 9.5] 민감도분석을 통한 주경로 파악

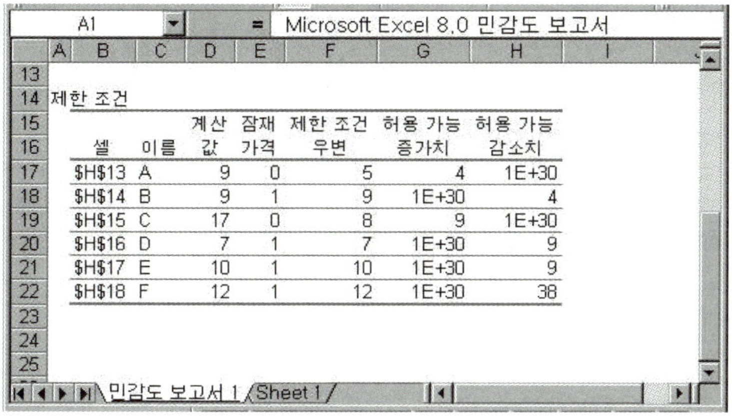

셀	이름	계산 값	잠재 가격	제한 조건 우변	허용 가능 증가치	허용 가능 감소치
$H$13	A	9	0	5	4	1E+30
$H$14	B	9	1	9	1E+30	4
$H$15	C	17	0	8	9	1E+30
$H$16	D	7	1	7	1E+30	9
$H$17	E	10	1	10	1E+30	9
$H$18	F	12	1	12	1E+30	38

(2) 프로젝트의 단축이 가능한 경우

여기서는 시간과 비용을 동시에 고려하여 최적경로를 찾는 것으로서 이를 프로젝트 단축(Project Crashing)이라고 한다.

조홍은행은 앞의 예제에서 보듯이 주경로의 기간이 38일임을 확인하였다. 그런데 둘은행이 조홍은행의 신금융상품과 유사한 상품을 28일 안에 시장에 출시하려고 한다는 정보를 입수하여 조홍은행은 반드시 신상품을 25일 안에 완성하여 시장에 출시하려는 시장전략을 세웠다. 기간을 줄이기 위하여 추가적인 비용을 기꺼이 투자할 생각으로 [표 9.2]와 같은 시간 단축에 대한 비용자료를 산출하였다. 이 자료는 각 활동별로 기간 1일 단축하는 경우 추가로 소요되는 비용을 나타내 주고 있으며 각 활동은 최대 5일까지 줄일 수 있다고 한다.

[표 9.2] 시간단축 자료

활동	비용(백만원)
A	10
B	20
C	3
D	30
E	40
F	50

[엑셀 모형화]

엑셀에서 프로젝트 주경로를 단축하기 위해서는 각 활동의 기간이 단축될 수 있는 일수에 대한 변경 셀을 도입하는 것이다. 이것은 다음의 식으로 나타낼 수 있다.

「활동의 새로운 기간 = 활동의 원래 기간 - 기간이 단축되는 일수」

그리고 앞의 예제에서 제시한 제한조건식 $t_j - t_i \geq d_a$를 $t_j - t_i \geq d'_a$으로 대체한다. 여기서 d'_a는 활동 a에 대한 새로운 소요기간을 의미한다. 또한 프로젝트가 25일 내에 완성되어야 한다는 제한조건을 추가시켜야 한다. 이 경우 프로젝트의 목표는 프로젝트를 25일 내에 완성하고자 할 때 소요되는 비용을 최소화하는 것이다.

위와 같은 문제를 엑셀로 접근하기 전에 다음의 모형을 만들어야 한다.

최소화 $Z = 10\,Y_A + 20\,Y_B + 3\,Y_C + 30\,Y_D + 40\,Y_E + 50\,Y_F$

제약조건
$$X_2 - X_1 \geq 5 - Y_A$$
$$X_2 - X_1 \geq 9 - Y_B$$
$$X_4 - X_2 \geq 8 - Y_C$$
$$X_3 - X_2 \geq 7 - Y_D$$
$$X_4 - X_3 \geq 10 - Y_E$$
$$X_5 - X_4 \geq 12 - Y_F$$
$$X_5 \leq 25$$
$$Y_j \leq 5$$
$$X_i \geq 0$$
$$Y_j \geq 0$$

(X_i는 단계 i가 발생하는 기간, Y_j는 활동 j의 단축기간)

1. 입 력

B5:B10셀 범위에 기간 1일 단축에 따른 비용을 입력하고 H5:H10셀 범위에는 최대 허용가능한 단축기간을 입력한다. 또한 D5:D10셀 범위에는 원래 기간을 입력하고 L15셀에는 목표로 하는 기간인 25일을 입력한다.

[그림 9.6] 자료 입력

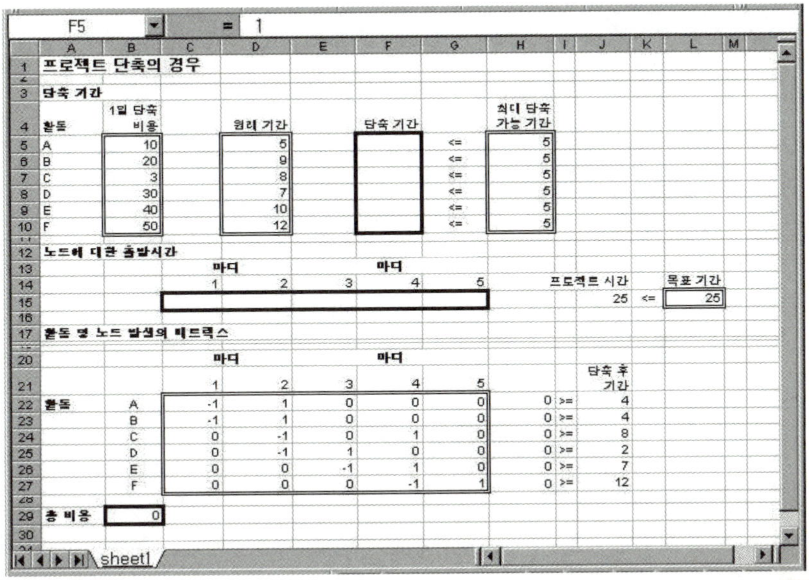

2. 기간 단축

F5:F10셀 범위에는 각 활동의 기간을 단축할 수 있는 변경할 셀로서 최적해가 산출된다.

3. 새 기 간

J22:J27셀 범위에는 기간 단축 후 새 기간이 계산된다. 이를 위하여 먼저 J22셀에는 「=D5 - F5」을 입력하고 이 공식을 다른 활동에 관련된 J23:J27셀 범위에 복사해 둔다.

4. 단축 비용

B29셀에는 프로젝트를 단축할 수 있는 총 비용을 계산하기 위한 다음의 공식을 입력한다.

「=SUMPRODUCT(F5:F10,B5:B10)」

기타 나머지 셀은 (1)의 일반적인 경우과 동일하다.

[엑셀 해찾기 사용]

1. 메뉴 설정

도구(T) → 해찾기(V).. 명령을 선택한다.

〔그림 9.7〕 해찾기 설정

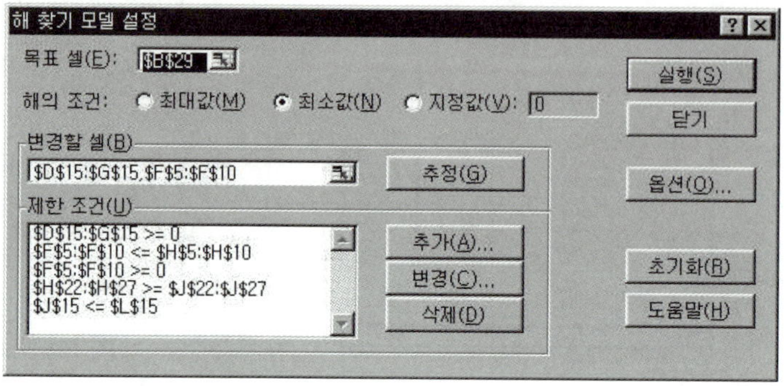

2. 목 표 셀

B29를 목표 셀로 선택한다. 이 셀에 최종 결과치인 총 비용이 산출된다. 「해의 조건」에는 최소값에 클릭한다.

3. 변경할 셀

여기에는 최적해를 구하는 범위를 지정하는 것이므로 D15:G15셀 범위와 F5:F10셀 범위를 입력하면 된다.

4. 제한조건

① 최대단축 제한조건

「F5:F10<=H5:H10」을 추가시킨다. 이는 활동당 최대 5일까지 단축가능하다는 제한조건이다.

② 목표기간 제한조건

「J15<=L15」를 추가시킨다. 이는 목표로 하는 기간이 25일이라는 제한조건이다.

③ 새 활동기간의 제한조건

「H22:H27>=J22:J27」을 추가시킨다. 이는 새로운 활동기간에 대한 제한조건이다.

④ 비음조건

D15:G15셀 범위와 F5:F10셀 범위는 반드시 0보다 커야 한다는 비음조건을 만족시켜야 한다.

5. 실　　행

「실행」에 클릭을 하면 〔그림 9.8〕과 같이 최적해를 얻게 된다.

[그림 9.8] 최적해(Optimal Solution) 결과

L15 = 25

	A	B	C	D	E	F	G	H	I	J	K	L
1	프로젝트 단축의 경우											
3	단축 기간											
4	활동	1일 단축 비용		원래 기간		단축 기간		최대 단축 가능 기간				
5	A	10		5		1	<=	5				
6	B	20		9		5	<=	5				
7	C	3		8		0	<=	5				
8	D	30		7		5	<=	5				
9	E	40		10		3	<=	5				
10	F	50		12		0	<=	5				
12	노드에 대한 출발시간											
13				Node		노드						
14			1	2	3	4	5			프로젝트 시간		목표 기간
15				4	6	13	25			25	<=	25
17	활동 및 노드 발생의 매트릭스											
20				Node		노드						
21			1	2	3	4	5			단축 후 기간		
22	활동	A	-1	1	0	0	0	4	>=	4		
23		B	-1	1	0	0	0	4	>=	4		
24		C	0	-1	0	1	0	9	>=	8		
25		D	0	-1	1	0	0	2	>=	2		
26		E	0	0	-1	1	0	7	>=	7		
27		F	0	0	0	-1	1	12	>=	12		
29	총 비용	380										

sheet1

6. 결과 해석

해답을 보면 목표로 하는 25일에 따른 각 활동의 단축된 일수는 A → 1, B → 5, D → 5, E → 3일로 주어져 있다. 이를 위해 소요된 비용은 380백만원임을 알 수 있다. 그리고 주경로는 H열과 J열의 수치가 일치하는 활동인 A, B, D, E, F로 이루어져 있음을 알 수 있다. 그런데 경로단축의 문제인 경우 목표셀이 비용이므로 민감도보고서에서 (1)과 달리 잠재가격이 비용에 대한 수치로 나타남을 유의해야 한다.

연습문제

1 OK그룹은 2000년도 전체 그룹을 위한 예산수립을 계획하고 있다. 이를 위해서는 모든 계열사 부서로부터의 자료입력이 요구된다. 다음 표는 예산을 수립하는 데 사용될 자료를 요약, 제시하고 있다.

예산수립을 위한 최적의 경로와 예산수립에 필요한 시간을 구해 보시오.

(1)	(2)	(3)	(4)	(5)	(6)
활동 내용	활동 코드	이전 활동	추정기간(일)		
			비관치	최빈치	낙관치
판매예산	A	-	10	14	18
매출채권회수예산	B	A	3	4	6
자본비용예산	C	A	4	5	7
판매비와 일반관리비예산	D	A	3	4	5
생산예산	E	A	6	8	9
직접재료비예산	F	E	4	5	6
재료비현금지급예산	G	F	3	4	6
직접노무비예산	H	E	4	4	5
제조간접비예산	I	E	4	5	6
현금예산	J	B,C,D,G,H,I	2	3	5
현금차입예산	K	J	2	2	3
손익계산서	L	K	1	1	2
대차대조표	M	L	1	1	2

2 성모병원은 방사선 치료기 설치를 위해 다음 활동이 필요함을 발견하고 이들 활동을 전부 끝내는 데 걸리는 시간과 주 공정을 찾으려고 한다. 각 활동의 선후관계는 아래에 그림으로 주어져 있다. 적절한 결론을 내리시오.

활동	활동내용	기대시간(주)
1-2(A)	모델 표준검사	3
2-3(B)	타당성 조사	3
3-4(C)	이사회 인가	1
4-6(D)	면허취득	1
2-7(E)	계약합의	1
4-5(F)	1차 공사	1
5-10(G)	2차 공사	3
6-8(H)	인원채용	2
7-8(I)	설비구입	4
8-9(J)	기구설치	3
5-8(K)	안전면허취득	1
9-10(L)	설비검사	1
7-10(M)	운영자훈련	2

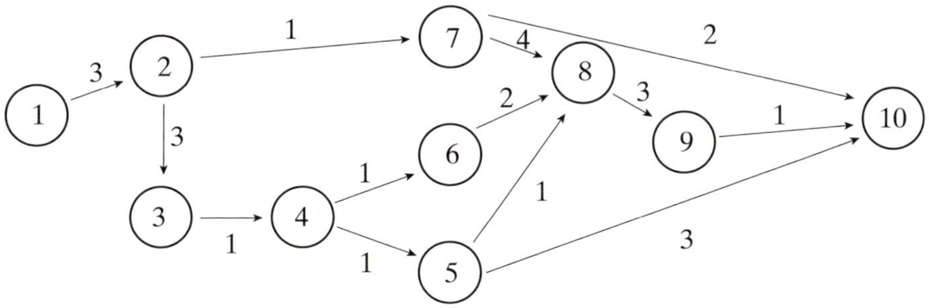

제 10 장

재고모형

10.1 기본개념

제품의 수요는 매일 매일 변하므로 적절한 재고수준을 결정하는 것이 쉽지 않다. 가장 이상적인 재고관리는 미래에 요구되는 수요를 정확히 예측하여 이를 공급함으로써 재고수준을 0으로 하는 것이다. 그러나 이것은 수요와 공급의 불확실성, 수요와 공급가격의 불안정성, 대량구매에 따른 가격할인 등으로 인하여 현실적으로 불가능하다. 따라서 최소의 비용으로 최적의 재고수준을 유지하기 위한 과학적이고 효율적인 재고관리기법이 필요한 것이다.

10.2 재고결정요인

재고모형의 기본목표는 재고유지비(holding costs), 주문비(ordering costs), 재고고갈비(shortage costs)로 구성된 총 재고비용을 최소로 하는 것이다.

(1) 재고유지비

이는 기업이 적정량의 재고수준을 유지하는 데 필요한 비용을 말하는 것으로 재고에 투입된 자금의 이자 및 기회손실비용 등이 있다.

(2) 주 문 비

이는 재고의 조달과 관련된 비용으로 주문량과 관계 없이 주로 주문횟수에 의하여 결정되는데 수량에 관계없이 일정한 것으로 가정된다.

(3) 재고고갈비

이는 수요가 재고량을 초과할 때 발생하는 비용으로 재고부족량과 재고의 부족기간에 의해서 결정된다. 일반적으로 재고고갈상황은 갑작스러운 대량수요발생 등으로 나타나는 불가피한 현상이다.

10.3 경제적 주문량 모형(EOQ Model)

먼저 EOQ(Economic Order Quantity)는 경제적 주문량으로 연간 주문비(total ordering cost: TOC)와 연간 총 재고유지비(total holding cost: THC)가 동일하게 되는, 즉 총 비용(total cost: TC)이 최소가 되게 해 주는 주문량을 말한다.

즉 TC = THC + TOC

= (단위당 재고유지비용×1회주문량/2) + (1회 주문비용×총 수요/1회주문량)

경제적 주문량은 TC식을 1회 주문량인 Q에 대하여 미분함으로써 다음과 같이 산출된다.

$$Q^* = \sqrt{\frac{2 \times 1\text{회주문비} \times \text{총수요}}{\text{단위당 재고유지비용}}}$$

위 공식에서 Q의 값은 모든 가능한 Q값들 중 최소값(비용)을 나타내기 때문에 Q^*로 표시되며 이를 EOQ라고 하는 것이다.

EOQ 유도를 위한 기본적 가정은 다음과 같다.

① 단위당 연간 재고유지비용과 주문비용은 항상 정확하게 계산되어진다.

② 단위기간중의 연간수요가 예측가능하고 소비량은 시간에 비례한다.

③ 평균재고수준은 주문량 Q의 반이 된다.

④ 수요가 일차함수로 나타나고, 수요를 정확히 예측할 수 있을 때에는 재고고갈비용은 필요가 없게 된다.

⑤ 수량할인은 고려되지 않는다.

⑥ 조달기간(lead time)은 알려져 있고 일정하다.

10.4 엑셀에 의한 실제 사례

여기서는 재고모형에서 가장 기본적인 내용이라 할 수 있는 기본적인 EOQ모형과 수량할인이 있는 경우의 EOQ모형에 대해 살펴보고자 한다.

(1) 기본적 EOQ모형

고려백화점은 1년에 1,200대의 카메라를 판매하는데, 수요는 연중 일정한 것으로 알려져 있다. 고려백화점은 지역창고에 카메라를 주문하는데, 주문이 이루어진 후 카메라가 백화점에 도착하는 데 걸리는 기간은 약 1주일이다. 매 주문이 이루어질 때마다 약 30천원의 주문비가 발생하고 각 카메라에 대하여 100천원을 지불하고 이를 소비자에게 개당 130천원에 판매한다. 그리고 저장비용(storage cost)은 없으나 고려백화점의 자본비용은 10%로 추정하고 있다. 이제 고려백화점이 카메라 주문을 내는 경우 연간 주문횟수를 얼마로 해야 할지 그리고 각 주문시의 주문량을 얼마로 해야 할지를 결정하고자 한다.

[엑셀 모형화]

재고모형에서는 해찾기를 사용하기 위한 모형식은 간단하지만 이는 선형식이 아니고 비선형임에 주의해야 한다.

최소화	$TC = f(Q)$	(TC = 총 비용)
제약조건	$Q \geq 0$	

1. 입 력

B5:B11셀 범위에 자료를 입력한다. B11셀의 조달기간(lead time)은 1주일이 걸린다고 했으므로 52주(=1년)로 나누어 하나의 수치를 입력한다. 즉「=1/52」로 입력한다. B6셀에는 저장비용(storage cost)을 입력하는데 본 문제에서는 없다고 가정했으므로 0으로 입력한다.

[그림 10.1] 자료 입력

F17 =

	A	B	C
1	**기본적 EOQ모형**		
2			
3	**입력**		
4			
5	주문비용(K)	30	
6	저장비용(S)	0	
7	연간 이자율(I)	0.1	
8	단위당 구입비용(C)	100	
9	단위당 판매가격(R)	130	
10	연간 수요(D)	1200	
11	소요기간(리드타임: L)	0.0192	
12			
13	**해찾기 분석**		
14			
15	주문량(EOQ)	1	
16	주문사이의 기간(주문주기)	0.0008	
17	주문 횟수	1200	
18			
19	주문량에 의해 영향을 받는 비용		
20	연간 총 주문비용	36000	
21	연간 총 유지비용	5	
22	총 비용	36005	
23			
24	주문량에 의하여 영향을 받지 않는 비용 및 수익		
25	연간 총 구입비용	120000	
26	연간 총 수익	156000	
27			
28	연간 총 이익	-5	
29			
30	**재주문점**	0.0769	

Sheet1

2. 주 문 량

B15셀은 변경할 셀로서 초기해가 된다. 따라서 아무 수치라도 입력해야 하는데 만약 0을 입력하거나 수치를 입력하지 않는다면 연결이 된 목표 셀 B22에서 최적해가 산출되지 않는다. 따라서 여기서는 1이라는 가상수치를 입력하였다.

3. 주문 주기

주문 주기의 길이와 주문횟수를 산출하기 위하여 B16과 B17에 각각 「=B15/B10」, 「=1/B16」이라고 입력한다.

4. 주문량에 의하여 영향을 받는 비용

연간 총 주문비용(B20셀)은 「=B5×B17」, 연간 총 유지비용(B21셀)은 「=(B6+B7×B8)×B15/2」, 연간 총 비용(B22셀)은 「=SUM(B20:B21)」을 입력한다.

5. 주문량에 의하여 영향을 받지 않는 비용 및 수익

연간 총 구입비용(B25셀)은 「=B8×B10」, 연간 총 수익(B26셀)은 「=B9×B10」을 입력한다. 이것은 경제적 주문량(EOQ) 계산과는 무관하나 총 이익 산출을 위해 필요하다.

6. 이　　익

B28셀에 다음과 같은 공식을 입력한다.

= B26 - B25 - B22

7. 재주문점

이는 주문시의 재고수준(inventory level)을 의미하는 것으로 소요기간×연간 수요인 「= B11×B10」을 입력한다.
이때 만일 경제적 주문량(Q^*)은 15이고 재주문점이 23이라고 가정해 보자. 이 경우 재고수준은 결코 재주문점에 도달할 수 없다. 즉 23은 재주문점이 될 수 없다. 여기서 주의해야 할 점은 재주문점을 구하는 데 사용되는 조달기간이 경제적 주문량의 결정에 영향을 미치지 않는다는 점이다. 그러나 일단 재주문점이 결정되면 이에 따라 주문을 해야 한다. 따라서 만약 경제적 주문량이 재주문점보다 낮다면 경제적 주문량을 재주문점으로 나누어 그 나머지(remainder)를 재주문점으로 삼아야 한다. 예를 들어 경제적 주문량이 15라면 재주문점인 23를 15로 나누어 남는 나머지가 8이므로 8을 재주문점으로 하고 경제적 주문량이 20이라면 나머지가 3이므로 3을 재주문점으로 삼는다. 이러한 계산식은 엑셀에서 다음과 같은 공식으로 제공되고 있다.

=MOD(B11×B10, B15)

따라서 B30셀에는 이 함수식을 사용하는 것이 좋다. 그러나 본 예제는 〔그림 10.3〕에서 보듯이 경제적 주문량이 재주문점인 23보다 큰 것으로 나타나 있다.

※ MOD 함수식에 대하여

엑셀에서는 모든 함수식에 대한 설명을 도움말기능 (?표시를 클릭하면 됨)으로 제시하고 있다.

다음 그림은 도움말 기능을 통한 MOD의 개념이다.

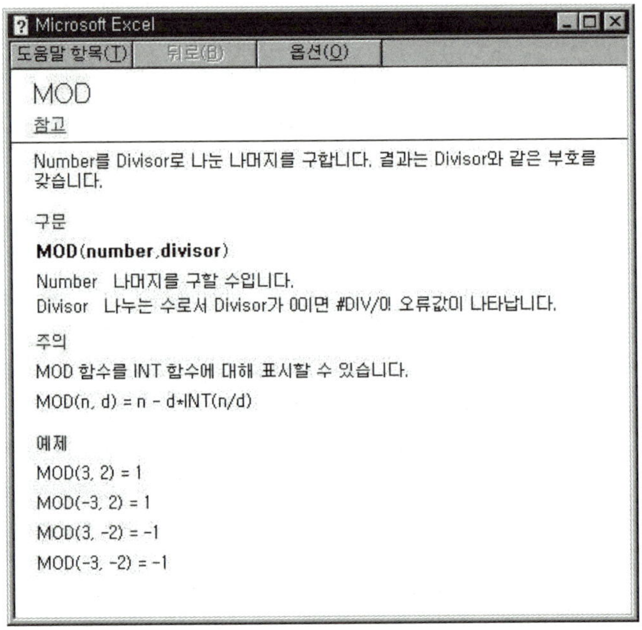

[엑셀 해찾기 사용]

1. 메뉴 설정

도구(T) → 해찾기(V).. 명령을 선택한다.

[그림 10.2] 기본적 EOQ 해찾기 설정

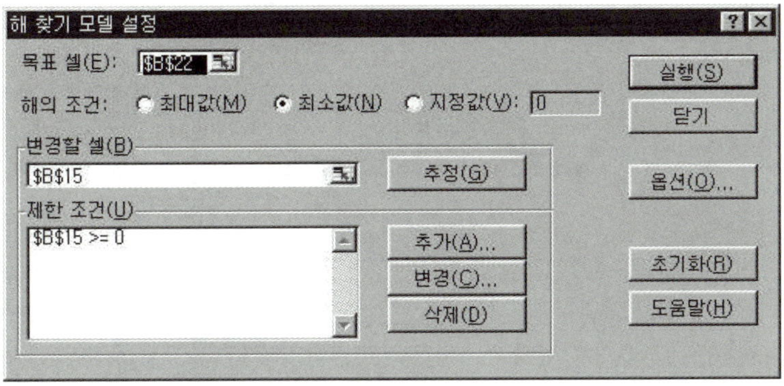

2. 목 표 셀

B22를 목표 셀로 선택한다. 이 셀에 최종 결과치인 총 재고비용이 산출된다. 「해의 조건」에는 최소값에 클릭한다.

3. 변경할 셀

여기에는 경제적 주문량인 EOQ를 구하는 것이므로 B15를 입력하면 된다.

4. 제한조건

여기서는 오직 변경할 셀 B15셀에 나타나는 해가 비음조건만 만족하면 된다. 여기서 EOQ를 정수(integer)로 원한다면 정수를 제한조건으로 주어도 된다.

5. 실 행

「실행」에 클릭을 하면 〔그림 10.3〕과 같이 EOQ를 얻게 된다. 주의사항으로 옵션(option)에서 「선형모형가정」에 클릭해서는 안된다는 것이다. 왜냐하면 경제적 주문량 EOQ가 선형함수가 아니기 때문이다.

[그림 10.3] 최적해(Optimal Solution) 결과

D18 =

	A	B	C
1	**기본적 EOQ모형**		
2			
3	**입력**		
5	주문비용(K)	30	
6	저장비용(S)	0	
7	연간 이자율(I)	0.1	
8	단위당 구입비용(C)	100	
9	단위당 판매가격(R)	130	
10	연간 수요(D)	1200	
11	소요기간(리드타임: L)	0.0192	
12			
13	**해찾기 분석**		
14			
15	주문량(EOQ)	84.85281324	
16	주문사이의 기간(주문주기)	0.0707	
17	주문 횟수	1200	
18		14.14213571	
19	주문량에 의해 영향을 받는 비용		
20	연간 총 주문비용	424.2640712	
21	연간 총 유지비용	424.2640662	
22	총 비용	848.5281374	
23			
24	주문량에 의하여 영향을 받지 않는 비용 및 수익		
25	연간 총 구입비용	120000	
26	연간 총 수익	156000	
27			
28	연간 총 이익	35151.47186	
29			
30	**재주문점**	23.0769	

Sheet1

6. 결과 해석

해답을 보면 최적 주문량이 B15셀에서 EOQ은 84.85로 나와 있다. 그리고 총비용은 B22셀에서 848.53원이다. 이 총비용이 가장 작은지는 B20셀인 연간 총주문비용과 B21셀인 연간 총유지비용이 424원으로 일치하고 있는 데서 알 수 있다. 결국 고려백화점은 주문량을 84개로 하면 재주문점이 23으로 낮아지며 따라서 연간 14번의 주문이 필요함을 알 수 있다.

(2) 수량할인 EOQ모형

수량할인 EOQ모형은 공급자가 물품의 구입단위비용을 절감할 수 있도록 구매자에게 할인혜택을 줄 경우 사용된다. 즉 보다 많은 양의 물품을 구매할 경우 구매자에게는 보다 더 낮은 단위가격으로 구매할 수 있는 기회가 주어지는 것이다. 여기서 주의해야 할 사항은 주문혜택을 누리기 위하여 대량주문을 하였을 경우, 그에 따른 재고수준의 증가로 재고관리비가 증가한다는 사실이다. 즉, 최적의 주문량은 대량주문에 따른 비용의 절감부분이 그에 따른 재고유지비의 증가분보다 큰 곳에서

결정되어야 한다. 이와 더불어 기본적 EOQ모형에서와는 달리 구입비용이 변수로 등장한다. 이러한 변수의 변동은 기본적 EOQ모형보다는 복잡한 재고모형의 상황을 초래하며 총 비용은 다음과 같이 구성된다.

총 비용 = 연간 재고유지비용 + 연간 주문비용 + 연간 구입비용

청풍회계법인은 일반 도소매 문구점에서 컴퓨터 디스켓을 대량 주문하고 있다. 그런데 전자상거래를 통하면 할인혜택이 있음을 알고 이를 이용하고자 한다. 청풍은 1년에 5,000개의 디스켓 박스를 사용하는데 전자상거래를 이용할 때 500개 미만을 주문하면 한 박스당 10천원, 500개 이상 800개 미만일 때는 한 박스당 9.5천원, 800개 이상일 때는 한 박스당 9.25천원으로 주문할 수 있다. 주문비용은 30천원이고 청풍의 자본비용은 12%이고 저장비용은 없다고 가정할 때 최적 주문량 및 총 비용을 계산하고자 한다.

[엑셀 모형화]

여기서는 세 개의 주문량 범위 중 두 번째인 500개 이상 800개 미만의 경우에 대해서만 엑셀 절차를 보여 주고자 한다. 왜냐하면 나머지 범위는 동일하므로 생략하였다. 즉 〔그림 10.4〕에서 15열과 25열 사이(범위 1), 35열과 45열 사이(범위 3)가 숨겨져 있고 단지 범위 2만 제시되고 있다.

다음 모형식은 범위 2에 대한 것이고 범위 1과 3은 단지 할인되는 범위경계 조건만 수정하면 된다. 그리고 앞에서는 주문량을 정수(integer)로 가정하지 않았지만 여기서는 정수로 가정하여 접근하고자 한다.

최소화	$TC = f(Q)$	(TC=총 비용)
제약조건	$Q \geq 500$	
	$Q \leq 799$	
	$Q = 0$ 또는 양의 정수	

1. 입 력

B6:B14셀 범위에 자료를 입력한다.

[그림 10.4] 자료 입력

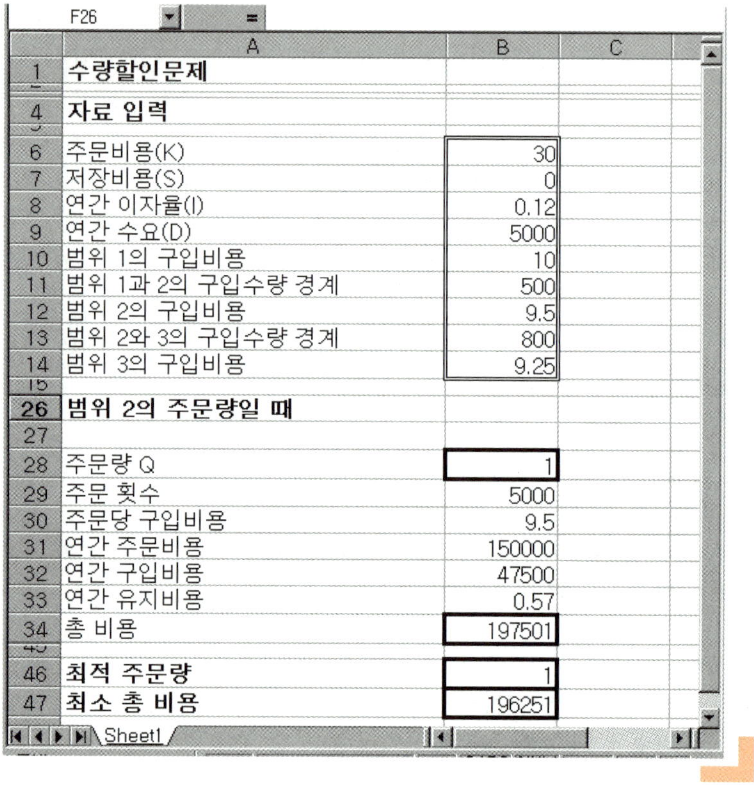

F26 =

	A	B	C
1	**수량할인문제**		
4	**자료 입력**		
6	주문비용(K)	30	
7	저장비용(S)	0	
8	연간 이자율(I)	0.12	
9	연간 수요(D)	5000	
10	범위 1의 구입비용	10	
11	범위 1과 2의 구입수량 경계	500	
12	범위 2의 구입비용	9.5	
13	범위 2와 3의 구입수량 경계	800	
14	범위 3의 구입비용	9.25	
26	**범위 2의 주문량일 때**		
27			
28	주문량 Q	1	
29	주문 횟수	5000	
30	주문당 구입비용	9.5	
31	연간 주문비용	150000	
32	연간 구입비용	47500	
33	연간 유지비용	0.57	
34	총 비용	197501	
46	**최적 주문량**	1	
47	**최소 총 비용**	196251	

Sheet1

2. 주 문 량

B28셀은 변경할 셀로서 초기해가 된다. 따라서 아무 수치라도 입력해야 하는데 만약 0을 입력하거나 수치를 입력하지 않는다면 연결이 된 목표 셀 B34에서 최적해가 산출되지 않는다. 따라서 여기서는 1이라는 가상수치를 입력하였다.

3. 주문주기와 연 비용에 대한 공식

B29셀에서 B34셀까지 다음 공식을 입력한다.

즉 주문횟수 B29에는 「=B9/B28」을

  주문당 구입비용 B30에는 「=B12」를

  연간 주문비용 B31에는 「=B6×B29」를

  연간 구입비용 B32에는 「=B30×B29」를

연간 유지비용 B33에는 「=B7×B28/2+B8×B30×B28/2」를
총 비용 B34에는 「=SUM(B31:B33)」을 입력한다.

[엑셀 해찾기 사용]

1. 메뉴 설정

도구(T) → 해찾기(V).. 명령을 선택한다.

[그림 10.5] 수량할인이 있는 EOQ 해찾기 설정

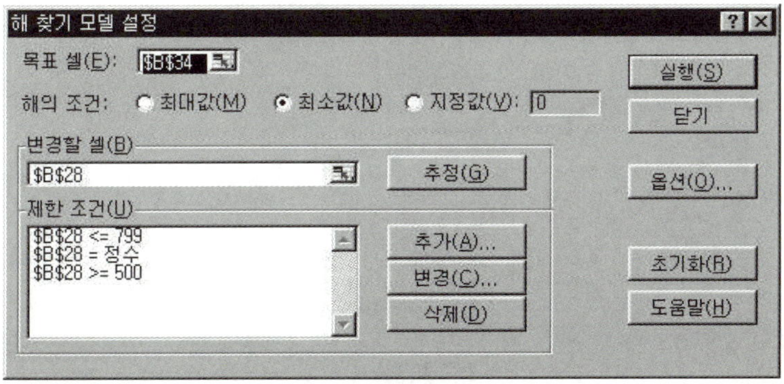

2. 목 표 셀

B34를 목표 셀로 선택한다. 이 셀에 최종 결과치인 총 비용이 산출된다. 「해의 조건」에는 최소값에 클릭한다.

3. 변경할 셀

여기에는 최적해인 EOQ를 구하는 것이므로 B28를 입력하면 된다.

4. 제한조건

여기서는 제한조건인 「B28>=500, B28<=799 및 B28=정수」를 입력한다.

5. 실 행

「실행」에 클릭을 하면 [그림 10.6]과 같이 경제적 주문량을 얻게 된다. 앞의 예제에서 설명한 대로 옵션(option)에서 「선형모형가정」에 클릭해서는 안된다.

〔그림 10.6〕 최적해(Optimal Solution) 결과

A49

	A	B	C
1	**수량할인문제**		
4	**자료입력**		
6	주문 비용(K)	30	
7	저장 비용(s)	0	
8	연간 이자율(i)	0.12	
9	연간 수요(D)	5000	
10	범위 1의 구입비용	10	
11	범위 1과 2의 구입수량 경계	500	
12	범위 2의 구입비용	9.5	
13	범위 2과 3의 구입수량 경계	800	
14	범위 3의 구입비용	9.25	
15			
16	**범위 1의 주문량일 때**		
18	주문량 Q	499	
19	주문 횟수	10.02	
20	주문당 구입비용	4990	
21	연간 주문비용	300.6	
22	연간 구입비용	50000	
23	연간 유지비용	299.4	
24	총 비용	50600	
25			
26	**범위 2의 주문량일 때**		
28	주문량Q	513	
29	주문 횟수	9.7466	
30	주문당 구입비용	4873.5	
31	연간 주문비용	292.4	
32	연간 구입비용	47500	
33	연간 유지비용	292.41	
34	총 비용	48085	
35			
36	**범위 3의 주문량일 때**		
38	주문량Q	800	
39	주문 횟수	6.25	
40	주문당 구입비용	7400	
41	연간 주문비용	187.5	
42	연간 구입비용	46250	
43	연간 유지비용	444	
44	총 비용	46882	
46	**최적 주문량**	800	
47	**최소 총 비용**	46882	

6. 결과 해석

해답을 보면 범위 2의 최적주문량은 513이고 이때의 비용은 48,085로 나타났다. 그리고 여기서는 범위 1과 3에 대해서는 범위 2와 유사하므로 절차를 생략하였다. 즉 범위 1의 경우는 B18셀의 제한조건식을 B18>=0, B18<=499로 만들고 목표셀을 B24로 지정해 주면 된다. 마찬가지로 범위 3의 경우는 B38셀의 제한조건식을 B38>=800으로 만들고 목표셀을 B44로 지정해 주면 된다. 그러면 〔그림 10.6〕과 같이 결과가 산출된

다. 결과를 보면 범위 1의 경우 경제적 주문량이 499가 되고 범위 3의 경우는 경제적 주문량이 800이 된다.
이제 전체 범위 중에서 가장 경제적인 주문량을 결정해야 하는데 이를 위해 B46셀과 B47셀에 다음 식을 입력한다.
즉, B47에는「=MIN(B24,B34,B44)」을
  B46에는「=IF(B47=B24,B18,IF(B47=B34,B28,B38))」을 입력한다.
B46셀의 공식은 엑셀함수식인 IF문을 이용하여 최종적인 경제적 주문량을 산출하도록 되어 있다(IF함수식은 엑셀의 도움말 기능을 참조하기 바람). 그 결과 최종 경제적 주문량은 800이고 이때의 총비용은 46,882천원이 되는 것으로 나타났다.

연습문제

1 고려백화점 여성의류매장의 매출액이 IMF로 인하여 계속 하락추세에 있다. 이에 매장에서는 유동성 자금의 악화를 타개하고자 적절한 재고의 유지에 관심을 기울이고 있다. 매장에서 산출한 연간 의류 판매량은 2,500개이고, 개당 소요되는 재고유지비는 200원이며 주문단위당 주문비용은 1,000원 정도로 나타났다. 이 자료를 가지고 최적주문량과 이때의 총 비용을 산출해 보시오.

2 인제병원은 특정 항생제를 연간 30,000개 사용한다. 그런데 1회 주문비용은 200원이고 연간 개당 재고유지비용은 약품가격의 10%라고 한다. 구매량에 따라 단위당 가격이 다음과 같이 차이가 있을 때 최적주문량을 산출하시오.

구분	주문량 범위	단위당 가격(원)
1	2,999 미만	1,750
2	3,000에서 5,999까지	1,600
3	6,000 이상	1,500

제 11 장

수요예측

11.1 기본개념

경영의사결정을 어렵게 하는 가장 중요한 요인은 불확실성(Uncertainty)이다. 기업은 다양한 불확실성에 직면하고 있는데, 그 중에서 가장 중요하면서도 다루기 어려운 것이 수요의 불확실성(Demand Uncertainty)이다. 예를 들어, 자동차 회사는 내년에 몇 대의 승용차를 판매할 수 있을지, 스키복 제조회사는 올 스키시즌에 몇 벌의 스키파커가 팔릴 수 있을지가 경영의사결정의 핵심요인이 된다. 몇 대의 자동차가 팔릴 것인지를 알아야, 그에 따라 얼마만큼의 원재료나 부품을 구입하고, 공장의 생산용량은 얼마로 가져가며, 새로운 연구개발의 필요성이 있는지, 인력을 더 채용해야할지 등의 여부를 결정할 수 있게 된다. 즉, 정확한 수요예측은 최적의 경영의사결정을 내리는데 필수불가결한 투입요소(Input)이다.

11.2 수요예측의 방법

수요예측방법은 크게 정성적 방법(Qualitative method)과 정량적 방법(Quantative method)으로 나눌 수 있다.

정성적 방법은 예측 수행자의 주관적인 견해나 경험에 의하여 미래를 예측하는 방법이다. 이 방법은 주로 과거의 자료를 이용할 수 없는 경우나, 또는 단시간내에 의사결정을 내려야 하는 경우에 사용된다. 대표적 기법으로는 델파이법(Delphi method)이 있는데 이는 조직 내외의 전문가들에게 미래에 관련된 의견을 설문조사를 통해 수집하고, 이들의 의견을 종합한 후 다시 설문을 제공하는 과정을 반복하여 일관된 합의를 이끌어 내어 예측을 수행하는 것이다.

본 장에서 과거의 객관적인 자료의 처리를 통해 미래를 예측하는 정량적 기법을 다루고자 한다. 즉 과거 자료를 통해 과거의 동향과 변화를 파악하고, 변수들 간의 관계규명을 통해 미래를 예측하는 방법을 설명하고자 한다.

정량적 방법은 다시 시계열 분석과 인과형 분석으로 구분된다. 시계열 분석은 시간에 따른 자료의 변화를 관찰하여 일정한 패턴을 발견하고, 이를 통해 미래를 예측하는 기법으로 이동평균법, 지수평활법 등이 있다. 인과형 분석은 수집된 과거의 자료를 통해 수요(종속변수)에 영향을 미치는 독립변수들을 찾고, 이 변수들 간의 인과관계를 분석하여 특정한 독립변수값에 대응하는 종속변수의 값, 즉 미래수요를 예측하는 것으로 회귀분석(regression analysis)이 대표적으로 이용된다.

11.3 엑셀에 의한 실제 사례

수요예측의 경우 엑셀을 이용하면 내장된 통계함수식을 통하여 쉽게 결과를 얻을 수 있고 특히 회귀분석의 경우에는 별도의 메뉴기능으로 결과를 얻을 수가 있다. 이밖에 엑셀을 이용하면 비선형회귀모형, 더미변수가 있는 회귀모형, 자기회귀모형 등의 분석도 할 수가 있다. 그러나 본서에서는 기본 방법들만 제시하고자 한다.

(1) 이동평균법(Moving-Average Method)

이동평균법은 시계열자료 중 가장 최근 자료들의 평균을 구한 후 이를 다음 기간의 예측치로 사용하는 방법을 말한다. 이동평균은 다음 식을 통해 구해진다.

이동평균 = 가장 최근 N개의 자료의 합 / N

여기서 N은 자료의 개수이다.

PCS 서비스 사업자인 두솔텔레콤(주)은 2009년 1월부터 2010년 12월까지의 과거 24개월의 다음 〔표 11.1〕 자료를 이용하여 향후 몇 개월의 가입자수를 예측하고자 한다.

〔표 11.1〕 가입자 자료

2009년	가입자수	2010년	가입자수
1월	29	1월	38
2월	32	2월	30
3월	30	3월	35
4월	39	4월	30

5월	33	5월	34
6월	34	6월	40
7월	34	7월	36
8월	38	8월	32
9월	36	9월	40
10월	39	10월	36
11월	30	11월	40
12월	36	12월	34

[엑셀 모형화]

먼저 과거 자료에서 어느 범위까지를 예측치에 반영할 것인지를 결정해야 하는데 이를 자료의 범위 *N*이라고 한다. 본 문제에서는 편의상 *N*=3으로 놓고, 즉 3개월 이동평균으로 예측하고자 한다. 통상적으로 *N*의 결정은 평균절대편차인 MAD(Mean Absolute Deviation)가 가장 작게 되는 값으로 하게 되는데 *N*이 커질수록 예측결과는 더욱 유연(Smoothing)해진다.

※ 평균절대편차 MAD(Mean Absolute Deviation)이란?

예를 들어, 어느 기업이 특정한 수요예측 방법을 이용하여 한 수요 예측 결과가 아래와 같이 있다고 하자.

기간	예측 값	실제 값	오차	절대 편차
1월	250	230	20	20
2월	180	210	−30	30
3월	300	270	30	30
4월	220	230	−10	10
5월	290	300	−10	10
합			0	100

즉, 이 기업은 1월의 수요를 250이라고 예측하였으나, 실제 수요는 230으로 나타났고, 2월 수요는 180이라고 예측하였으나, 실제 수요는 210이 되었던 것이다. 이 기업이 사용한 수요예측 방법의 정확성을 알아보기 위해 '오차(Error)'를 사용한다고 하자. 여기서는 오차를 예측 값과 실제 값의 차이로 정의하자. 그렇다면, 1월의 예측 오차는 20이고 2월의 예측 오차는 −30이 된다.

수요예측 방법의 정확성을 1월~5월 사이의 결과를 바탕으로 평가한다고 하자. '오차'를 평가기준으로 삼는다면, 5개월간의 수요예측 성과를 평가하기 위해서는 어떻게 해야 하나? 5개월간의 예측 오차를 모두 합하여 평균을 내는 것이 손쉬워 보인다. 하지만, 만약 그렇게 했을 때, 월 평균 오차는 얼마가 될까? 위의 표에서와 같이 '0' 이 된다.
오차 대신 절대편차를 이용하는 이유는 이 때문이다. 위의 표에 절대편차가 나타나 있고, 5개월간의 절대편차 합은 100이 된다. 따라서 5개월을 기준으로 한 MAD는 20(=100/5)이 된다. MAD는 기업이 처한 특정한 경영환경에 가장 적합한 수요예측 방법을 선택하는 기준으로 널리 사용된다. 즉, 다른 조건이 유사하다면, 더 적은 MAD를 갖는 수요예측 방법을 활용하는 것이 효과적이다.

여기서는 각각의 자료에 동일한 가중치를 부여하는 단순이동평균법을 적용하였으나 최근의 자료에 더 큰 가중치를 부여하는 가중이동평균법의 이용도 가능하다.

1. 자료 입력

〔그림 11.1〕과 같이 B3:B26셀 범위에 자료를 입력한다.

〔그림 11.1〕 엑셀함수식에 의한 이동평균법 예측결과

C27 = =AVERAGE(B24:B26)

	A	B	C	D	E
1	이동평균법				
2	월	자료	이동평균	오차	절대오차
3	1	29			
4	2	32			
5	3	30			
6	4	39	30.33	8.67	8.67
7	5	33	33.67	-0.67	0.67
8	6	34	34.00	0.00	0.00
9	7	34	35.33	-1.33	1.33
10	8	38	33.67	4.33	4.33
11	9	36	35.33	0.67	0.67
12	10	39	36.00	3.00	3.00
13	11	30	37.67	-7.67	7.67
14	12	36	35.00	1.00	1.00
15	13	38	35.00	3.00	3.00
16	14	30	34.67	-4.67	4.67
17	15	35	34.67	0.33	0.33
18	16	30	34.33	-4.33	4.33
19	17	34	31.67	2.33	2.33
20	18	40	33.00	7.00	7.00
21	19	36	34.67	1.33	1.33
22	20	32	36.67	-4.67	4.67
23	21	40	36.00	4.00	4.00
24	22	36	36.00	0.00	0.00
25	23	40	36.00	4.00	4.00
26	24	34	38.67	-4.67	4.67
27			36.67	MAD	3.22
28					
29					

Sheet 1 / Sheet2

2. 예 측

① 엑셀 함수식에 의한 접근

C6셀에 다음과 같은 공식을 입력한다.

= AVERAGE(B3:B5)

이는 첫 3개월 판매의 평균으로 4월에 이 결과치를 위치시킨다. 계속해서 이 공식을 C7:C27 셀 범위에 복사하여 나가면 최초의 예측치를 C27셀의 결과로 얻을 수 있다. 하지만 이 방법은 차트(Chart)를 직접 입력하여 산출해야 한다는 번거로움이 따르게 된다.

따라서 다음에서 설명될 ②의 엑셀 메뉴에 의한 접근법을 이용하는 것이 편리하다.

D6 셀에는 다음의 공식을 입력하여 예측 오차를 계산한다.

= B6 - C6

그리고 평균절대편차인 MAD를 계산하기 위해 먼저 절대오차를 계산하여야 하는데 E6셀에 다음과 같은 ABS함수식을 입력한다.

= ABS(D6)

그런 뒤 D7:D26과 E7:E26셀에 위 공식을 각각 복사하면 된다.

이제 MAD를 산출하기 위하여 E27셀에 다음과 같은 공식을 입력한다.

= AVERAGE(E6:E26)

본 예제의 경우 MAD가 3.22로 나타나 있다.

② 엑셀 메뉴(Data Anaylsis)에 의한 접근

먼저 엑셀 메뉴에서 도구(T) → 데이터분석(D).. 명령을 선택한다. 만약 데이터분석(D) 메뉴가 없으면 먼저 도구(T) → 추가기능(I)에 들어가 데이터분석 메뉴를 추가시킨다. 데이터분석에서 이동평균법 옵션을 선택하여 〔그림 11.2〕와 같이 입력범위와 출력범위를 입력하고 구간(N)을 3으로 지정하면 〔그림 11.1〕과 똑같은 결과를 얻을 수 있다. 또한 차트그림은 출력옵션 중에 차트출력(C)에 클릭하면 자동적으로 생성된다.

[그림 11.2] Data Analysis에 의한 이동평균법 적용

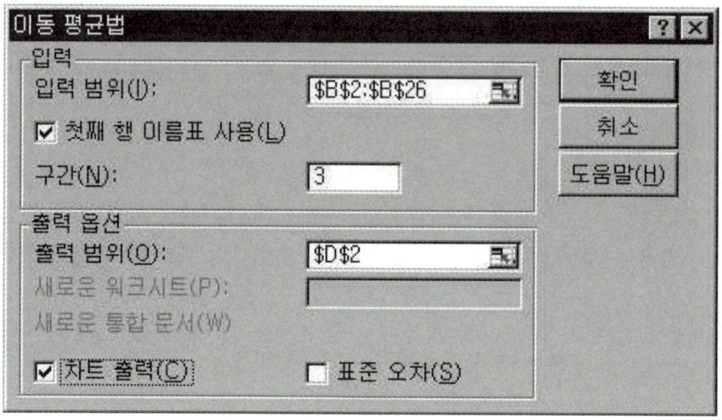

(2) 지수평활법(Exponential Smoothing)

예측법 중에서 가장 많이 사용되는 방법으로서 단순지수평활법, 홀트의 방법, 윈터의 방법 등이 있으나 여기서는 단순지수평활법에 대해서만 소개하기로 한다.

단순지수평활법에서는 미래예측시 3가지 자료가 필요하게 된다. 즉 가장 최근의 예측치(F_{t-1}), 그 기간의 실제 자료값(A_{t-1}) 그리고 지수평활상수(α)가 필요하다. 지수평활법의 예측모형은 다음과 같이 표현된다.

$$F_t = \alpha A_{t-1} + (1-\alpha) F_{t-1}$$

지수평활상수를 크게 하면 최근의 자료에 가중치를 더욱 크게 부여하는 역할을 하게 된다.

앞서 (1)의 예제에서 두솔텔레콤(주)는 이동평균법을 이용하여 가입자수를 예측하고 있다. 지수평활법을 이용하여 다시 예측을 해 보기로 한다.

[엑셀 모형화]

엑셀에서는 이동평균법과 마찬가지로 「도구(T) → 데이터분석(D)」 메뉴에 의하여 결과를 얻을 수 있으나 지수평활법의 원리를 보다 확실히 설명하기 위해서는 여기서는 엑셀함수식을 이용하고자 한다.

1. 초기자료

〔그림 11.3〕에서 C3셀에 전월의 수치(여기서는 2008년 12월 가입자수)를 32로 가정하여 입력한다.

〔그림 11.3〕 지수평활법에 의한 예측결과

B33 = =F28

	A	B	C	D	E	F	G
1	지수평활법						
2	월	가입자수	평활수준	예측치	오차	절대오차	지수평활요소
3			32.00				0.10
4	1	29	31.70	32.00	-3.00	3.00	
5	2	32	31.73	31.70	0.30	0.30	
6	3	30	31.56	31.73	-1.73	1.73	
7	4	39	32.30	31.56	7.44	7.44	
8	5	33	32.37	32.30	0.70	0.70	
9	6	34	32.53	32.37	1.63	1.63	
10	7	34	32.68	32.53	1.47	1.47	
11	8	38	33.21	32.68	5.32	5.32	
12	9	36	33.49	33.21	2.79	2.79	
13	10	39	34.04	33.49	5.51	5.51	
14	11	30	33.64	34.04	-4.04	4.04	
15	12	36	33.87	33.64	2.36	2.36	
16	13	38	34.29	33.87	4.13	4.13	
17	14	30	33.86	34.29	-4.29	4.29	
18	15	35	33.97	33.86	1.14	1.14	
19	16	30	33.58	33.97	-3.97	3.97	
20	17	34	33.62	33.58	0.42	0.42	
21	18	40	34.26	33.62	6.38	6.38	
22	19	36	34.43	34.26	1.74	1.74	
23	20	32	34.19	34.43	-2.43	2.43	
24	21	40	34.77	34.19	5.81	5.81	
25	22	36	34.89	34.77	1.23	1.23	
26	23	40	35.40	34.89	5.11	5.11	
27	24	34	35.26	35.40	-1.40	1.40	
28				35.26	MAD	3.10	
29							

Sheet1

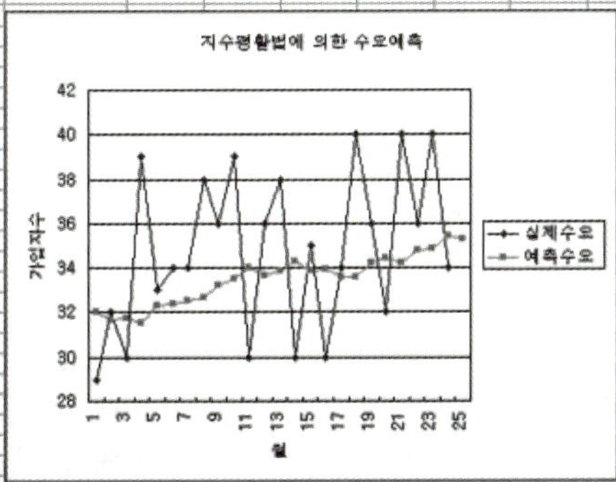

2. 평활상수(α)

G3셀에는 평활상수를 0.1로 가정하여 입력한다.

3. 평활수준

먼저 C4에 지수평활을 다음과 같이 입력한다.

$$= \$G\$3 \times B4+(1 - \$G\$3) \times C3$$

여기서 나타난 수치가 바로 다음달의 예측치가 된다. 그리고 이를 C5:C27셀 범위에도 복사해 둔다.

4. 예 측

D4셀에는 「=C3」라고 입력하는데 이는 전월의 평활수준을 옮겨 놓은 것이다. 나머지 D5:D28셀 범위에도 전월의 평활수준을 옮겨 놓으면 된다(이것은 D4셀을 지정하고 +를 생기게 한 뒤 마우스로 D5:D28셀까지 아래로 이동시키게 되면 자동적으로 산출된다).

5. 예측오차

실제수요와 예측수요와의 차이를 말하는 것으로 E4셀에는 「=B4 - D4」를 입력한다. 그리고 절대오차 계산을 위해 F4셀에 「=ABS(E4)」를 입력하고 평균절대편차 계산을 위해 F28셀에 「=AVERAGE(F4:F27)」을 입력한다.

6. 그 래 프

그림을 보면 실제수요보다 예측수요의 변동폭이 훨씬 작음을 알 수 있는데 이는 평활상수를 0.1로 작게 잡았기 때문이다(차트 그리는 방법은 부록을 참조하기 바람).

7. 평활요소의 민감도 분석

평활상수의 영향을 고찰하기 위하여 G3셀에 다른 수치를 입력해 볼 수 있다.
또 다른 방법으로 MAD와 평활상수의 변화모습을 함께 보여 주는 데이터 테이블(Data table)을 이용하는 것이다. 이 데이터 테이블을 만들기 위해서 〔그림 11.4〕의 A열에는 0.05 간격으로 평활상수의 여러 수치를 입력하고 B33셀에는 「=F28」이라고 입력한다. 그리고 나서 A33:B43셀 범위를 선택하여 지정하고(그러면 색깔이 반전되어 나타남) 「데이터(D) → 표(T)」 메뉴를 선택한 뒤 「열입력셀」에 「G3」을 입력하고 「행입력셀」은 빈칸으로 둔 상태에서 확인을 클릭하면 〔그림 11.4〕와 같이 자동적으로 결과가 나타난다. Excel 2007을 사용하는 경우, 상단의 「데이터」탭을 선택하고, 「가상분석」에서 「데이터 표」를 선택하여 실행한다.

〔그림 11.4〕 평활요소의 MAD 영향

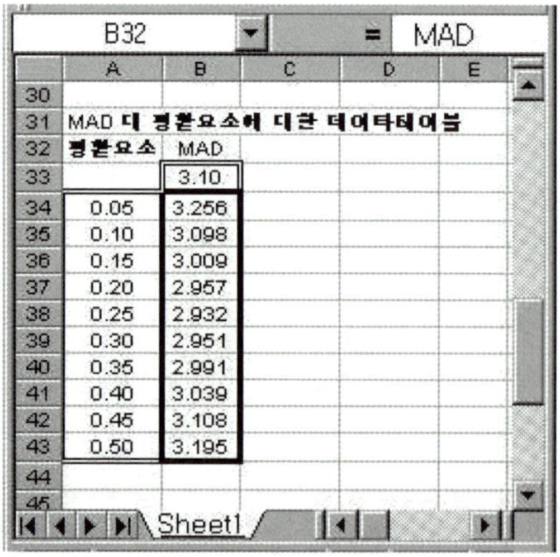

	A	B	C	D	E
30					
31	MAD 의 평활요소에 대한 데이터테이블				
32	평활요소	MAD			
33		3.10			
34	0.05	3.256			
35	0.10	3.098			
36	0.15	3.009			
37	0.20	2.957			
38	0.25	2.932			
39	0.30	2.951			
40	0.35	2.991			
41	0.40	3.039			
42	0.45	3.108			
43	0.50	3.195			
44					
45					

Sheet1

〔그림 11.4〕을 보고 "두솔텔레콤이 가입자수의 예측을 위해서 지수평활법을 이용하고자 한다면 어떤 평활상수를 사용하여야 하는가?"라는 질문에 답을 할 수 있을까? 결

과를 보면 평활요소가 0.25일 때 MAD가 2.932로 가장 낮음을 알 수 있다. 따라서, 두솔텔레콤은 평활상수=0.25를 사용해야 한다. 주의할 점은, 시장 수요에 대한 자료가 누적됨에 따라 최적의 평활상수를 지속적으로 업데이트해야 한다는 것이다. 예를 들어, 2011년 실제 가입자 수에 대한 데이터가 누적되면 가장 낮은 MAD를 발생시키는 최적의 평활상수가 바뀔 수 있다.

(3) 단순선형 회귀분석

이는 종속변수를 하나의 독립변수와 관계시키는 것으로 회귀분석의 가장 기본적인 형태이다.

이 단순회귀분석의 기본식은 다음과 같다.

$$\hat{Y} = a + bX$$

여기서 a는 Y절편, b는 회귀선의 기울기, X는 독립변수의 값을 의미한다.

회귀분석에 의한 예측은 두 변수간의 관계가 강할 때 매우 효과적인 예측방법이 될 수 있다. 변수간의 관계 정도는 결정계수(coefficient of determination: r^2)에 의해 결정되고 이는 상관계수(coefficient of correlation: r)를 제곱한 값이다. 상관계수는 −1과 +1 사이의 값을 갖는데 만약 r이 1이면 회귀선은 완벽하게 관측된 자료의 값과 일치하게 되고 두 변수는 완전한 정(+)의 관계를 갖는다고 한다. 반대로 r이 −1이면 회귀선은 관측된 값과 완벽하게 일치하지만 두 변수가 완전한 음(−)의 관계를 갖는다고 한다. 만약 r이 0이면 두 변수간에 아무런 선형관계가 형성되지 못하는 것으로 회귀직선 자체가 전혀 무의미함을 의미한다.

버거빅 패스트푸드점은 햄버거를 생산하여 판매하고 있다. 이 푸드점은 햄버거를 생산하는 데 드는 총 비용을 결정하고 싶어한다. 이 비용을 추정하기 위하여 〔표 11.2〕와 같이 지난 10개월 동안의 생산수량과 생산비용자료를 입수하였다. 이를 가지고 비용을 추정하기 위한 회귀식을 구해 보기로 하자.

〔표 11.2〕 단순회귀분석을 위한 자료

월	생산수량(단위: 백개)	비용(단위: 만원)
1	15	260
2	20	590
3	30	770

4	40	720
5	45	875
6	50	1100
7	60	1150
8	55	1130
9	70	1359
10	45	980

[엑셀 모형화]

엑셀에서는 직접 관련 통계함수식을 이용하여 결과를 도출할 수 있으나 여기서는 이동평균법에서 설명하였던 「도구(T) → 데이터분석(D)」 메뉴를 이용하여 설명하고자 한다. Excel 2007의 경우 「데이터 → 데이터분석」을 이용한다.

1. 자료 입력

〔그림 11.5〕와 같이 B4:C13셀 범위에 생산수량과 비용 자료를 입력한다.

[그림 11.5] 단순회귀식 산출을 위한 자료 입력

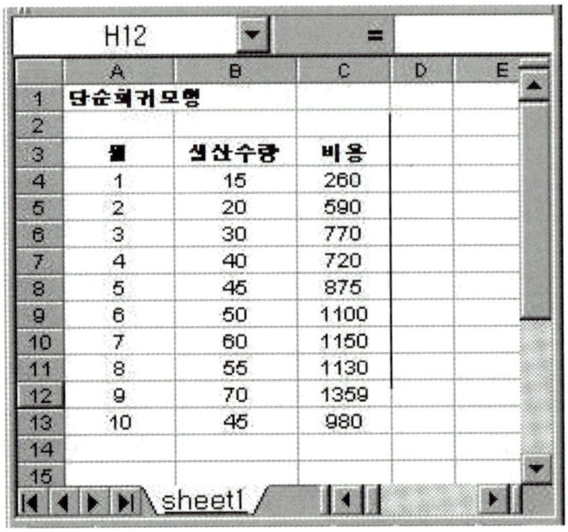

H12 =

	A	B	C	D	E
1	단순회귀모형				
2					
3	월	생산수량	비용		
4	1	15	260		
5	2	20	590		
6	3	30	770		
7	4	40	720		
8	5	45	875		
9	6	50	1100		
10	7	60	1150		
11	8	55	1130		
12	9	70	1359		
13	10	45	980		
14					
15					

sheet1

2. 데이터분석 메뉴 입력

먼저 「도구(T) → 데이터분석(D)」에서 회귀분석을 선택하고 확인을 클릭하면 〔그림 11.6〕과 같은 회귀분석에 관한 대화상자(Dialog)가 나타난다.

〔그림 11.6〕 회귀분석의 대화상자

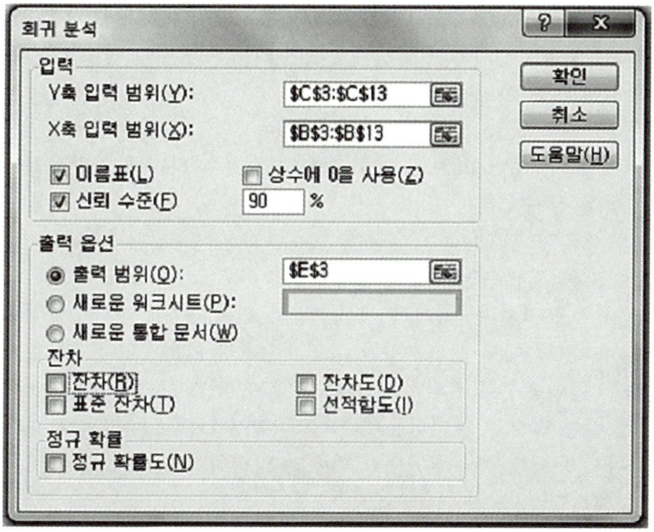

*Y*축 입력범위에는 C3:C13를, *X*축 입력범위에는 B3:B13를 입력한다. 그리고 이름표(L)에 클릭하고 출력범위는 E3으로 입력한다(또는 다른 셀이나 다른 워크시트에 산출하고 싶으면 출력범위를 지정한 다른 셀을 입력하거나 새로운 워크시트에 클릭하면 된다).

이 외에도 잔차분석과 정규확률과 관련된 내용을 검토하고 싶으면 잔차의 세부옵션과 정규확률도에 클릭하면 되나 여기서는 회귀분석의 기본적인 내용만 보여 주고자 한다.

3. 회귀분석 결과해석

모두 입력하여 확인을 누르면 〔그림 11.7〕과 같은 결과가 산출된다.

〔그림 11.7〕 회귀분석 결과

	A	B	C	D	E	F	G	H	I	J	K	L	M
1	단순회귀모형												
2													
3	월	생산수량	비용		요약 출력								
4	1	15	260										
5	2	20	590		회귀분석 통계량								
6	3	30	770		다중 상관계수	0.961175							
7	4	40	720		결정계수	0.923857							
8	5	45	875		조정된 결정계수	0.91434							
9	6	50	1100		표준 오차	93.96492							
10	7	60	1150		관측수	10							
11	8	55	1130										
12	9	70	1359		분산 분석								
13	10	45	980			자유도	제곱합	제곱 평균	F 비	유의한 F			
14					회귀	1	857035.1	857035.1	97.066	9.485E-06			
15					잔차	8	70635.25	8829.407					
16					계	9	927670.4						
17													
18						계수	표준 오차	t 통계량	P-값	하위 95%	상위 95%	하위 90.0%	상위 90.0%
19					Y 절편	128.714	83.10919	1.548734	0.160038	-62.936111	320.364155	-25.83150644	283.2595507
20					생산수량	17.78339	1.805016	9.852208	9.49E-06	13.62102	21.94576974	14.42688044	21.13990923
21													

① 회귀분석 통계량

결과를 보면 상관계수와 결정계수는 0.961과 0.924로 나타나 상당히 높은 상관성 및 설명력을 지님을 알 수 있다. 여기서 결정계수값이 의미하는 바는 종속변수의 변동 중 92.4%가 독립변수에 의해 설명됨을 뜻한다.

② 분산분석

유의한 F하의 값이 유의수준 0.05보다 아주 작은 수치로 나타나 회귀방정식이 5% 유의수준에서 유의함을 알 수 있다.

③ 회귀식 추정

Y절편은 128.71이고 독립변수인 생산수량의 계수는 17. 78로 나타나 회귀식은 $\hat{Y} = 128.71 + 17.78 \times X$로 표시된다. 여기서 생산수량의 회귀계수에 대한 p값이 0.05보다 작기 때문에 5% 유의수준에서 생산수량의 회귀계수가 유의하다고 볼 수 있으므로 종속변수를 설명하는 독립변수로서 의미가 있음을 알 수 있다. 또한 회귀식에서 기울기가 양(+)의 값을 갖는 것으로 나타났는데 이는 두 변수가 정(+)의 상관관계를 가짐을 의미한다. 따라서 독립변수인 생산수량 개수만 입력하면 이와 관련된 비용이 산출되어 예측이 가능해진다.

질문: 버거빅에서 햄버거를 65(백개) 만큼 생산한다면 생산비용은 얼마나 될까?
답: 앞에서 구한 회귀식 $\hat{Y}=128.71+17.78 \times X$에서 $X=65$가 된다. 따라서, 예상되는 총 생산비용은 $128.71+17.78 \times 65=1,284.41$(만원)이 된다.

(4) 다중회귀분석

독립변수가 둘 이상일 때는 단순회귀분석의 경우와 기본원리는 같으나 회귀식 산출이 더욱 복잡하게 이루어진다. 실제 하나의 독립변수로써 종속변수의 값을 예측하는 경우보다 둘 이상의 독립변수를 이용하는 것이 보다 현실적이다. 이 처럼 독립변수가 둘 이상인 경우의 회귀분석을 다중회귀분석이라 한다.

성모대학병원은 의료기기의 유지비(단위:만원)에 대한 예측을 하고자 한다. 예측을 위해 독립변수로 의료기기가 진단한 총 환자수와 기계 내용년수를 이용하였다. 관련 자료가 〔표 11.3〕와 같이 주어져 있을 때 회귀분석을 해 보고자 한다.

[표 11.3] 다중회귀분석을 위한 자료

Y(유지비용)	$X1$(진단한 환자수)	$X2$(내용연수)
900	10000	9
750	9700	7
780	9200	8
620	8300	9
390	6500	5
370	4500	2
237	3500	2
175	2200	3

[엑셀 모형화]

여기서도 단순회귀분석과 마찬가지로 「도구(T) → 데이터분석(D)」 메뉴에 의하여 결과를 도출하고자 한다.

1. 자료 입력

〔그림 11.8〕와 같이 A4:C12셀 범위에 자료를 입력한다.

[그림 11.8] 다중회귀식 산출을 위한 자료 입력

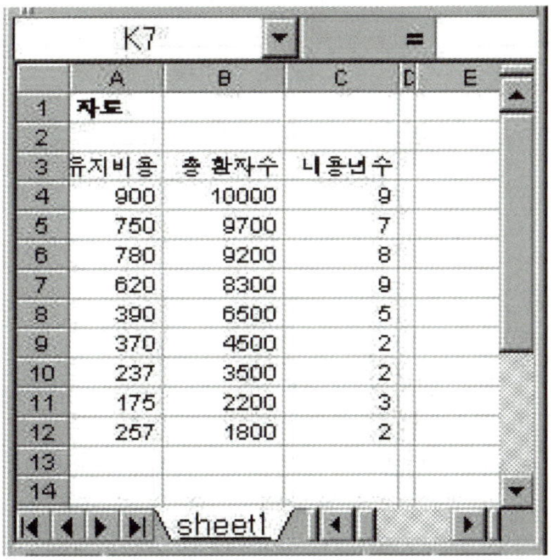

K7 =

	A	B	C	D	E
1	자료				
2					
3	유지비용	총 환자수	내용년수		
4	900	10000	9		
5	750	9700	7		
6	780	9200	8		
7	620	8300	9		
8	390	6500	5		
9	370	4500	2		
10	237	3500	2		
11	175	2200	3		
12	257	1800	2		
13					
14					

sheet1

2. 데이터분석 메뉴 입력

먼저 「도구(T) → 데이터분석(D)」에서 회귀분석을 선택하고 확인을 클릭하면 〔그림 11.9〕과 같은 회귀분석에 관한 다이얼로그(Dialog)가 나타난다.

〔그림 11.9〕 회귀분석의 다이얼로그

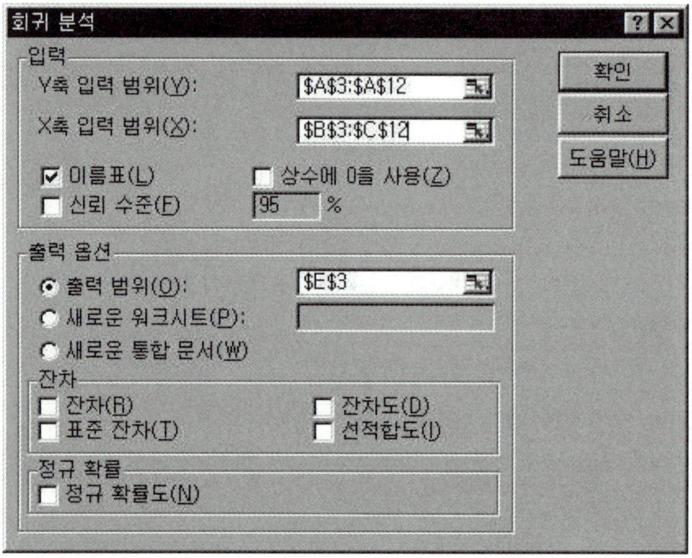

Y축 입력범위에는 A3:A12를, X축 입력범위에는 B3:C12를 입력한다. 단순회귀분석과 다른 점은 X축 입력범위를 독립변수끼리 인접시켜 이를 한번에 입력한다는 점이다. 나머지는 단순회귀분석과 동일하다.

3. 회귀분석 결과해석

모두 입력하여 확인을 누르면 〔그림 11.10〕과 같이 결과가 나타난다.

① 회귀분석 통계량

결과를 보면 상관계수와 결정계수는 0.961과 0.923으로 나타나 상당히 높은 상관성 및 설명력을 지님을 알 수 있다.

② 분산분석

유의한 F하의 값이 0.05보다 아주 작은 수치로 나타나 회귀방정식이 5% 유의수준에서 유의함을 알 수 있다.

③ 회귀식 추정

Y절편은 11.65이고 독립변수인 총 환자수의 계수는 0.0675, 내용연수는 12.962로 나타나 회귀식은 $\hat{Y} = 11.65 + 0.0675 \times X_1 + 12.962 \times X_2$로 표시된다. 그런데 내용연수에

대한 p-값이 0.624이므로 5% 유의수준에서 유의하지 않음을 알 수 있다. 따라서 내용연수 변수를 제외하고 다시 회귀식을 추정할 필요가 있다.

[그림 11.10] 중회귀분석 결과

M26 =

	A	B	C	E	F	G	H	I	J	K	L	M
1	자료											
2												
3	유지비용	총 환자수	내용년수	요약 출력								
4	900	10000	9									
5	750	9700	7	회귀분석 통계량								
6	780	9200	8	다중 상관계수	0.96117							
7	620	8300	9	결정계수	0.92384							
8	390	6500	5	조정된 결정계수	0.89846							
9	370	4500	2	표준 오차	85.6597							
10	237	3500	2	관측수	9							
11	175	2200	3									
12	257	1800	2	분산 분석								
13					자유도	제곱합	제곱 평균	F 비	유의한 F			
14				회귀	2	534069	267034	36.3927	0.00044			
15				잔차	6	44025.5	7337.58					
16				계	8	578094						
17												
18					계수	표준 오차	t 통계량	P-값	하위 95%	상위 95%	하위 95.0%	상위 95.0%
19				Y 절편	11.6566	64.054	0.18198	0.86159	-145.08	168.391	-145.08	168.391
20				총 환자수	0.06759	0.02357	2.86781	0.02851	0.00992	0.12526	0.00992	0.12526
21				내용년수	12.9622	25.1058	0.5163	0.62411	-48.469	74.3939	-48.469	74.3939
22												
23												

sheet1

4. 통계함수식에 의한 자동산출방법

만약 입력치를 수정한 후 곧바로 결과를 자동으로 얻을려면 통계함수식을 사용하면 된다. 예를 들어 회귀계수 b를 산출하기 위해서 「LINEST(종속변수, 독립변수)」를 사용하면 되는데 산출시키고자 하는 셀에 「=LINEST(A4:A12,B4:C12)」를 입력하면 자동으로 결과가 주어진다. 또는 SLOPE( )함수식을 이용하여도 마찬가지 결과를 얻을 수 있다.

또한 Y절편의 경우는 「=INTERCEPT(종속변수, 독립변수)」 함수식을 이용하면 된다.

이러한 통계함수식을 이용하면 엑셀이 계산을 자동적으로 해주므로 실무에는 상당히 도움이 된다.

연습문제

1 하포동 약국에서는 효율적인 경영을 위하여 수요예측 모형을 만들려고 한다. 먼저 직접 제조하는 감기약의 월 판매량 과거 자료를 가지고 미래 수요를 예측하고자 한다. 다음 표의 자료를 보고 이동평균법, 지수평활법으로 11월의 예측치를 산출하시오. 단, 이동평균법에서 N=3으로 하고 지수평활법에서는 평활지수를 0.2로 가정하시오.

월	판매수량
1	45
2	43
3	47
4	51
5	48
6	52
7	57
8	52
9	60
10	67

2 이동전화 산업의 수익성은 외형의 신장세와는 달리 취약한 구조를 갖고 있다. 즉 이동전화 사업자들은 시장확대를 위해 신규가입자에게 과다한 장려금을 지급하고 있는데 이 장려금이 서비스 수입액을 초과하고 있는 것이다. 따라서 서비스 가입자가 증가할수록 이들에게 지원되는 자금은 기하급수적으로 증가하게 되고 사업자들의 부담은 더욱 커질 것이다. 이에 OK텔레콤의 마케팅팀에서는 장려금이 신규 가입자수에 얼마나 영향을 미치는지를 파악하고자 한다. 다음의 자료를 가지고 분석해 보시오.

월	신규가입자수(천명)	장려금(억원)
1	26	4
2	36	5
3	73	6
4	85	11
5	100	12
6	97	13
7	114	15
8	126	15
9	131	16
10	147	19

제 12 장

의사결정론

12.1 기본개념 및 구분

경영자가 항상 수행해야 하는 핵심역할은 의사결정이다. 의사결정이란 기업(혹은 조직)이 당면한 경영상의 문제를 해결하기 위해 주어진 대안들 가운데 최적의 것을 선택하는 것이다. 최적이란 기업이 달성하고자 하는 목표에 가장 적합함을 의미한다. 예를 들어, 기업은 매출이나 이익을 극대화하거나, 시장점유율을 높이고, 신제품개발을 적기에 완성하고, 종업원의 동기부여를 높이고자 하는 등의 목표를 가질 수 있다.

의사결정환경이란 의사결정자(경영자)가 경영의사결정을 할 때 직면하게 되는 상황이다. 의사결정론이란 이러한 의사결정환경하에서 의사결정자가 의사결정 문제를 해결하기 위하여 많은 선택 가능한 대안들을 정의하고 분석하여 최적의 것을 선택할 수 있도록 하는 방법론이다. 즉 의사결정자가 최적의 의사결정을 할 수 있도록 여러 가지 발생 가능한 대안들을 평가할 수 있는 평가체계를 제공하는 것이라고 할 수 있다.

의사결정환경은 불확실성의 정도와 특성에 따라 확실성상황, 위험상황, 불확실성상황의 세 가지로 분류될 수 있다.

12.2 확실한 상황하에서의 의사결정(DMUC: decision making under certainty)

이는 의사결정을 내리는 데 필요한 정보가 모두 알려져 있을 뿐만 아니라 이용가능한 경우, 즉 완전한 정보가 갖추어져 있을 때이다. 경영과학에서 배우는 대부분의 모형들이 이처럼 확실한 상황하에서의 의사결정을 하도록 만들어져 이용되고 있다. 예를 들면 선형계획법, 수송모형, 할당모형, 네트워크모형, 확정적 재고모형 등이 있다.

12.3 위험한 상황하에서의 의사결정(DMUR: decision making under risk)

이는 완전한 정보는 갖추어져 있지 않지만 특정 결과가 일어날 확률은 추정이 가능한 경우이다. 따라서 위험한 상황하에서의 의사결정문제에는 확률이론이 중요하게 이용된다. 기대값 기준, 대기행렬이론, 마아코브분석, 시뮬레이션, 그리고 확률재고모형 등이 이러한 경우에 해당된다. 본 장에서는 기대값 기준에 의한 의사결정기법만을 다루고 나머지는 별도의 장에서 다루고자 한다.

위험한 상황하에서 의사결정은 다음 과정을 거쳐 이루어진다.

① 선택가능한 대안 확인

② 각 상황의 발생확률을 정의

③ 각 대안들의 조건부 수익이나 손실 계산

위의 순서를 거쳐 각 대안들의 기대이익을 구할 수 있고 최종의사결정은 최대기대이익이나 최소기대손실을 나타내는 대안을 선택하는 것이다.

(1) 기대값 기준(expected value)

이는 각 대안에 대한 기대값을 구한 후 이 값들 중에서 최선의 값을 갖는 대안을 선택하는 방법으로 불완전 정보하에서의 기대값이라고도 한다.

(2) 기대기회손실(expected opportunity loss)

이는 특정 대안을 선택함에 따라 발생할 수 있는 기대손실을 최소화하는 대안을 선택하는 방법이다.

(3) 완전정보의 기대값(expected value of perpect information)

완전정보는 의사결정조건을 위험상황에서 확실한 상황으로 바꾸어 놓을 수 있는 정보를 말한다. 즉 완전정보하에서의 기대값(expected value under perpect information)에서 기대값 기준에 따른 기대값을 차감한 값이 바로 완전정보의 기대값이 된다. 이는 바로 기대기회손실값과 일치한다.

12.4 불확실한 상황하에서의 의사결정(DMUU: decision making under uncertainty)

이는 대안에 따른 가능한 결과의 확률조차 알 수 없는 상황하에서의 의사결정을 말한다. 실제로 확실한 상황이나 위험한 상황하의 의사결정에 비하여 현실에서는 보다 더 일반적인 상황이라 할 수 있다.

불확실한 상황하에서 의사결정을 하는 데 있어서 다음의 다섯 가지 기준이 흔히 이용된다.

(1) 라플라스 기준

미래의 상황발생 확률을 알 수 없으므로 모든 상황에 동일한 확률을 부여하여 가장 큰 기대값을 갖는 대안을 선택하도록 한다.

(2) 맥시민 기준

왈드기준이라고도 하며 미래에 대해 조심스럽고 비관적인 예측을 통해 의사결정을 하는 것이다. 즉 각 대안별로 가장 작은 이득을 골라 이 중 가장 큰 값을 갖는 대안을 선택한다.

(3) 맥시맥스 기준

낙관적인 의사결정으로서 각 대안별로 가장 큰 이득을 골라 이 중 가장 큰 값을 갖는 대안을 선택한다.

(4) 후르비츠 기준

맥시민과 맥시맥스의 중간형태로서 미래에 대해 낙관적이거나 비관적이지 않고 중간 정도에서 의사결정을 하는 것으로서 낙관계수란 개념을 이용한다. 낙관계수란 미래에 대한 낙관 정도를 표시한 값으로 0과 1 사이의 값을 갖는다. 각 대안의 최대치에 낙관계수 α를 곱한 값과 최소치에 $1-\alpha$를 곱한 것을 더한 다음, 이 중 가장 큰 값을 갖는 대안을 선택한다.

(5) 미니맥스 기준

새비지기준 이라고도 하며 기회손실기준 또는 후회기준이라고도 하는데 각 상황별로 최대기회손실을 구하고 그중 가장 작은 값을 갖는 대안을 선택한다. 기회손실은 각 상황별 최대치에서 해당상황하의 각 대안별 수익을 빼서 구한다.

12.5 의사결정나무(decision tree)를 통한 분석

(1) 의사결정나무(decision tree)

현실적으로 많은 문제가 단일 시점 또는 단일 단계가 아닌 여러 단계 혹은 여러 시점을 고려한다. 이러한 경우에 단계별 상황을 도식적으로 보여주는 유용한 방법이 바로 의사결정나무에 의한 분석이다. 다음 예제를 통해 의사결정나무 분석(decision tree analysis)에 대해 설명한다.

21세기 투자회사는 주식, 사채, 부동산의 3가지 투자대안을 고려하고 있다. 각 투자대안의 수익은 향후 1년간의 경제상황에 따라 달라지는 것으로 알려져 있다. 일반적으로 경제상황은 고속성장, 정상성장, 저속성장을 할 경우로 구분되는데, 각 경제상황이 발생할 확률은 저속이 40%, 정상이 50%, 고속성장이 10%로 알려져 있다. 여러 가지 경제상황하에서 각 대안의 투자수익이 〔표 12.1〕과 같이 주어져 있을 때 기대값기준과 기대기회손실기준을 이용하여 대안을 선택해 보자.

〔표 12.1〕 위험한 상황하에서의 의사결정을 위한 자료

대　안	경제상황		
	p_1=0.4(저속성장)	p_2=0.5(정상성장)	p_3=0.1(고속성장)
주식	-100,000	70,000	120,000
사채	-40,000	50,000	90,000
부동산	-150,000	40,000	180,000

● 의사결정나무 분석은 일반적으로 의사결정나무를 그림으로 나타낸다. 위험한 상황하에서의 의사결정 문제에는 두 가지 중요한 요인들이 있다. 하나가 의사결정을 해야 하는 시점이고, 다른 하나가 위험한 상황의 전개이다. 〔표 12.1〕에서 의사결정자가 내려야 하는 의사결정은 주식, 사채, 부동산이라는 세 개의 대안들 중에서 무엇을 하나 선택한다는 것이다. 예를 들어, 의사결정자가 주식을 선택했다고 하자. 의사결정자가 주식을 선택하더라도 아직 수익이 결정되는 것은 아니다. 실제 수익은 경제상황이 어떻게 전개 되느냐에 따라 결정된다. 여기서 주의할 것은 경제상황

은 의사결정자가 정하거나 미리 알 수 있는 것이 아니라는 점이다. 이것이 '위험한 상황의 전개'에 해당한다.

- 의사결정나무를 그릴 때, 경영자가 '의사결정을 내리는 시점,' 즉 '대안들 중에서 선택을 해야 하는 경우'를 정사각형(■)으로 표현하고, 의사결정자가 통제할 수 없는 상황, 즉 위험 상황을 원(●)으로 표시하는 것이 일반적이다. 또한 의사결정 과정이 진행됨에 따라 발생하는 의사결정 순간이나 위험한 상황의 전개 등을 연결해 줄 때 직선을 사용한다. [표 12.1]의 의사결정 문제를 의사결정나무로 그리면 아래와 같다.

[그림 12.1] 21세기 투자회사의 의사결정나무

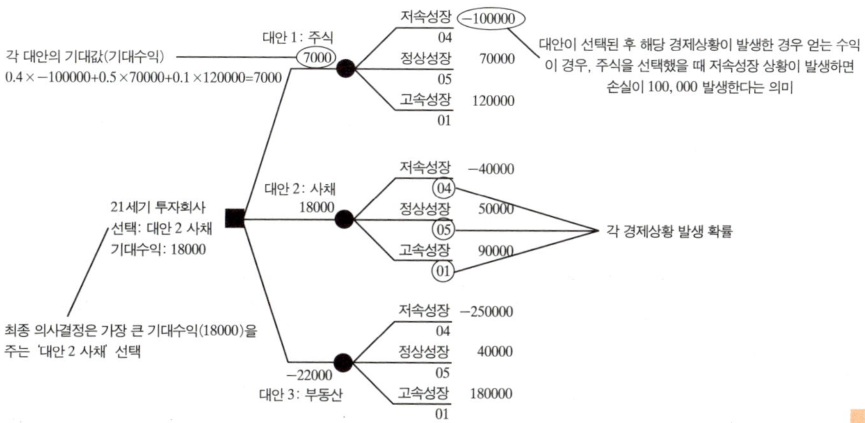

(2) 베이지안 정리(Bayesian theorem)를 이용한 확률의 수정

이는 새로운 정보를 얻었을 때 이 정보가 영향을 미치는 상황들의 확률을 좀 더 정확한 값으로 수정하는 데 사용되는 매우 중요한 확률계산법칙이다. 앞서 논의한 의사결정나무 분석의 경우 추가적인 정보를 얻게 되면 확률값을 수정할 필요가 생길 수 있는데, 이때 적용되는 법칙을 말한다.

이렇게 표본정보를 이용하여 사전확률을 사후확률로 바꾸어주는 베이지안 정리는 매우 유용하게 이용될 수 있다.

12.6 엑셀에 의한 실제 사례

의사결정론의 간단한 문제에 대한 분석은 산술기능으로도 해결 가능하여 굳이 엑셀에 의하지 않더라도 쉽게 답을 얻을 수 있다.

(1) 위험한 상황하에서의 의사결정

여기서는 기대값기준과 기대기회손실기준을 '21세기 투자회사' 예제에 적용하고자 한다. 〔표 12.1〕을 그대로 사용한다.

[엑셀 모형화]

■ 기대값 기준

기대값기준은 각 대안에 대한 기대값을 구한 후 이 값들 중에서 최선의 값을 갖는 대안을 선택하는 것이다.

[그림 12.2] 위험한 상황하에서의 의사결정 결과

E7 = =MAX(E4:E6)

	A	B	C	D	E	F
1	**1. 기대값기준**					
2	대안	저속성장	정상성장	고속성장	기대수익	
3	확률	0.4	0.5	0.1		
4	주식	-100000	70000	120000	7000	
5	사채	-40000	50000	90000	18000	
6	부동산	-150000	40000	180000	-22000	
7	**선택안**				**18000**	
8						
9	**2. 기대기회손실기준**					
10	대안	저속성장	정상성장	고속성장	기대수익	
11	확률	0.4	0.5	0.1		
12	주식	60000	0	60000	30000	
13	사채	0	20000	90000	19000	
14	부동산	110000	30000	0	59000	
15	**선택안**				**19000**	
16						

sheet1 / sheet2

1. 입　　력

〔그림 12.2〕의 B4:D6셀 범위에 각 상황별 투자수익의 자료를 입력한다.

2. 기대수익 산출

E4셀에는「=B4×B$3+C4×C$3+D4×D$3」을 입력하고 이를 E5, E6셀에도 복사하여 대안별로 기대수익을 계산한다.

3. 최적대안 산출

E7셀에는 「=MAX(E4:E6)」을 입력한다. 결과 가장 기대수익이 높은 것은 사채로 기대수익이 18,000원으로 주어져 있다.

■ 기대기회손실기준

이는 특정 대안을 선택함에 따라 발생할 수 있는 기대손실을 최소화하는 것이다. 기회손실(opportunity loss)을 구하려면 각 경제상황하에서의 최선의 선택이 무엇인지를 알아야 한다. 예를 들어 저속성장하에서 최선의 선택은 사채에 투자해서 40,000원의 손실만을 보는 것이다. 그러나 동일조건하에서 주식에 투자했다면 100,000원의 손실을 초래하므로 이러한 경우 기회손실은 100,000원의 손실과 40,000원의 손실의 차액인 60,000원이 된다. 이러한 방식으로 각 투자대안의 기회손실표를 작성하면 〔표 12.2〕와 같다.

〔표 12.2〕 기회손실표

대 안	경제상황		
	p_1=0.4(저속성장)	p_2=0.5(정상성장)	p_3=0.1(고속성장)
주식	60,000	0	60,000
사채	0	20,000	90,000
부동산	110,000	30,000	0

1. 입 력

B12:D14셀 범위에 각 상황별 기대기회손실값의 자료를 입력한다.

2. 기대손실 산출

E12셀에는 「=B12×B$3+C12×C$3+D12×D$3」을 입력하고 이를 E13, E14셀에 복사하여 대안별로 기대손실을 산출한다.

3. 최적대안 산출

E15셀에는 「=MIN(E12:E14)」를 입력한다. 결과 가장 기대기회손실이 작은 것은 사채로 기대손실이 19,000원임을 알 수 있다. 이 19,000원이 바로 완전정보의 기대값(expected value of perpect information)이 된다. 이것이 바로 의사결정자가 완전정보를 얻기 위해 지불하고자 하는 최대금액이다.

(2) 불확실한 상황하에서의 의사결정

여기서는 라플라스 기준, 맥시민 기준, 맥시맥스 기준, 후르비츠 기준, 미니맥스 기준에 대해 설명하고자 한다.

21세기 투자회사는 고객의 자산운용에 대한 조언을 해주는 회사이다. 현재 이 회사는 고객의 자금 50억을 확보하고 있는데 주식시장이 호황을 누리고 있다는 판단 아래 고객의 돈을 모두 주식시장에 투자하기로 결정하였다. 주식시장의 각 기업별 수익률을 분석한 결과 다음의 A, B, C의 3개사 중 어느 한 기업에 대한 투자를 고려하고 있다. 그런데 각 회사의 주식수익률은 주식시장의 상황과 투자가들의 평소 기업인지도에 따라 달라지는 것으로 알려져 있다. 주식시장의 상태에 따른 각 투자대안들의 수익이 〔표 12.3〕과 같이 주어져 있을 때 각 기준별로 최적의 대안을 선택해보기로 한다.

[표 12.3] 불확실한 상황하에서의 의사결정을 위한 자료

대 안	주식시장		
	활황	정체	침체
A	70,000	30,000	-10,000
B	50,000	35,000	5,000
C	40,000	30,000	20,000

[엑셀 모형화]

■ 라플라스 기준

이는 미래의 경제상황발생확률을 전혀 모르기 때문에 모든 상황이 동일한 확률로 발생한다고 가정한다. 여기서는 1/3의 확률로 각 상황별로 동일하게 주어져 있다고 가정하였다.

1. 입 력

〔그림 12.2〕의 B3:D5셀 범위에 각 상황별 수익자료를 입력한다.

2. 기대수익 산출

E3셀에는 「=(B3+C3+D3)/3」을 입력하고 이를 E4, E5셀에도 복사하여 대안별로 기대수익을 산출한다.

3. 최적대안 산출

E7셀에는「=MAX(E3:E5)」을 입력한다. 결과 가장 기대수익이 높은 B나 C사의 주식에 투자하는 것이 좋은 것으로 타나났다.

■ 맥시민 기준

1. 입 력

B10:D12셀 범위에 각 상황별 수익자료를 입력한다.

2. 최소수익 산출

E10셀에는 「=MIN(B10:D10)」을 입력하고 이를 E11, E12셀에 복사하여 대안별로 최소수익을 산출한다.

3. 최적대안 산출

E13셀에는 「=MAX(E10:E12)」을 입력한다. 그 결과 수익이 가장 높은 C사의 주식에 투자하는 것이 좋은 것으로 나타났다.

■ 맥시맥스 기준

1. 입 력

B17:D19셀 범위에 각 상황별 수익자료를 입력한다.

2. 최대수익 산출

E17셀에는 「=MAX(B17:D17)」을 입력하고 이를 E18, E19셀에 복사하여 대안별로 최대수익을 산출한다.

3. 최적대안 산출

E20셀에는 「=MAX(E17:E19)」를 입력한다. 결과 수익이 가장 높은 A사에 투자하는 것이 좋은 것으로 나타났다.

■ 후르비츠 기준

1. 입 력

B24:D26셀 범위에 각 상황별 수익자료를 입력한다. 그리고 낙관계수를 D22셀에 입력하는데 여기서는 낙관계수 0.7로 가정하였다.

2. 결합수익 산출

E24셀에는 「=MAX(B24:D24)×D$22+MIN(B24:D24)×(1-D$22)」을 입력하고 이를 E25, E26셀에 복사하여 대안별로 결합수익을 산출한다.

3. 최적대안 산출

E27셀에는 「=MAX(E24:E26)」을 입력한다. 결과 결합수익이 가장 높은 A사에 투자하는 것이 좋은 것으로 나타났다.

■ 미니맥스 기준

이 기준은 최대기회손실을 최소화하는 것을 선택하도록 한다. 먼저 〔표 12.4〕와 같은 기회손실표를 구한다.

[표 12.4] 거회손실표

대 안	주식시장		
	활황	정체	침체
A	0	5,000	30,000
B	20,000	0	15,000
C	30,000	5,000	0

1. 입 력

B31:D33셀 범위에 각 상황별 기회손실자료를 입력한다.

2. 최대기회손실 산출

E31셀에는 「=MAX(B31:D31)」을 입력하고 이를 E32, E33셀에 복사하여 대안별 최대기회손실을 산출한다.

3. 최적대안 산출

E34셀에는 「=MIN(E31:E33)」을 입력한다. 결과 최대기회손실이 가장 작은 B가 선택되었다.

[그림 12.3] 불확실한 상황하에서의 의사결정 결과

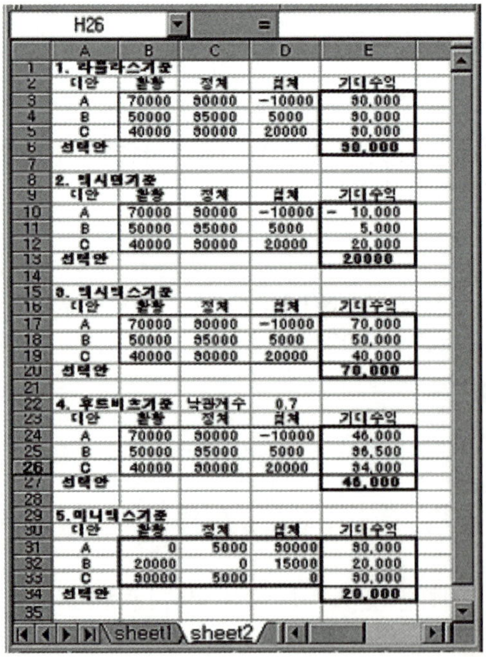

H26 =

	A	B	C	D	E
1	1. 라플라스기준				
2	대안	활황	정체	침체	기대수익
3	A	70000	30000	-10000	30,000
4	B	50000	35000	5000	30,000
5	C	40000	30000	20000	30,000
6	선택안				30,000
7					
8	2. 맥시민기준				
9	대안	활황	정체	침체	기대수익
10	A	70000	30000	-10000	- 10,000
11	B	50000	35000	5000	5,000
12	C	40000	30000	20000	20,000
13	선택안				20000
14					
15	3. 맥시맥스기준				
16	대안	활황	정체	침체	기대수익
17	A	70000	30000	-10000	70,000
18	B	50000	35000	5000	50,000
19	C	40000	30000	20000	40,000
20	선택안				70,000
21					
22	4. 후르비츠기준		낙관계수	0.7	
23	대안	활황	정체	침체	기대수익
24	A	70000	30000	-10000	46,000
25	B	50000	35000	5000	36,500
26	C	40000	30000	20000	34,000
27	선택안				46,000
28					
29	5.미니맥스기준				
30	대안	활황	정체	침체	기대수익
31	A	0	5000	30000	30,000
32	B	20000	0	15000	20,000
33	C	30000	5000	0	30,000
34	선택안				20,000
35					

sheet1 sheet2

(3) 베이지안정리(Bayesian theorem)

베이지안정리는 주어진 주변확률(사전확률)과 조건부확률을 이용하여 다른 조건부확률(사후확률)을 구하는 데에 이용된다. 아래 예제를 통하여 베이지안정리의 활용방안을 살펴보자.

> 둘로통신는 시내전화사업을 하는 통신회사이다. 이 회사는 국내시장에 신(新)서비스를 제공하려 하나 불확실한 시장환경 때문에 주저하고 있다. 따라서 시험마케팅(test marketing)을 통하여 정보를 입수하는 방안을 검토하고자 한다. 시험마케팅의 경우도 성공과 실패로 결과가 나온다.
> 먼저 국내시장에 신서비스가 성공할 확률은 통상 0.3라고 한다. 이렇게 성공하는 경우를 A_1이라고 하자. 그러면 성공할 확률은 $P(A_1)=0.3$라고 할 수 있고, 실패하는 경우를 A_2로 표시하면, 실패할 확률은 $P(A_2)=0.7$이 된다.
> 이제 시험마케팅을 하기 위해 과거 유사한 결과 데이터를 가지고 시험마케팅의 성과를 살펴보아야한다. 지금까지 200번의 유사한 시험마케팅에 대한 자료를 얻을 수 있었다고 하자. 그 중 100번은 실제 신서비스가 성공한 경우이고, 나머지 100번은 실패한 경우이다. 우선, 성공한 100번의 사례를 살펴보니, 실제 성공한 신서비스 중 시험마케팅에서 성공한 경우가 84번에 이르렀다. 시험마케팅이 성공하는 경우를 B1, 실패하는 경우를 B2로 표시한다면, 이는 확률적으로 $P(B_1 \mid A_1)=0.84$와 같이 나타낼 수 있다. 마찬가지로, $P(B_2 \mid A_1)=0.16$이다. 100번의 실패한 신서비스 경우를 살펴보니, 그 중 시험마케팅에서 성공한 경우가 36번, 실패한 경우가 64번이었다. 따라서 $P(B_1 \mid A_2)=0.36$, $P(B_2 \mid A_2)=0.64$이다.

※ 베이지안정리 응용

예제: 둘로통신이 시험마케팅에서 성공을 거두었다고 할 때 실제 신서비스에서도 성공할 확률은 얼마인가? 즉, $P(A_1 \mid B_1)$을 계산해보자.

여기에서 주변확률 $P(A_1)$와 $P(A_2)$는 신서비스의 성공가능성에 대한 초기정보라고 할 수 있기 때문에 사전확률(prior probability)이라고 한다. 우리가 알려고 하는 조건부확률 $P(A_1 \mid B_1)$은 사후확률(posterior probability)이라고 할 수 있는데 왜냐하면 둘로통신에서 시험마케팅이 성공했다는 추가적인 정보에 의하여 신서비스의 성공확률을 수정하려고 하기 때문이다.
사전확률 $P(A_1)$, $P(A_2)$과 추가적인 정보 B_1과 B_2에 대하여 조건부확률 $P(B_j \mid A_1)$, $P(B_j \mid A_2)$가 알려져 있을 때 $P(A_k \mid B_j)$의 확률은 베이지안정리에 의하여 다음과 같이 구할 수 있다.

$$P(A_k \mid B_j) = \frac{P(A_k) \times P(B_j \mid A_k)}{\sum_i P(A_i) \times P(B_j \mid A_i)}$$

이제 엑셀에 의하지 않고 베이지안정리를 이용하여 $P(A_1 \mid B_1)$을 계산하여 보자.

$$P(A_1 \mid B_1) = \frac{P(A_1) \times P(B_1 \mid A_1)}{P(A_1) \times P(B_1 \mid A_1) + P(A_2) \times P(B_1 \mid A_2)}$$

$$= \frac{0.3(0.84)}{0.3(0.84) + 0.7(0.36)} = \frac{0.252}{0.504} = 0.5$$

[엑셀 모형화]

엑셀을 이용하여 베이지안 확률을 구하는 방법을 아래에 살펴본다. 〔그림 12.4〕 첫 부분은 베이지안 정리에 의한 확률결과를 나타내고, 둘째 부분은 각 엑셀 셀의 공식을 보여준다.

1. 입　　력

B5:C5셀 범위에 사전확률과 B9:C10셀 범위에 조건부확률을 입력한다.

2. 결합확률

중간단계로서 B14:C15셀 범위에 사전확률과 조건부확률을 곱한 결과인 결합확률을 산출한다. 이를 위해 먼저 B14셀에 「=B$5×B9」를 입력하고 그것을 나머지 셀에 복사한다. 예를 들어 B14셀은 시험마케팅이 성공하고 신서비스가 성공할 결합확률(=0.3×0.84)을 의미한다.

3. 주변확률

각 행의 결합확률을 합계한 주변확률을 E14:E15셀 범위에 산출한다. 예를 들어 E14셀은 시험마케팅이 성공할 확률을 의미한다.

4. 사후확률에 대한 해석

사후확률을 산출하기 위해서는 B19:C20셀 범위에 결합확률을 주변확률으로 나누어 주면 된다. 예를 들어 B19셀에는 「=B14/$E14」를 입력하고 이를 나머지 셀에 복사한다. 사후확률에서도 각 행의 확률 합계가 1이 되어야 한다.

본 예제에서는 구하고자 하는 사후확률 B19셀이 0.5로 최종 산출되었다. 즉 종전에 시험마케팅하기 전에 신서비스가 성공할 사전확률이 0.3이었으나 시험마케팅이 성공했다는 정보에 의해 신서비스가 성공할 사후확률은 0.5로 올라갔다. 이는 시험마케팅이라는 정보의 가치가 확률적으로 0.2(=0.5−0.3)만큼 지니고 있다는 것이고 이러한 0.2의 성과가 시험마케팅에 들어가는 비용보다 커야 그만큼의 정보의 가치가 있다는 것이다.

[그림 12.4] 베이지안정리의 자료입력 및 산출결과

A1 | fx 베이지안 정리

	A	B	C	D	E
1	베이지안 정리				
2					
3	사전적확률				
4		신서비스성공(A1)	신서비스실패(A2)		
5		0.3	0.7		
6					
7	조건부확률				
8		신서비스성공(A1)	신서비스실패(A2)		
9	시험마케팅성공(B1)	0.84	0.36		
10	시험마케팅성공(B2)	0.16	0.64		
11					
12	결합확률				
13		신서비스성공(A1)	신서비스실패(A2)		주변확률
14	시험마케팅성공(B1)	=B$5*B9	=C$5*C9		=SUM(B14:C14)
15	시험마케팅성공(B2)	=B$5*B10	=C$5*C10		=SUM(B15:C15)
16					
17	사후확률				
18		신서비스성공(A1)	신서비스실패(A2)		
19	시험마케팅성공(B1)	=B14/$E14	=C14/$E14		
20	시험마케팅성공(B2)	=B15/$E15	=C15/$E15		
21					

A1 | fx 베이지안 정리

	A	B	C	D	E	F
1	베이지안 정리					
2						
3	사전적확률					
4		신서비스성공(A1)	신서비스실패(A2)			
5		0.3	0.7			
6						
7	조건부확률					
8		신서비스성공(A1)	신서비스실패(A2)			
9	시험마케팅성공(B1)	0.84	0.36			
10	시험마케팅성공(B2)	0.16	0.64			
11						
12	결합확률					
13		신서비스성공(A1)	신서비스실패(A2)		주변확률	
14	시험마케팅성공(B1)	0.252	0.252		0.504	
15	시험마케팅성공(B2)	0.048	0.448		0.496	
16						
17	사후확률					
18		신서비스성공(A1)	신서비스실패(A2)			
19	시험마케팅성공(B1)	0.500	0.500			
20	시험마케팅성공(B2)	0.097	0.903			
21						

베이지안 정리를 이용하여 다음과 같은 의사결정 문제를 해결해 보도록 하자. 아래에 있는 질문에 답하기 위해 추가로 〔표 12.5〕에 주어진 정보를 활용하도록 한다. 예를 들어, 둘로통신이 신서비스를 개발하여 시장에 제공했을 때 시장상황이 좋아서 성공하게 된다면 둘로통신은 100억원의 순이익을 얻게 된다. 그러나 시장상황이 나빠서 실패하게 된다면 둘로통신은 50억원의 순손실을 얻게 된다.

〔표 12.5〕 위험한 상황하에서의 의사결정을 위한 자료

대　안	시장 상황 - 신서비스 성공 여부	
	성공	실패
신서비스 개발 제공	100억	-50억
신서비스 개발 안함	0	0

(1) 둘로통신이 시험마케팅을 활용하지 않기로 한다면, 신서비스를 개발하여 시장에 제공하여야 하는가? 그 이유는 무엇인가?
(2) 둘로통신이 시험마케팅을 활용하기로 한다면, 신서비스를 개발하여 시장에 제공하여야 하는가? 그 이유는 무엇인가?
(3) 만약, 시험마케팅을 하는 비용이 추가로 10억원이 든다면, 여전히 둘로통신은 시험마케팅을 해야만 하는가? 만약, 비용이 15억원이 든다면 어떻게 해야 하는가?

위에 제시된 질문들에 답을 하기 위해 그린 의사결정나무가 〔그림 12.5〕에 있다. 〔그림 12.5〕의 의사결정나무는 〔그림 12.1〕의 것과 약간 다른 모습을 보이고 있지만, 전체적인 이해를 하는 데는 큰 어려움이 없을 것이다. 이와 같이, 의사결정나무를 그리는 데는 여러 가지 다양한 방식이 있을 수 있다. 따라서 중요한 것은 여러 사람이 주어진 의사결정나무의 본래 의미를 이해할 수 있도록 명확히 표현해야 한다는 점이다. 의사결정나무를 그릴 때, 경영자가 '의사결정을 내리는 시점,' 즉 '대안들 중에서 선택을 해야 하는 경우'를 정사각형으로 표현하고, 의사결정자가 통제할 수 없는 상황, 즉 위험 상황을 원으로 표시하는 것이 일반적이라고 하였고, 이는 〔그림 12.5〕에도 잘 나타나 있다. 그 외, 〔그림 12.5〕에는 각 의사결정 상황과 불확실성에 대해 이해하기 쉽도록 설명하는 글자들을 더 많이 포함하였고, 더 이상 의사결정 고려 사항이 없을 때, ◀ 표시를 사용하였다. 이제 〔그림 12.5〕의 결과를 보고 위에 제시된 세 개의 질문에 답을 해 보자. 각 질문에 대한 답을 도출하는 과정은 스스로 더 깊게 고려해 보기 바란다.

(1) 시험마케팅을 활용하지 않기로 한 경우, 둘로통신은 신서비스를 개발하지 말아야 한다.
(2) 둘로통신이 시험마케팅을 하는 경우, 시험마케팅에 성공한 경우에 한하여 신서비스를 개발한다.
(3) 둘로통신이 시험마케팅을 하는 경우 기대할 수 있는 수익은 12.6억원이다. 만약,

시험마케팅을 하는 비용이 10억원이라면 둘로통신이 시험마케팅 후 기대할 수 있는 순수익은 2.6억원이 된다. 하지만, 시험마케팅 비용이 15억원이라면, 둘로통신은 시험마케팅을 할 이유가 없다. 비용이 기대 수익보다 더 크기 때문이다.

[그림 12.5] 시험마케팅을 반영한 둘로통신 의사결정나무 분석 결과

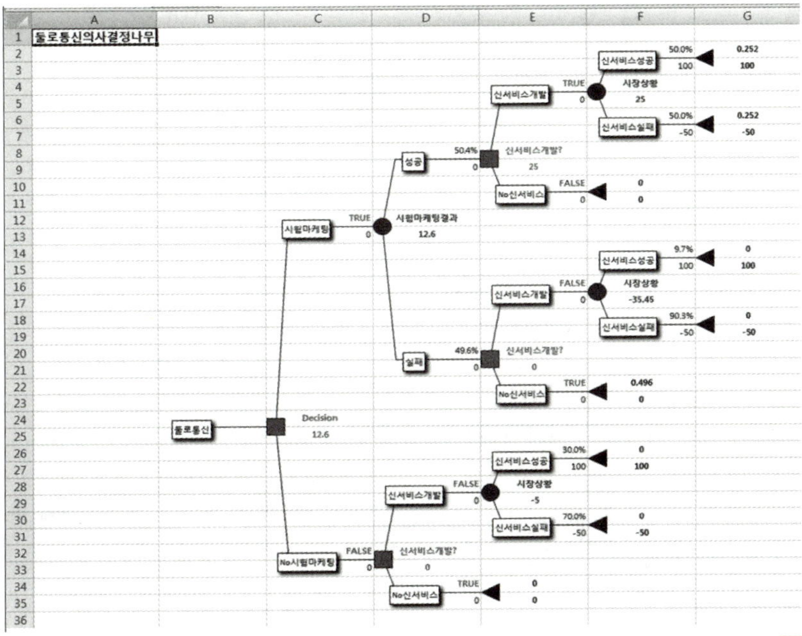

연습문제

1 고려대학교는 학생들의 편의시설을 확충한다는 계획 아래 대지를 매입하여 제 2 도서관을 건설하려고 한다. 건설의 규모에 관하여 세 가지의 대안, 즉 소규모, 보통규모, 대규모의 대안들이 고려되고 있다. 각 대안에 대하여 학생들의 이용도가 낮을 경우, 보통일 경우, 높을 경우의 예상되는 학습효과(이익)가 아래 표에 나타나 있다.

대안 \ 이용도	낮음	보통	높음
소규모	400	400	400
보통규모	100	600	600
대규모	-300	300	900

(1) 다음 기준에 의하여 최적결정을 내려보시오
maximin, maximax, minimax

(2) 이용도에 대한 확률이 각각 0.2, 0.35, 0.45로 주어지는 경우 기대값 기준에 의한 최적결정은 무엇인가 ?

(3) 완전정보의 기대값은 얼마인가 ?

2 석사취득예정인 하포동 군은 어느 컨설팅사에 입사원서를 냈다. 그런데 전체 응시자 중 5%만 합격시킨다고 한다. A_1을 합격할 사상이라고 하면 $P(A_1)=0.05$가 된다.
응시자 중 일부에게만 면접을 실시하는데 면접을 받을 사상을 B_1, 받지 못할 사상을 B_2라고 하자. 그런데 합격자 중 92%는 면접을 받은 사람이고 나머지 8%는 면접을 받지 않고 합격한 사람이라고 한다. 따라서 $P(B_1 \mid A_1)=0.92$, $P(B_2 \mid A_1)=0.08$이 될 것이다. 또한 불합격한 사람 중 3%도 면접을 받았다고 한다. 즉,

$$P(B_1 \mid A_2) = 0.03$$

이제 K가 면접통지를 받았다고 할 때 하포동 군이 합격할 확률을 구해보시오.

제 13 장

비선형계획법

13.1 기본개념

선형계획법은 목적함수와 제약조건이 선형으로 표시된다는 가정에 근거를 두고 있다. 그러나 실제 경영문제는 함수나 수학적 관계가 선형이 아닌 경우가 많다. 일반적으로 비선형인 이유는 비례성이 적용되지 않는다는 사실 때문이다. 예를 들어 수익은 가격에 비례하지만 때때로 가격의 인상으로 오히려 수익이 감소되는 경우도 있다.

비선형계획법도 여러 가지 제약조건하에서 목적함수를 최적화한다는 점에서는 선형계획법과 같지만 목적함수가 비선형함수이고 제약조건은 선형함수이거나 비선형함수인 경우가 많다.

13.2 비선형계획법의 구분

(1) 제약조건이 없는 모형(Unconstrained NLP)

제약식이 없는 비선형계획 문제의 해법은 최적해는 목적식 $f(x)$의 미분값이 0인 데서 찾을 수 있다는 데 기반을 두고 있다. 특히 최대화의 문제일 경우 $f(x)$가 오목함수이면 미분값이 0인 점이 최적해가 되므로 주어진 문제를 쉽게 해결할 수가 있다.

(2) 제약조건이 있는 모형(Constrained NLP)

제약조건이 따르는 비선형계획모형의 최적화를 위해서는 라그랑지 승수(LaGrangian Multiplier)법과 쿤•터커조건(Kuhn-Tucker Condition) 등이 사용되는데 라그랑지 승수법은 제약등식에 의하여 제약되는 최적화문제를 해결하는 데 사용되고 쿤•터커조건은 제약부등식에 의하여 제약되는 최적화문제의 해결에 사용된다.

본서에서는 엑셀의 해찾기 기능에 의해 접근할 것이므로 비선형계획법의 상세한 이론적 내용은 생략하는 대신 실제적인 사용방법에 대해서만 설명하고자 한다.

13.3 엑셀에 의한 실제 사례

비선형계획법이 이제까지 다룬 해찾기와 다른 점은 해찾기 기능의 옵션메뉴에 있는 선형모델가정을 배제해야 최적해를 얻을 수 있다는 점이다.

(1) 제약조건이 없는 모형

고려운송(주)은 자사 제품을 대리점에게 선적하기 위한 최적 창고입지를 결정하고자 한다. 대리점들의 위치와 각 대리점에게 선적되는 제품의 수가 〔표 13.1〕에 주어져 있다. 이 자료를 이용하여 창고로부터 대리점들에 이르는 총 물량 · 거리를 최소화하는 창고 위치를 결정해 보자.

〔표 13.1〕 대리점위치와 연간 선적제품수 자료

	X	*Y*	연 선적제품수
대리점 1	5	10	300
대리점 2	10	5	150
대리점 3	0	12	200
대리점 4	12	0	300

[엑셀 모형화]

먼저 모형식을 제시하면 다음과 같은데 목적함수는 총 물량 · 거리를 최소화하는 좌표를 찾는 것으로 제약식이 없다.

최소화 $TD = f(X, Y)$ ($TD =$ 총 물량 · 거리)

1. 입　력

B5:C8과 E5:E8셀 범위에 주어진 문제 자료를 입력한다.

[그림 13.1] 자료 입력

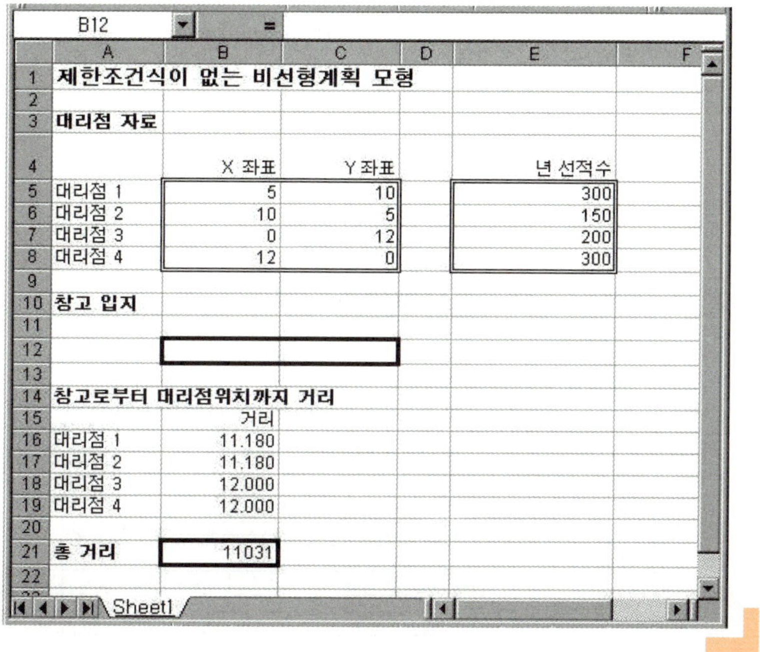

2. 창고의 입지

B12셀과 C12셀이 창고의 입지가 될 X, Y의 좌표를 구하는 것으로 변경할 셀이 된다.

3. 창고로부터 각 대리점 위치까지의 거리

B16:B19셀 범위에 창고에서 대리점까지의 거리를 나타내기 위한 다음의 공식을 입력한다.

$$\sqrt{(c-a)^2+(d-b)^2}$$

예를 들어 B16셀에는 창고로부터 대리점 1까지의 거리를 계산하기 위해 다음의 식을 입력한다.

= SQRT((B5-$B$12)^2 + (C5-$C$12)^2)

다른 대리점에 대해서도 B17:B19셀에 이 공식을 복사해 둔다.

4. 총 거리

창고로부터 모든 대리점의 수요를 충족시킬 수 있는 총 물량 · 거리는 다음 공식을

B21셀에 입력하여 계산한다.

=SUMPRODUCT(B16:B19, E5:E8)

[엑셀 해찾기 사용]

1. 메뉴 설정

도구(T) → 해찾기(V).. 명령을 선택한다.

[그림 13.2] 제한조건이 없는 비선형계획법의 해찾기 설정

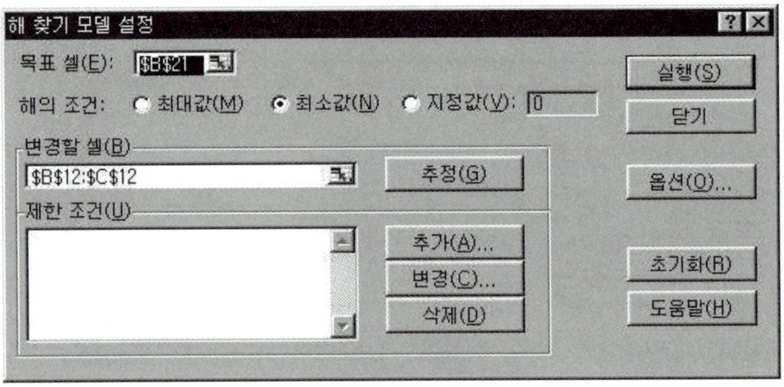

2. 목 표 셀

B21셀을 목표 셀로 선택한다. 이 셀에 최종 결과치인 총 물량 · 거리가 산출된다. 「해의 조건」에는 최소값에 클릭한다.

3. 변경할 셀

여기에는 최적해를 구하는 범위를 지정하는 것이므로 B12:C12를 입력한다.

4. 제한조건

본 예제는 제한조건이 없으며 비음조건도 없다. 특히 「옵션(O)」 메뉴에 들어가서 「선형모델가정」에 클릭하지 말아야 됨을 유의해야 한다. 이것은 〔그림 13.3〕에서 「선형모델가정」에 아무런 표시가 되어 있지 않음을 통해 확인할 수 있다.

[그림 13.3] 해찾기 옵션에서의 비선형모델 가정

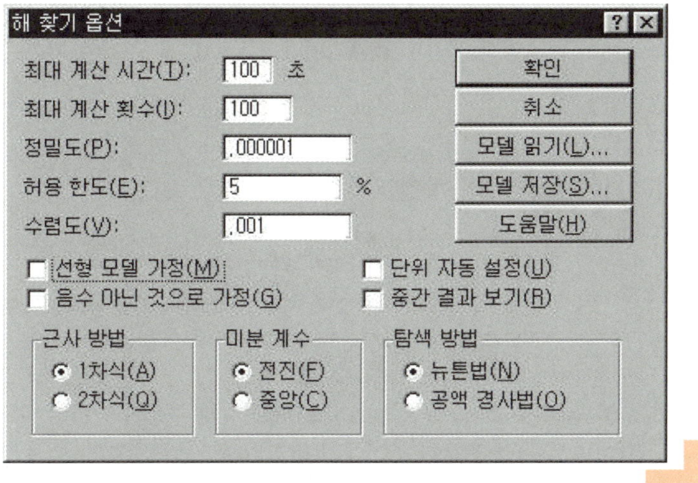

5. 실　　행

「실행」에 클릭을 하면 [그림 13.4]와 같이 최적해를 얻게 된다.

[그림 13.4] 최적해(Optimal Solution) 결과

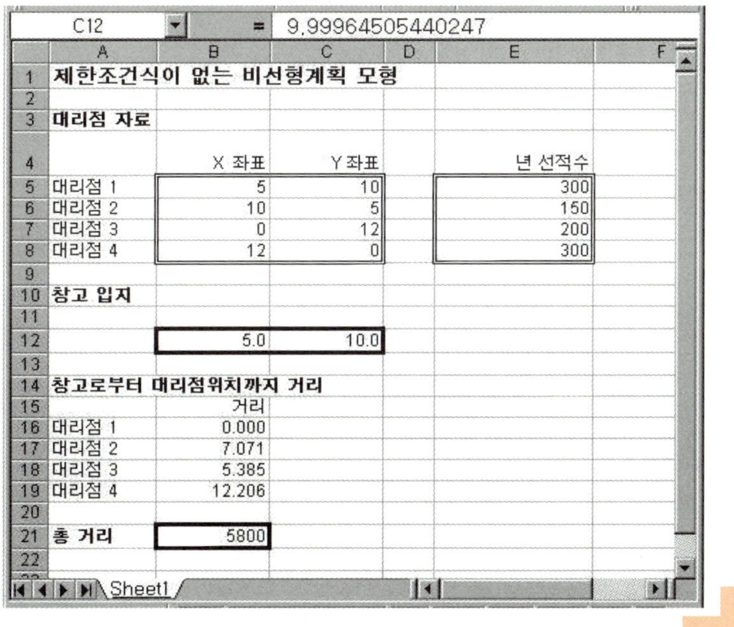

C12 = 9.99964505440247

	A	B	C	D	E
1	제한조건식이 없는 비선형계획 모형				
2					
3	대리점 자료				
4		X 좌표	Y 좌표		년 선적수
5	대리점 1	5	10		300
6	대리점 2	10	5		150
7	대리점 3	0	12		200
8	대리점 4	12	0		300
9					
10	창고 입지				
11					
12		5.0	10.0		
13					
14	창고로부터 대리점위치까지 거리				
15		거리			
16	대리점 1	0.000			
17	대리점 2	7.071			
18	대리점 3	5.385			
19	대리점 4	12.206			
20					
21	총 거리	5800			
22					

Sheet1

6. 결과 해석

해답을 보면 창고는 X=5, Y=10에 입지시키는 것이 총 거리를 최소화함을 알 수 있다. 이 경우 창고에서 대리점까지의 총 물량 · 거리는 5,800으로 주어져 있다.

(2) 제약조건이 있는 모형

여기서는 제약조건이 있을 때의 비선형계획법을 다루고자 한다.

고려(주)는 타이어용 고무를 생산하는 회사로서 타이어용 고무는 고무원료, 기름, 탄소로 구성되어 있다. 고무의 비용은 단위 kg당 0.04만원이고, 기름은 단위 kg당 0.01만원, 탄소는 단위 kg당 0.07만원이다. 자동차용 타이어에 사용되는 고무는 25와 35 사이 수치의 강도를 지녀야 하며, 적어도 16 정도의 탄력성과 적어도 12 정도의 장력(늘어질 수 있는 힘)을 갖추고 있어야 한다. 1세트인 4개의 자동차용 타이어를 제조하기 위해서는 100kg의 고무가 필요하다. 4개의 타이어 세트를 만드는 데 사용된 원료는 고무의 경우 25와 60kg 사이에 있어야 하며, 탄소의 경우 적어도 50kg의 재료가 필요하다. 회사에서는 과거 자료를 근거로 각 원료의 배합에 따른 특성치에 대해 다음과 같은 함수식을 만들었다.

장　력 = 100 − 0.1 × 기름kg − 0.001 × $(기름kg)^2$
탄력성 = 17 + 0.35 × 고무kg − 0.04 × 기름kg − 0.002 × $(고무kg)^2$
강　도 = 33 + 0.1 × 고무kg + 0.06 × 기름kg − 0.3 × 탄소 + 0.001 × 고무kg × 기름kg + 0.005 × $(기름kg)^2$ + 0.001 × $(탄소kg)^2$

이제 위의 조건을 만족시키는 자동차 타이어 세트에 대한 최소비용의 원료배합을 찾아보기로 하자.

[엑셀 모형화]

모형식은 (1)과는 달리 제약조건식이 추가된 모형이다.

최소화 $TC = f(Q_x, Q_y, Q_z)$ (TC= 총 비용)

제한조건
$$Q_x \geq 25$$
$$Q_x \leq 60$$
$$Q_y \geq 0$$
$$Q_y \leq 100$$
$$Q_z \geq 50$$
$$Q_z \leq 100$$
$$100 - 0.1 \times Q_y - 0.001 \times (Q_y)^2 \geq 12$$
$$17 + 0.35 \times Q_x - 0.04 \times Q_y - 0.002 \times (Q_x)^2 \geq 16$$
$$33 + 0.1 \times Q_x + 0.06 \times Q_y - 0.3 \times Q_z + 0.001 \times Q_x \times Q_y + 0.005 \times (Q_y)^2 + 0.001 \times (Q_z)^2 \geq 25$$
$$33 + 0.1 \times Q_x + 0.06 \times Q_y - 0.3 \times Q_z + 0.001 \times Q_x \times Q_y + 0.005 \times (Q_y)^2 + 0.001 \times (Q_z)^2 \leq 35$$
$$Q_x + Q_y + Q_z = 100$$

1. 입 력

〔그림 13-4〕의 B6:D6셀 범위에 단위 kg당 원가를 입력하고 G16셀에는 배합에 필요한 kg수를 입력한다. B14:D14셀 범위에는 각 재료에 허용된 최소량을 입력하고 B18:D18셀 범위에는 각 원료에 허용된 최대량을 입력한다. 만약 최소치와 최대치가 문제에 명시되어 있지 않으면 최소치는 0, 최대치는 100으로 한다. 여기서는 기름에 대해서는 아무런 자료가 없으므로 최소치에는 0, 최대치에는 100을 입력하였다. B22:B24셀 범위에는 특성치에 대한 요구제한조건에서 최소치를, F22:F24셀 범위에는 특성치에 대한 요구제한조건에서 최대치 자료를 입력한다.

[그림 13.5] 자료 입력

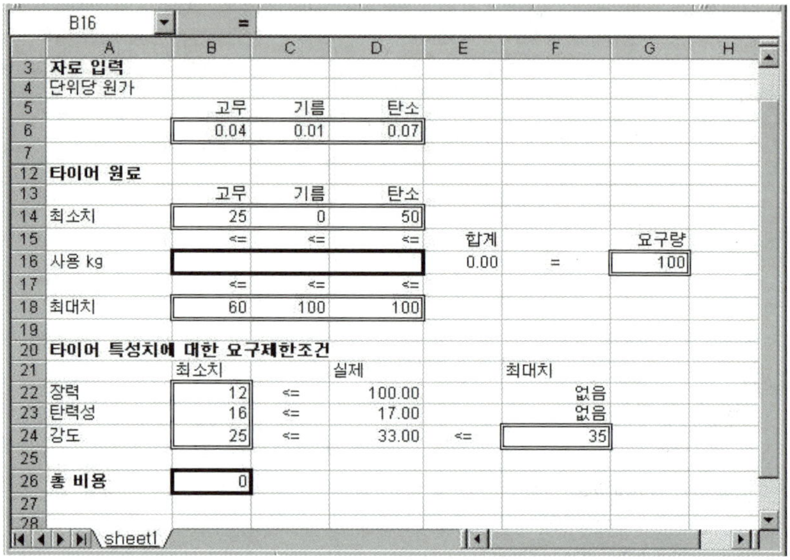

B16 =

	A	B	C	D	E	F	G	H
3	**자료 입력**							
4	단위당 원가							
5		고무	기름	탄소				
6		0.04	0.01	0.07				
7								
12	**타이어 원료**							
13		고무	기름	탄소				
14	최소치	25	0	50				
15		<=	<=	<=	합계		요구량	
16	사용 kg				0.00	=	100	
17		<=	<=	<=				
18	최대치	60	100	100				
19								
20	**타이어 특성치에 대한 요구제한조건**							
21		최소치		실제		최대치		
22	장력	12	<=	100.00		없음		
23	탄력성	16	<=	17.00		없음		
24	강도	25	<=	33.00	<=	35		
25								
26	**총 비용**	0						
27								

sheet1

2. 결정변수

B16:D16셀 범위는 배합되는 고무, 기름, 탄소의 양이므로 변경할 셀이 된다. 따라서 여기는 빈칸으로 두거나 0을 입력한다.

3. 총 배합중량 kg

E16셀에는 다음의 합계 공식을 입력한다.

= SUM(B16:D16)

4. 총 비 용

B26셀에는 배합에 따른 총 비용을 계산하기 위해 다음 식을 입력한다.

=SUMPRODUCT(B16:D16, B6:D6)

5. 총 특성치 함수

D22셀에는 장력에 대한 함수식을 입력한다.

$$= 100\text{-}0.10 \times C16\text{-}0.01 \times C16\text{^}2$$

이와 마찬가지로 탄력성 및 강도에 대한 함수식도 아래와 같이 D23과 D24셀에 각각 입력한다.

= 17+0.35 × B16-0.04 × C16 - 0.002 × B16^2
= 33+0.10 × B16+0.06 × C16 - 0.3 × D16+0.001 × B16 × C16
+0.005 × C16^2+0.001 × D16^2

[엑셀 해찾기 사용]

1. 메뉴 설정

도구(T) → 해찾기(V).. 명령을 선택한다.

[그림 13.6] 제한조건이 있는 비선형계획법의 해찾기 설정

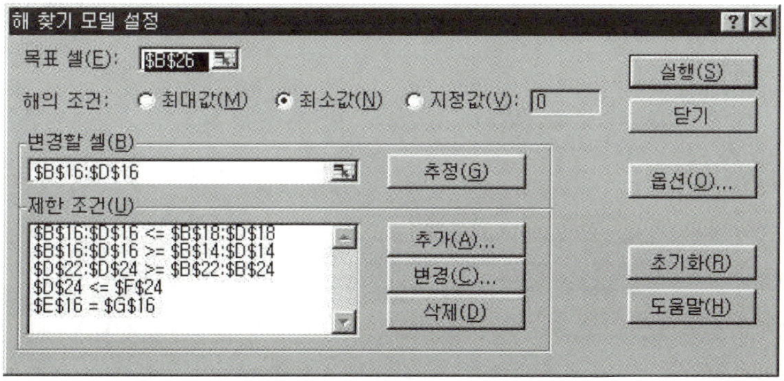

2. 목 표 셀

B26셀인 총 비용을 목표 셀로 한다. 「해의 조건」은 최소값으로 한다.

3. 변경할 셀

여기에는 최적해를 구하는 범위를 지정하는 것이므로 B16:D16셀 범위를 입력한다.

4. 제한조건

① 중량 제한조건
E16=G16을 입력한다.
② 배합원료에 대한 최소 제한조건
B14:D14<=B16:D16을 입력한다. 이는 변경할 셀의 비음조건을 만족시키는 조건이기도 한다.
③ 배합원료에 대한 최대 제한조건
B16:D16<=B18:D18을 입력한다.
④ 특성치에 대한 최소 제한조건
이는 B22:B24<=D22:D24을 입력한다.

⑤ 특성치에 대한 최대 제한조건

여기서는 강도에 대해서만 최대치가 있으므로 D24<=F24를 입력한다.

이 경우도 「옵션(O)」 메뉴에 들어가서 「선형모델가정」에 클릭를 해서는 안됨에 유의를 하여야 한다.

5. 실　행

「실행」에 클릭을 하면 〔그림 13.7〕과 같이 최적해를 얻게 된다.

〔그림 13.7〕 최적해(Optimal Solution) 결과

B16 = 25

	A	B	C	D	E	F	G	H
3	**자료 입력**							
4	단위당 원가							
5		고무	기름	탄소				
6		0.04	0.01	0.07				
7								
12	**타이어 원료**							
13		고무	기름	탄소				
14	최소치	25	0	50				
15		<=	<=	<=	합계		요구량	
16	사용 kg	25.00	25.00	50.00	100.00	=	100	
17		<=	<=	<=				
18	최대치	60	100	100				
19								
20	**타이어 특성치에 대한 요구제한조건**							
21		최소치		실제		최대치		
22	장력	12	<=	96.87		없음		
23	탄력성	16	<=	23.50		없음		
24	강도	25	<=	28.25	<=	35		
25								
26	**총 비용**	4.75						
27								

sheet1

6. 결과 해석

해답을 보면 100kg 배합에 따른 최소비용은 4.75만원이다. 그리고 최적해로서 고무는 25kg, 기름은 25kg, 탄소는 50kg을 이용하여야 함을 알 수 있다.

연습문제

1 안암유통은 새로운 지역에 세울 새로운 24시 편의점의 가장 알맞은 크기를 결정하고자 한다. 여러 가지 분석을 거쳐 하루 판매액(단위: 만원)과 상점크기(단위: 10,000m²)의 관계를 나타내는 다음 모형을 수립하였다.

$$\text{판매액} = 50X - 5X^2 - 75$$

이제 판매액을 최대로 하는 편의점의 크기를 결정하시오

2 놀이공원인 고려랜드는 새로운 놀이기구를 광고하기 위해서 5천만원 예산으로 라디오와 신문에 판촉캠페인을 벌일 계획을 수립하고 있다. 과거의 유사한 놀이기구의 경험을 참고로 놀이기구 타는 총 횟수와 두 매체에 의한 판촉에 소요된 금액과의 관계를 다음과 같이 작성하였다.

$$R = -x_1^2 - 2x_2^2 - x_1x_2 + 10x_1 + 11x_2$$

여기서
R은 총 이용횟수(단위: 100회)
x_1은 라디오광고에 소요된 금액
x_2는 신문광고에 소요된 금액

광고예산의 제약하에서 이 회사의 총 이용횟수를 최대로 하는 판촉전략을 수립하시오.

제 14 장

게임이론

14.1 기본개념

경영자는 항상 경쟁적 상황하에서 의사결정을 한다. 경쟁적 상황이란 자신의 목표달성, 즉 성공이 순수하게 자신의 노력에 의해서만 결정되는 것이 아니라 다른 경쟁기업 혹은 경쟁자의 선택 내지는 의사결정에 의해 영향을 받는 상황을 말한다.

게임이론이란 이와 같이 이해관계가 엇갈린 경쟁적 상황에서 이해에 직접적으로 관련된 이해당사자, 즉 의사결정자에게 적절한 행동전략을 제시하는 이론적 체계이다. 특히 기업의 생산, 인사, 판매, 재무 등 다양한 경영활동과 관련하여 기업이 효과적인 의사결정을 하는데 영향을 미치는 상황에 대처할 수 있는 전략을 분석 및 연구하는 데 사용된다.

일반적으로 게임이론의 모델은 세 가지 구성요소로 이루어진다. 첫째, 경쟁자들이 존재한다. 때로는 이들을 Players라고 한다. 둘째, 전략대안들(Strategies)이 있다. 끝으로, 수익 혹은 성과(Payoff)가 있어야 한다. 즉, 어떤 경쟁자가 어떤 전략을 택했을 때 기대되는 수익이 얼마인가 하는 정보가 있어야 한다. 경쟁자들이 서로 어떠한 전략대안들을 선택하느냐에 따라 수익은 변화한다. 여기서 말하는 수익은 화폐적 이익만을 의미하는 것이 아니라, 의사결정자가 얻고자 하는 목표를 의미한다. 예를 들어, 시장점유율, 선거에서의 지지율, 신제품 성공확률 등도 Payoff이 될 수 있다.

14.2 게임의 분류

게임은 경기자의 수에 따라 2인게임, 3인게임, N인게임(N-person game) 등으로 분류되기도 하며 각 경쟁자들의 득실에 따른 게임의 결과에 따라 영화게임

(zero-sum game)과 비영화게임(non-zero game)으로 분류하기도 한다.

영화게임은 모든 경기자의 이익과 손실의 합이 0이 되는 경우를 말하며, 비영화게임은 승리자의 이득은 패배자의 손실과 일치하지 않는다. 이는 어떤 제삼자가 이득의 일부를 가져가거나 손실의 일부를 부담하기 때문이다. 따라서 비영화게임은 완전하게 경쟁적은 아니며 타협의 여지가 있게 된다.

2인 영화게임의 경우 다시 순수전략(pure strategy)과 혼합전략(mixed strategy)으로 나눈다. 각 경기자가 따르는 전략이 상대방 전략에 상관없이 항상 똑같은 경우에 순수전략이라 하고 게임이 반복될 때 경기자가 유리하다면 전략을 언제라도 바꿀 수 있는 전략이 혼합전략이다.

게임이론은 앞서 설명한 의사결정론과는 개념적으로 다른데 의사결정론이 지능을 가진 의사결정자가 환경의 변화를 예상하고 택하여야 할 최선의 대안을 다루는 반면 게임이론은 지능을 가진 둘 이상의 경쟁자가 택하여야 할 최선의 전략을 다루는 것이다.

14.3 엑셀에 의한 실제 사례

여기서는 2인 영화게임의 순수전략과 혼합전략에 대한 사례문제를 제시하고자 한다. 그런데 순수전략의 경우 굳이 엑셀을 이용하지 않아도 최소최대법에 의해 쉽게 해결될 수 있으나 혼합전략과의 비교 · 연계를 위하여 본 장에서는 선형계획법에 대해서도 자세히 설명한다.

(1) 2人 零和게임의 순수전략: 시장점유율

순수전략에 있어서는 각 경기자가 게임을 반복하면서도 처음부터 끝까지 똑같은 최적전략을 고수하므로 서로의 전략이 일치하는 안점(saddle point)이 존재하게 된다. 이러한 순수전략을 선형계획법으로 모형화하고 이를 해찾기로 접근할 것이다.

> 경쟁관계에 있는 한살텔레콤과 한동텔레콤이 2000년을 앞두고 각각 새로운 판촉 캠페인을 벌이려고 한다.
> 먼저 한살텔레콤이 고려하는 두 가지 대안은 다음과 같다.
>
> a_1: 모든 광고매체를 통해 대대적인 광고를 벌인다.
>
> a_2: TV매체만을 주로 이용하여 집중적으로 광고한다.

이와는 달리, 한동텔레콤이 고려하는 두 가지 대안은 다음과 같다.

b_1: 경품부 판매를 실시한다.

b_2: 새해맞이 대규모 할인판매를 실시한다.

각 경우의 성과를 한살텔레콤의 시장점유율 증가(%)로 나타내면 〔표 14.1〕 성과표(payoff table)와 같다. 이 상황을 2인 Zero-sum Game으로 규정했으므로, 한동텔레콤에 대해서는 그 만큼 시장점유율이 감소한 것으로 생각하면 될 것이다. 예를 들어 한살텔레콤이 전략 a_1을 택하고 한동텔레콤이 전략 b_1을 택하면 한살텔레콤의 시장점유율은 6%증가하고 상대적으로 한동텔레콤은 시장점유율이 6%감소하는 것이다.

〔표 14.1〕 시장점유율 자료

한살 \ 한동	b_1	b_2
a_1	6	4
a_2		

[최소최대법]

만약 한동텔레콤이 b_1전략을 택한다면 한살텔레콤은 어떤 전략을 선택해야 하는가? 당연히 한살텔레콤은 a_1을 택해야 한다. 그래야, 5%가 아닌 6%의 시장점유율 증가가 이루어지기 때문이다. 그렇다면 한동텔레콤이 b_2전략을 택한다면? 이 때, 마찬가지로 한살텔레콤은 a_1을 택해야만 보다 큰 시장점유율을 얻을 수 있다. 즉, 한동텔레콤이 어떤 의사결정을 하더라도, 한살텔레콤은 항상 a_1전략을 택하는 것이 최적이다.

이제 한동텔레콤의 관점에서 보자. 만약, 한살이 a_1을 택한다면, 한동은 b_2전략을 택함으로써 시장점유율 상실을 최소화할 것이다. 즉, 6% 손실 대신 4% 손실에 그친다. 그러나 한살이 a_2를 선택한다면 한동은 어떤 전략을 선택해야만 할까? 여전히 한동은 b_2전략을 택하는 것이 최적이다.

결국, 한살은 모든 경우에 있어서 a_1전략을 택해야 하고, 한동은 모든 경우에 있어서 b_2전략을 택해야 한다. 이때 한살과 한동 모두 동일한 payoff인 4%를 누리게 된다. 일단 한살과 한동이 a_1-b_2셀에 도달하면 다른 곳으로 옮겨가고자 하는 동기가 사라진다. 왜냐하면, 상대방이 a_1-b_2셀에 머무는 한 먼저 다른 곳으로 가는 전략을 택하면 항상 payoff이 악화될 것이기 때문이다. 이처럼, 경쟁자들이 어떤 의사결정 조합에 도달했을 때 다른 곳으로 옮겨가고자 하는 동기요인이 없는 경우, 그 조합 혹은 셀을 균형점(Equilibrium) 혹은 안점(Saddle-point)이라고 한다. Zero-sum Game의 안점에서는 각 경쟁자 혹은 게임 참가자의 payoff이 동일해야 한다. 이 예제에서 한살과 한동의 payoff은 모두 4%이다. 물론, 한살의 경우는 시장점유율의 증가, 즉 +4%이고, 한동의 경우에는 시장점유율의 감소, 즉 −4%라는 해석상의 차이는 있다.

이 문제의 경우 비교적 단순하게 안점을 찾을 수 있었다. 안점이 있어서, 의사결정자가 하나의 전략을 명확히 선택할 수 있을 때 이를 순수전략이라 한다. 하지만, 모든 게임 상황에서 안점이 항상 존재하는 것은 아니다. 안점이 없는 경우, 의사결정자는 여러 전략적인 대안을 확률적으로 선택하게 된다. 이를 혼합전략이라 한다.

[엑셀 모형화]

A라는 게임참가자는 주어진 기대이익 중에서 최소값을 우선 찾아내려 할 것이고 다음에는 이 최소값을 최대화하는 방향으로 자신의 전략을 결정하려 할 것이다. 이는 최소최대원리와 같은 것으로 보면 된다.

상대방 전략에 따른 기대이익은 선형의 식이 된다. 그리고 기대이익의 최소값을 최대화하는 것은 여러 개의 제약식의 최소값을 최대화하는 문제로 다음과 같은 선형계획 모형으로 정리된다.

최대화 $Z = U$

제약조건

$$
\begin{aligned}
& a_{11} X_1 + a_{21} X_2 + \cdots + a_{m_1} X_m \ge U \\
& a_{12} X_1 + a_{22} X_2 + \cdots + a_{m_2} X_m \ge U \\
& \qquad \vdots \\
& a_{1n} X_1 + a_{2n} X_2 + \cdots + a_{mn} X_m \ge U \\
& X_m = 0 \text{ 또는 } 1 \\
& \sum_{i=1}^{m} X_i = 1 \\
& X_1, X_2, \cdots, X_m \ge 0
\end{aligned}
$$

U는 게임값이고 X_m는 취할 수 있는 m가지의 전략

위 모형식의 최적해가 A라는 게임참가자의 최적전략이 되며 최적목적식 U값이 바로 게임의 값인 기대이익이 된다.

이제 한동과 한살텔레콤의 예제에 대하여 다음과 같이 선형계획 모형을 만들어 분석해본다.

최대화 $Z = U$

제약조건

$$
\begin{aligned}
& 6 X_1 + 5 X_2 \ge U \\
& 4 X_1 + 3 X_2 \ge U \\
& \sum_{i=1}^{2} X_i = 1 \\
& X_i = 0 \text{ 또는 } 1 \\
& X_1, X_2, X_3 \ge 0, \quad U\text{는 제한조건 없음}
\end{aligned}
$$

이하의 절차는 선형계획법에서 제시한 해찾기 방법대로 하면 되는 것이다.

1. 입 력

먼저 성과표 등 주어진 문제의 자료를 입력한다. C4:D5셀 범위에 성과를 입력하고 C11셀에는 「=C4×B9+C5×C9」, C12셀에는 「D4×B9+D5×C9」를 입력한다. 그리고 E11, E12셀 및 F9셀에는 각각 「=D9」를 입력시키고 또한 C13셀에는 「=B9+C9」, E13셀에는 1을 입력시키면 된다.

[그림 14.1] 자료입력

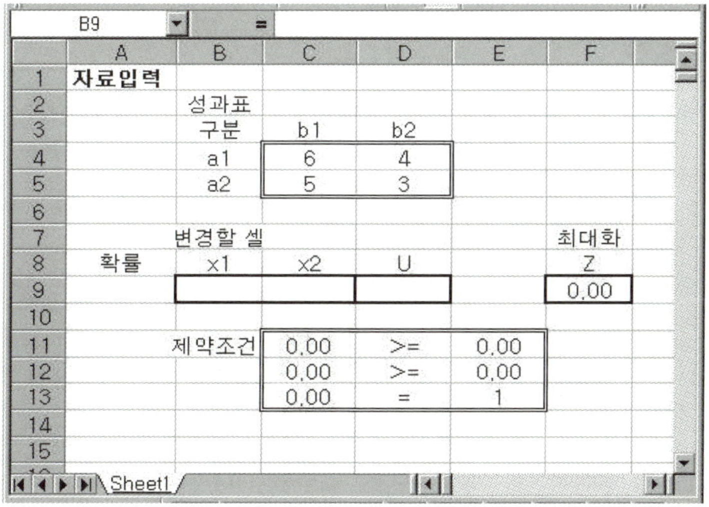

[엑셀 해찾기 사용]

1. 메뉴 설정

도구(T) → 해찾기(V).. 명령을 선택한다.

[그림 14.2] 2인 영화게임의 해찾기 설정

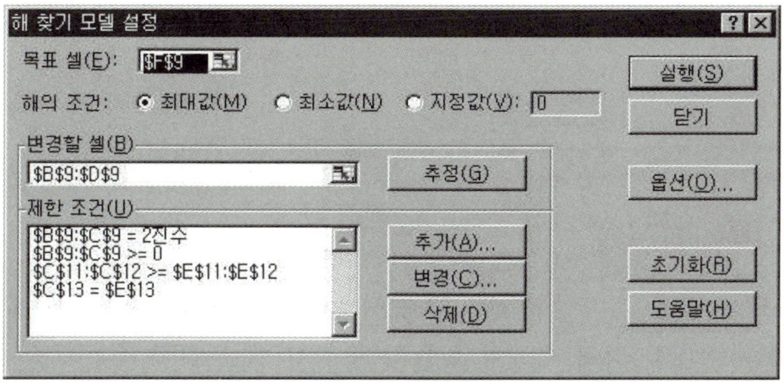

2. 목 표 셀

F9셀을 목표 셀로 선택한다. 다음 「해의 조건」에는 최대값에 클릭한다.

3. 변경할 셀

여기에는 최적해를 구하는 범위를 지정하는 것이므로 B9:D9를 입력하면 된다.

4. 제한조건

B9:C9셀 범위에 0또는 1의 2진수조건과 비음조건, 「C11:C12>=E11:E12」, 그리고 「C13=E13」을 입력한다.

5. 실 행

「실행」에 클릭을 하면 〔그림 14.3〕과 같이 해찾기 결과가 나오게 된다.

〔그림 14.3〕 최적해(Optimal Solution) 결과

F9 = =D9

	A	B	C	D	E	F
1	**자료입력**					
2		성과표				
3		구분	b1	b2		
4		a1	6	4		
5		a2	5	3		
6						
7		변경할 셀				최대화
8	확률	x1	x2	U		Z
9		1.00	0.00	4.00		4.00
10						
11		제약조건	6.00	>=	4.00	
12			4.00	>=	4.00	
13			1.00	=	1	
14						
15						

Sheet1

6. 결과 해석

해답을 보면 X_1=1, X_2=0으로 X_1이 최적해이다. 이때 게임값인 안장점은 4가 된다.

(2) 2人 零和게임의 혼합전략: 전쟁상황

한가지 주의할 점은 혼합전략이란 실제 사용하는 전략이 여러 개라는 의미가 아니라 각 전략들에 대해 실제 사용할 확률이 정해져 있고 최종 순간에 이 확률에

근거하여 하나의 전략을 선택하여 사용한다는 의미이다. 즉 선택가능한 전략은 복수개이고 실제 사용하는 전략은 그 중 한 개가 된다는 뜻이다.

소설가 K 씨는 신문에 독자들을 위한 소설을 연재중이다. 그런데 소설 내용은 제3차 세계대전으로서 미국과 이라크의 전쟁내용이다. 즉 소설내용에는 미국의 이라크공습이 계속됨에 따라 가상전쟁시나리오를 만들었다. 먼저 미국의 전략은 다음과 같다.

a_1: 야간의 기습공격

a_2: 주간의 기습공격

a_3: 주야간의 무차별 공격

이에 맞서는 이라크의 전략은 다음과 같다.

b_1: 현재의 수준으로 방어

b_2: 예비전투군의 추가 투입

b_3: 작전상 후퇴 후 미국의 측, 후방 기습공격

위의 각 전략에 따른 미국의 예상성과를 표시하면 〔표 14.2〕와 같다.

〔표 14.2〕 미국의 예상 성과표

이라크 / 미국		b_1	b_2	b_3
		q_1	q_2	q_3
a_1	p_1	1	−1	3
a_2	p_2	6	5	−2
a_3	p_3			

[엑셀 모형화]

여기에서도 순수전략과 마찬가지로 선형계획모형을 작성하여 접근하고자 한다. 그런데 순수전략과 달리 각 전략별로 확률이 제시되므로 전략변수가 0 또는 1이라는 2진수 제한조건식이 필요없다. 이 점이 순수전략과 다른 점이다.

먼저 엑셀로 접근하기 전에 위의 문제를 미국의 최적전략 수립을 위한 선형계획법 모형을 만들면 다음과 같다. 모형식에서 순수전략과의 차이는 전략이 0과 1이 되는 2진수가 아니라 확률의 값으로 산출되므로 순수전략에서의 2진수 제한조건식이 없다.

최대화 $Z = U$

제약조건

$$1X_1 + 6X_2 + 3X_3 \geq U$$

$$-1X_1 + 5X_2 + 4X_3 \geq U$$

$$3X_1 - 2X_2 - 3X_3 \geq U$$

$$\sum_{i=1}^{3} X_i = 1$$

$X_1, X_2, X_3 \geq 0$, U는 제한조건 없음

나머지 절차는 선형계획법에서 제시한 방법대로 하면 된다.

1. 입　　력

먼저 성과표 등 주어진 문제의 자료를 입력한다. C4:E6셀 범위에 성과를 입력하고

C12셀에는 「=C4×B10+C5×C10+C6×D10」,

C13셀에는 「D4×B10+D5×C10+D6×D10」,

C14셀에는 「E4×B10+E5×C10+E6×D10」,

C20셀에는 「=B10+C10+D10」을 입력한다.

그리고 E17과 18, 19셀에는 「=E10」을 입력하고 E15셀에는 1을 입력시킨다. 또한 G10셀에는 「=E10」을 입력한다.

[그림 14.4] 자료입력

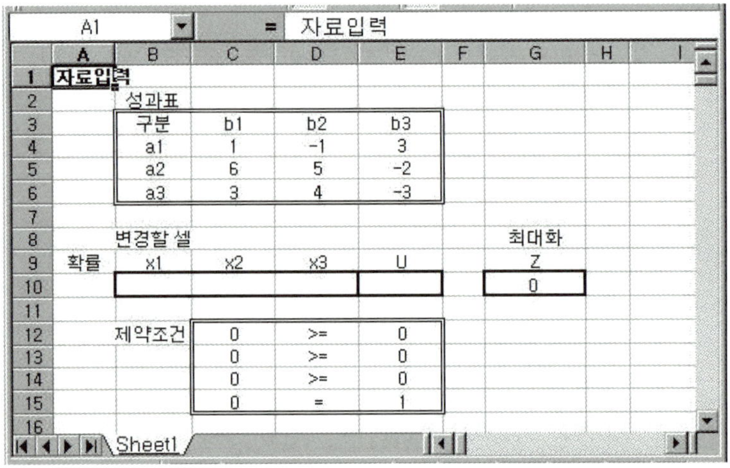

A1 = 자료입력

	A	B	C	D	E	F	G	H	I
1	자료입력								
2		성과표							
3		구분	b1	b2	b3				
4		a1	1	-1	3				
5		a2	6	5	-2				
6		a3	3	4	-3				
7									
8		변경할 셀					최대화		
9	확률	x1	x2	x3	U		Z		
10							0		
11									
12		제약조건	0	>=	0				
13			0	>=	0				
14			0	>=	0				
15			0	=	1				
16									

Sheet1

[엑셀 해찾기 사용]

1. 메뉴 설정

도구(T) → 해찾기(V).. 명령을 선택한다.

[그림 14.5] 2인 영화게임의 해찾기 설정

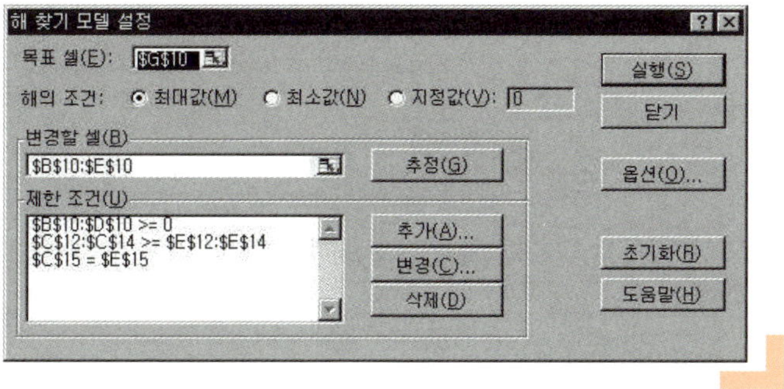

2. 목 표 셀

G10셀을 목표 셀로 선택한다. 「해의 조건」에는 최대값에 클릭한다.

3. 변경할 셀

여기에는 최적해를 구하는 범위를 지정하는 것이므로 B10:E10을 입력하면 된다.

4. 제한조건

먼저 비음조건으로 B10:D10셀 범위의 해를 0보다 크게 해 주는 조건식을 만든다. 여기서 E10셀은 부호에 대한 제한조건이 없음에 유의할 필요가 있다. 그리고 선형계획 모형의 제약조건식 1에서 3까지의 식을 한꺼번에 만들기 위하여 「C12:C14>=E12:E14」를 입력한다. 마지막으로 각 결정변수(X_i)의 합이 1이 되는 전략을 전부 더한 확률이 1이 되는 조건 「C15=E15」를 입력한다.

5. 실　　행

「실행」에 클릭을 하면 〔그림 14.6〕과 같이 최적해를 얻게 된다.

[그림 14.6] 최적해(Optimal Solution) 결과

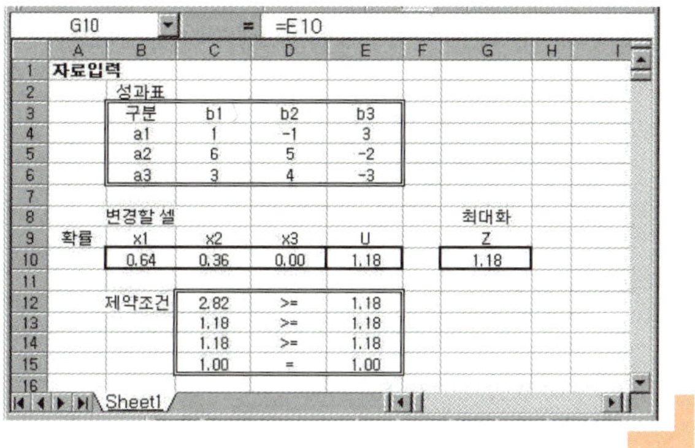
G10 = =E10

	A	B	C	D	E	F	G	H
1	자료입력							
2		성과표						
3		구분	b1	b2	b3			
4		a1	1	-1	3			
5		a2	6	5	-2			
6		a3	3	4	-3			
7								
8		변경할 셀					최대화	
9	확률	x1	x2	x3	U		Z	
10		0.64	0.36	0.00	1.18		1.18	
11								
12		제약조건	2.82	>=	1.18			
13			1.18	>=	1.18			
14			1.18	>=	1.18			
15			1.00	=	1.00			
16								

Sheet1

6. 결과 해석

해답을 보면 X_1=0.64, X_2=0.36, X_3=0이고 U=1.18임을 알 수 있다. 즉 미국의 최적혼합전략은 1번 전략을 64% 확률로, 2번 전략을 36% 확률로 사용하는 것이며 이 경우의 기대이익은 1.18이 된다.

그리고 이라크의 입장에서도 선형계획법 모형을 수립하여 최적전략을 위와 같은 절차로 구할 수도 있다. 그러나 이 경우 이라크의 문제는 미국의 문제와 쌍대관계(dual relation)에 있으므로 미국의 문제를 풀어서 얻은 쌍대변수의 값을 이용하여 이라크의 최적전략을 구할 수도 있다.

엑셀에서는 민감도분석(sensitivity analysis)을 통하여 이를 해결할 수 있다. 〔그림 14.7〕이 그 결과이다.

〔그림 14.7〕 민감도분석을 통한 상대방의 최적전략의 해 산출

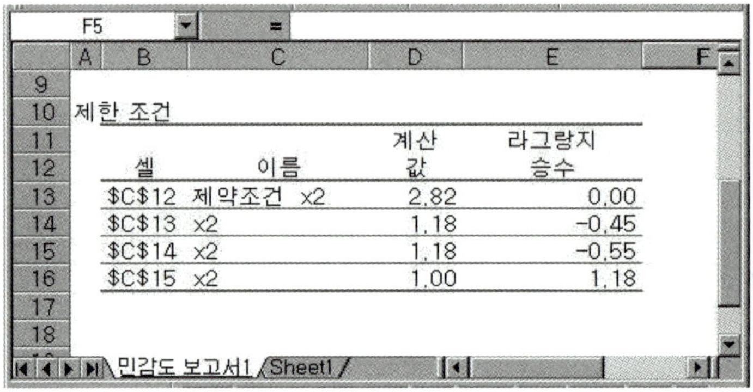

제한 조건

셀	이름	계산 값	라그랑지 승수
$C$12	제약조건 x2	2.82	0.00
$C$13	x2	1.18	-0.45
$C$14	x2	1.18	-0.55
$C$15	x2	1.00	1.18

위의 결과에서 라그랑지 승수의 값이 바로 이라크 문제에 대한 최적해임을 알 수 있다. 즉 이라크의 최적전략은 Y_i=0, Y_2=0.45, Y_3=0.55가 되며 이때의 기대이익도 미국과 마찬가지로 1.18이 된다.

연습문제

1 고려 패스트푸트점과 안암 패스트푸트점은 시장에서의 점유율 확보를 위하여 다음과 같은 전략으로 서로의 이익을 도모하고 있다.

고려 \ 안암	b_1	b_2	b_3
a_1	76	34	69
a_2		31	26

위의 표에는 고려의 이익만이 이익행렬에 나타나 있다. 즉 고려가 전략 a_1을 취하고 안암이 전략 b_1을 취한다면 고려의 시장점유율은 76%, 따라서 안암은 24%의 시장점유율을 차지하게 되는 것이다. 이 표를 가지고 순수전략으로서 최적해를 구해 보시오.

2 다음은 24시 편의점(甲)의 슈퍼마켓(乙)에 대한 혼합전략으로서의 성과표이다. 이 표를 가지고 甲의 최적전략을 세워 보시오.

甲 \ 乙	b_1	b_2
a_1	7	5
a_2		

제 15 장

계층분석과정

15.1 기본개념

계층분석과정(Analytic Hierarchy Process: 이하 AHP로 기술)은 다수의 속성들을 계층적으로 분류하여 각 속성의 중요도를 파악함으로써 최적 대안을 선정하는 기법으로 Saaty에 의해서 개발되었다.

현실적으로 서로 목적이 상충하는 대안 중에서 의사결정을 내려야 할 때가 있다. 예를 들어 어떤 사람이 새로운 직장을 구하려고 할 때 고려해야 할 중요변수로 직업의 안정성이나 임금, 승진기회 그리고 자녀의 교육환경 등의 의사결정요소를 생각해 볼 수가 있다. 이 경우 의사결정요소간의 중요성을 통하여 직장선택이라는 의사결정을 하게 된다.

15.2 AHP 기법의 특징

대안선정을 위해서는 주관적인 개개인의 주장을 객관적 절차를 통해 검증을 해야 하는데, 이때 AHP가 이러한 검증기준으로 사용될 수 있다. 이는 평가기준이 다수의 요소로 나누어져 있는 경우 통합적 평가를 위해 가장 적합한 기법이라고 볼 수 있다.

이와 유사한 목표계획법(Goal Programming)이 주로 계량적인 변수를 고려하는 의사결정기법이라면 AHP는 주관적이고 객관적인 의사결정변수 모두를 고려할 수 있는 기법이라고 볼 수 있다.

계층적 분석과정이 갖는 계층적 분화(Decomposition)의 특징은 의사결정 기준들간의 유기적 관계를 계층적으로 파악함으로써 수많은 의사결정기준들을 갖는 복잡한 문제에 대해서도 체계적인 분석이 가능하다는 점이다.

15. 3 AHP기법의 단계적 절차

(1) 대상 설정

의사결정의 대상을 설정하는 단계로 의사결정 계층구조의 최상위 계층을 의미하며, 의사결정의 목적이 되는 것이다.

(2) 관련 요인의 분석

의사결정 계층구조의 속성을 설정하는 단계로 최상위 계층에서 의사결정 목적을 지니고, 하위계층에서 그 목적에 맞는 속성의 요인이 형성되도록 계층구조를 설정한다.

(3) AHP모형 구성

관련 요인의 분석을 통해 얻어진 결과를 AHP기법에 적용 가능하도록 모형을 구성하는 단계이다.

(4) 쌍비교(Pairwise Comparison)를 위한 설문지 작성

의사결정 요소간의 상호비교를 위한 행렬을 구하기 위하여 설문지를 작성한다. 통상 중요도의 척도는 9개로 제시하고 비교의 가중치를 계산할 수 있도록 작성한다.

(5) 설문조사 대상 선정 및 실시

각 체계별로 필요한 소요기술의 전문가를 대상으로 설문조사를 실시한다.

(6) 쌍비교 측정

AHP모형의 각 수준에서 차상위 기준에 의거하여 쌍비교를 실시하여 판단값의 행렬을 구한다.

(7) 요인간 중요도 산출

6단계를 거친 응답자를 대상으로 계층별 상대적 중요도를 최종 결정한다.

(8) 평 가

일관성 지수(Consistency Index)로 설문 응답자의 판단 진실성을 평가하는데 통상 0.1 이하이면 일관성이 있다고 본다. 만약 일관성 지수 값이 0.1 이상이면 의사결정자가 쌍비교를 다시 검토해야 한다.

15.4 엑셀에 의한 실제 사례

엑셀에서는 AHP의 경우 해찾기와 같은 별도의 기능에 의하지 않고 단순한 산술적 기능에 의해 해결한다. AHP이용 문제는 거의 정형화되어 있으므로 본장에서는 하나의 예제만 가지고 설명하고자 한다.

K는 경영대학을 졸업한 뒤 금융관련 회사에 취직하려고 한다. K는 최종적으로 3곳의 금융 관련 회사 중에서 어느 회사를 택할지를 정하고자 한다. 이를 위해 K는 다음과 같은 4가지 목적에 각 회사가 얼마나 잘 맞는지를 가지고 직장을 선택하려고 한다.

· 목적 1: 높은 초봉
· 목적 2: 회사가 위치한 도시에서의 삶의 질
· 목적 3: 일의 흥미
· 목적 4: 회사가 집 인근에 위치

각 쌍비교 결과는 〔표 15.1〕과 같다. 예를 들어 초봉기준의 직업에 대한 쌍비교표에서 회사 1을 기준으로 회사 2를 비교할 때 「3」의 의미는 초봉을 기준으로 할 때 회사1이 회사 2보다 척도 3만큼 더 중요하다는 의미이다. 반대로 회사 2가 회사 1보다 덜 중요하다는 의미로서 「1/3」로 표현한다.

〔표 15.1〕 쌍비교 결과 자료

▶ 목적 사이의 쌍비교표

	초봉	삶의 질	일의 흥미	집 인근
초봉	1	4	2	4
삶의 질		1	1/2	1/2
일의 흥미			1	2
집 인근				1

▶ 초봉기준의 직업에 대한 쌍비교

	회사 1	회사 2	회사 3
회사 1	1	3	4
회사 2		1	2
회사 3			1

▶ 삶의 질의 직업에 대한 쌍비교

	회사 1	회사 2	회사 3
회사 1	1	1/2	1/3
회사 2		1	1/3
회사 3			1

▶ 일의 흥미의 직업에 대한 쌍비교

	회사 1	회사 2	회사 3
회사 1	1	1/6	1/3
회사 2		1	3
회사 3			1

▶ 집 인근의 직업에 대한 쌍비교

	회사 1	회사 2	회사 3
회사 1	1	1/3	1/7
회사 2		1	1/2
회사 3			1

※ 참고적으로 Saaty는 중요도에 대한 척도를 다음과 같이 제시하였다.

척 도	정 의
1	같은 정도로 중요
3	약간 중요
5	매우 중요
7	극히 중요
9	절대적으로 중요
2, 4, 6, 8	중간 정도로 중요

[엑셀 모형화]

■ 중요도 산출

1. 입 력

B5:E8, B12:D14, B18:D20, B24:D26, B30:D32셀 범위에 쌍비교 결과 행렬을 입력한다. 입력은 분수로도 가능하다.

그런데 예제는 개인의 의사결정이므로 1인의 견해를 수치로 나타냈지만 여러 의사결정자가 있을 때의 의사결정은 다수의 평균치를 가지고 분석해야 한다. 이때의 평균값은 계산하기 쉽고 간단한 산술평균보다 기하평균을 가지고 분석하는 것이 이론적인 우월성을 지닌다. 엑셀에서는 기하평균을 구하는 함수식으로 「=GEOMEAN( )」이 있으므로 이 함수식을 이용하여 다수 의사결정자의 수치를 평균화하면 된다.

[그림 15.1] 중요도 산출

O13 =

	A	B	C	D	E	F	G	H	I	J
3	**특성사이의 쌍비교**						**행렬**			
4		초봉	삶의 질	일의 흥미	집 인근					
5	초봉	1	4	2	4		0.5000	0.4444	0.5000	0.5
6	삶의 질	1/4	1	1/2	1/2		0.1250	0.1111	0.1250	0.0
7	일의 흥미	1/2	2	1	2		0.2500	0.2222	0.2500	0.2
8	집 인근	1/4	2	1/2	1		0.1250	0.2222	0.1250	0.1
10	**초봉기준의 직업에 대한 쌍비교**						**행렬**			
11		회사 1	회사 2	회사 3						
12	회사 1	1	3	4			0.6316	0.6667	0.5714	
13	회사 2	1/3	1	2			0.2105	0.2222	0.2857	
14	회사 3	1/4	1/2	1			0.1579	0.1111	0.1429	
16	**삶의 질의 직업에 대한 쌍비교**						**행렬**			
17		회사 1	회사 2	회사 3						
18	회사 1	1	1/2	1/3			0.1667	0.1111	0.2000	
19	회사 2	2	1	1/3			0.3333	0.2222	0.2000	
20	회사 3	3	3	1			0.5000	0.6667	0.6000	
22	**일의 흥미의 직업에 대한 쌍비교**						**행렬**			
23		회사 1	회사 2	회사 3						
24	회사 1	1	1/6	1/3			0.1000	0.1111	0.0769	
25	회사 2	6	1	3			0.6000	0.6667	0.6923	
26	회사 3	3	1/3	1			0.3000	0.2222	0.2308	
28	**집 인근의 직업에 대한 쌍비교**						**행렬**			
29		회사 1	회사 2	회사 3						
30	회사 1	1	1/3	1/7			0.0909	0.1000	0.0870	
31	회사 2	3	1	1/2			0.2727	0.3000	0.3043	
32	회사 3	7	2	1			0.6364	0.6000	0.6087	
34	**최적의 회사 선택**									
35	점수의 행렬						전체 점수			
36		초봉	삶의 질	일의 흥미	집 인근					
37	회사 1	0.6232	0.159	0.096	0.093		0.3629			
38	회사 2	0.2395	0.252	0.653	0.292		0.3510			
39	회사 3	0.1373	0.589	0.251	0.615		0.2860			
40										

Sheet1 / Sheet2

2. 행렬도

먼저 첫번째 쌍비교 행렬에 대하여 G5:J8셀 범위에 다음과 같은 공식으로 계산한다.

= B5/SUM(B$5:B$8)

이때 먼저 G5:J8셀 범위를 지정하고 위의 공식을 입력한다. 그런 뒤 Control 키를 누른 상태에서 Enter 키를 동시에 누르면 한번에 계산식이 산출된다.

3. 가 중 치

각 목적에 대한 가중치를 계산하기 위하여 L5:L8셀 범위에 다음과 같은 공식을 입력한다.

= AVERAGE(G5:J5)

이때 먼저 L5:L8셀 범위를 지정하고 위의 공식을 입력한다. 그런 뒤 Control 키를 누른 상태에서 Enter 키를 동시에 누르면 한번에 계산식이 산출된다.

4. 여러 목적에 대한 점수

각 목적별로 직업간의 점수를 산출하기 위하여 2와 3에서의 방법대로 나머지 부분의 값을 구한다.

5. 직업 점수의 행렬

B37:E39셀 범위에 여러 목적에 대한 직업 점수의 행렬을 구성한다. 예를 들어 초봉의 경우 L12:L14의 점수를 B37:B39셀 범위 안으로 입력하기 위하여 먼저 B37:B39셀 범위를 지정하고 「=L12」공식을 입력한 뒤 Control과 Enter 키를 동시에 누르면 된다.
다른 경우도 같은 방식으로 처리하면 된다.

6. 전체 점수

G37:G38셀의 수치를 얻기 위하여 먼저 G37:G39셀 범위를 지정한 뒤 다음의 공식을 입력한다.

=MMULT(B37:E39, L5:L8)

여기서는 반드시 Shift와 Control 키를 동시에 누른 상태에서 Enter 키를 누르면 된다. Shift를 누르는 것은 행렬함수이기 때문이다 즉. B37:E39(3×4행렬)와 L5:L8 (4×1 행렬)과의 곱 행렬을 통하여 G37:G39(3×1행렬)가 산출된다. 참고로 앞의 Control 키만 이용하는 것은 지정한 셀 범위에 공식만을 복사하기 위한 것이다.
MMULT함수 또한 「삽입메뉴(I) → 함수(E)..」에서 「수학/삼각 함수종류」에서 찾아도 된다.
산출 결과 회사 1이 0.3629로 가장 높은 것으로 나타났다. 따라서 K군은 AHP 분석에 의해 회사 1을 선택하게 될 것이다.

■ 일관성지수(CI: Consistency Index) 산출

여기서는 의사결정자의 의견이 일관성 있게 측정되었는지를 검토하기 위한 작업으로 각 쌍비교 행렬에 대한 일관성지수를 계산하는 방법을 설명하고자 한다.

1. 쌍비교 행렬과 가중치의 곱

〔그림 15.2〕에서 M5:M8셀 범위를 지정한 후 다음의 공식을 입력한다.

=MMULT(B5:E8, L5:L8)

그리고 나서 Control + Shift + Enter 키를 동시에 누르면 한꺼번에 행렬곱의 결과를 얻게 된다.

[그림 15.2] 일관성지수 산출

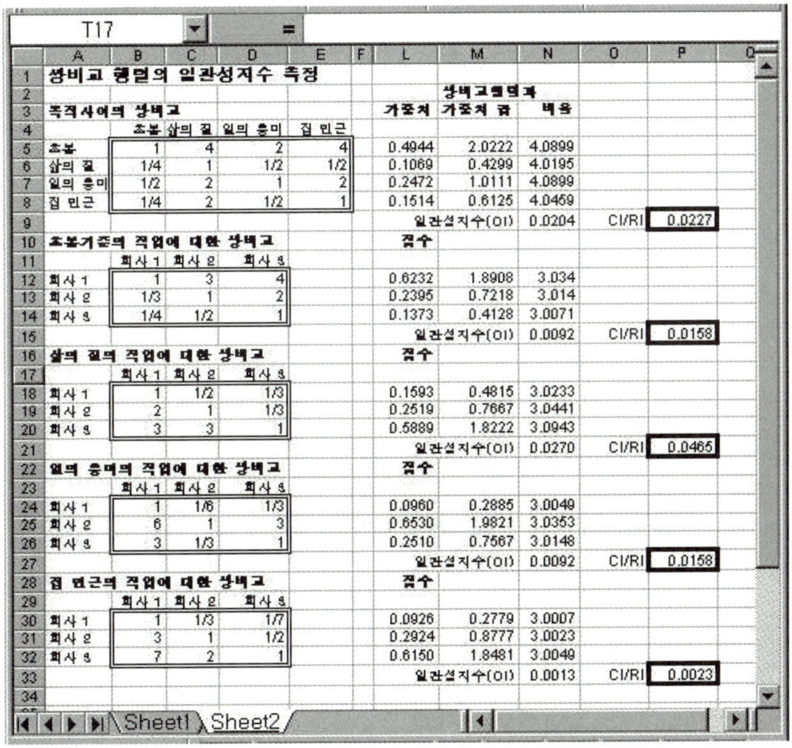

	A	B	C	D	E	F	L	M	N	O	P
1	쌍비교 행렬의 일관성지수 측정										
2								쌍비교행렬과			
3	목적사이의 쌍비교						가중치	가중치 곱	비율		
4		초봉	삶의 질	일의 흥미	집 인근						
5	초봉	1	4	2	4		0.4944	2.0222	4.0899		
6	삶의 질	1/4	1	1/2	1/2		0.1069	0.4299	4.0195		
7	일의 흥미	1/2	2	1	2		0.2472	1.0111	4.0899		
8	집 인근	1/4	2	1/2	1		0.1514	0.6125	4.0459		
9								일관성지수(CI)	0.0204	CI/RI	0.0227
10	초봉기준의 직업에 대한 쌍비교						점수				
11		회사 1	회사 2	회사 3							
12	회사 1	1	3	4			0.6232	1.8908	3.034		
13	회사 2	1/3	1	2			0.2395	0.7218	3.014		
14	회사 3	1/4	1/2	1			0.1373	0.4128	3.0071		
15								일관성지수(CI)	0.0092	CI/RI	0.0158
16	삶의 질의 직업에 대한 쌍비교						점수				
17		회사 1	회사 2	회사 3							
18	회사 1	1	1/2	1/3			0.1593	0.4815	3.0233		
19	회사 2	2	1	1/3			0.2519	0.7667	3.0441		
20	회사 3	3	3	1			0.5889	1.8222	3.0943		
21								일관성지수(CI)	0.0270	CI/RI	0.0465
22	일의 흥미의 직업에 대한 쌍비교						점수				
23		회사 1	회사 2	회사 3							
24	회사 1	1	1/6	1/3			0.0960	0.2885	3.0049		
25	회사 2	6	1	3			0.6530	1.9821	3.0353		
26	회사 3	3	1/3	1			0.2510	0.7567	3.0148		
27								일관성지수(CI)	0.0092	CI/RI	0.0158
28	집 인근의 직업에 대한 쌍비교						점수				
29		회사 1	회사 2	회사 3							
30	회사 1	1	1/3	1/7			0.0926	0.2779	3.0007		
31	회사 2	3	1	1/2			0.2924	0.8777	3.0023		
32	회사 3	7	2	1			0.6150	1.8481	3.0049		
33								일관성지수(CI)	0.0013	CI/RI	0.0023
34											

2. 비　　율

N5셀에 다음과 같은 공식을 입력한다.

=M5/L5

이를 N6:N8셀 범위에도 복사한다.

3. 일관성지수

N9셀에 다음의 공식을 입력한다.

=(AVERAGE(N5:N8) - 4)/3

그리고 P9셀에는 RI(Random Index: 확률지수)에 대한 CI 비율을 다음과 같이 계산한다.

=N9/0.9

참고로 n의 변화에 따른 RI는 다음과 같이 주어지게 된다.

n	RI	n	RI
2	0	7	1.32
3	0.58	8	1.41
4	0.90	9	1.45
5	1.12	10	1.51
	1.24		

여기서 n=4이므로 RI로 0.9를 적용하였으나 다른 셀(P15, P21, P27, P33)에는 일관성지수를 산출하기 위해 n=3이므로 0.58을 적용한다.

일관성지수의 산출결과를 보면 모두 0.1 이하이므로 일관성이 보장되고 따라서 쌍비교가 거의 완벽하게 이루어졌다고 볼 수 있다.

연습문제

1 다음은 물류요인 간의 중요도에 대한 쌍비교 결과이다. AHP를 이용하여 요인간 중요도를 산출해 보시오.

구분	재고관리	수배송	하역	주문관리	조달	물류정보	고객서비스	타부서와의 협력	사회적 환경
재고관리		2	4	2	1	1	2	4	4
수배송			3	1	1	1	1	4	4
하역				1/4	1/4	1/5	1/3	1	1
주문관리					1	1	1	3	4
조달						1	1	4	4
물류정보							2	3	3
고객서비스								3	2
타부서의 협력									1
사회적 환경									

2 24시 인터넷 PC방의 경영자는 그 동안 가지고 있던 컴퓨터를 처분하고 새로운 컴퓨터를 구입하려고 한다. 새로운 컴퓨터를 구입하기 위해서 여러 자료를 통해서 구입가능한 컴퓨터로 A 컴퓨터, B 컴퓨터, C 컴퓨터의 세 가지 대안을 결정하였다. PC방의 경영자는 컴퓨터 구입시 비용, A/S, 그리고 스타일을 중요한 고려 요소로 생각하여 관련 정보를 수집하였다. 요소간의 쌍비교 결과인 아래 표를 이용하여 어떤 컴퓨터를 선택하는 것이 좋은지 결정해 보시오.

① 선택요인 간 쌍비교

	비용	A/S	스타일
비용	1	2	1/3
A/S		1	1/5
스타일			1

② 비용에 대한 쌍비교

	A	B	C
A	1	3/5	2/5
B		1	2
C			1

③ A/S에 대한 쌍비교

	A	B	C
A	1	3	1/5
B		1	1/7
C			1

④ 스타일에 대한 쌍비교

	A	B	C
A	1	2	1/3
B		1	1/5
C			1

제16 장

마코브분석

16.1 기본개념

마코브분석은 어떤 변수들이 가지고 있는 과거의 동적 특성을 분석함으로써 그 변수들의 미래에 있을 변화를 연속적으로 예측하기 위한 수학적 기법이다. 마코브분석은 바로 이전 단계의 시스템 상태에 의해서만 현재의 시스템 상태가 영향을 받고 그 이전의 상태에 의해서는 전혀 영향을 받지 않는 마코브 체인이라는 확률과정을 가정하고 있다.

16.2 마코브분석의 구성요소

마코브분석은 시스템 상태(system state)와 시스템간의 이동확률을 의미하는 전이확률(transition probability)을 이용한다. 시스템 상태란 기계가 작동을 하는지 등을 의미하는 것이고 전이확률은 시스템이 특정 기간 동안 한 상태에서 다른 상태로 이동할 확률을 의미한다. 앞에서도 설명하였듯이 마코브의 중요한 특징은 전이확률이 바로 이전 단계의 상태에 따라서만 좌우된다는 점이다.

16.3 엑셀에 의한 실제 사례

엑셀에서는 내장되어 있는 함수식을 가지고 마코브분석을 간단히 할 수 있다.

(1) 일반적인 경우

촌리안의 K대리는 PC통신 회사들의 미래 시장점유율을 예측하고자 한다. 과거의 자료를 입수한 결과 각 회사간 전이확률은 〔표 16.1〕과 같다. 예를 들면 촌리안 가입자가 촌리안을 유지한 비율이 0.3이고 하에텔로 이전한 비율은 0.15, 나누리로는 0.4, 유리텔로는 0.15임을 알 수 있다. 마코브분석을 이용하여 향후의 시장점유율을 예측해 보자.

[표 16.1] 시장점유율 자료

부터 \ 으로	촌리안	하에텔	나누리	유리텔
촌리안	0.30	0.15	0.40	0.15
하에텔	0.50	0.12	0.18	0.20
나누리	0.23	0.30	0.32	0.15
유리텔	0.23	0.13	0.28	0.36

[엑셀 모형화]

1. 입　　력

먼저 문제의 전이행렬 자료를 〔그림 16.1〕과 같이 C3:F6에 입력한다. 그리고 '98년 3월 현재의 시장점유율 자료를 C9:F9에 입력한다.

[그림 16.1] 자료입력

C10 =

	A	B	C	D	E	F	G
1		**전이행렬 자료**					
2			촌리안	하에텔	나누리	유리텔	합계
3		촌리안	0.30	0.15	0.40	0.15	1.00
4		하에텔	0.50	0.12	0.18	0.20	1.00
5		나누리	0.23	0.30	0.32	0.15	1.00
6		유리텔	0.23	0.13	0.28	0.36	1.00
7							
8		**시장점유율**					
9		98년 3월	**0.32**	**0.27**	**0.21**	**0.20**	
10		4월					
11		5월					
12		6월					
13		7월					
14		8월					
15		9월					
16		10월					
17		11월					
18		12월					
19		99년 1월					
20		2월					
21							

Sheet1

2. 함수(F)메뉴 사용

먼저 결과를 산출하고자 하는 C10:F10셀 범위를 지정한 뒤 삽입(I)메뉴 → 함수(F)메뉴 → 수학/삼각 선택하여 이중 MMULT함수식을 클릭한다(〔그림 16.2〕 참조).

[그림 16.2] 함수메뉴 사용

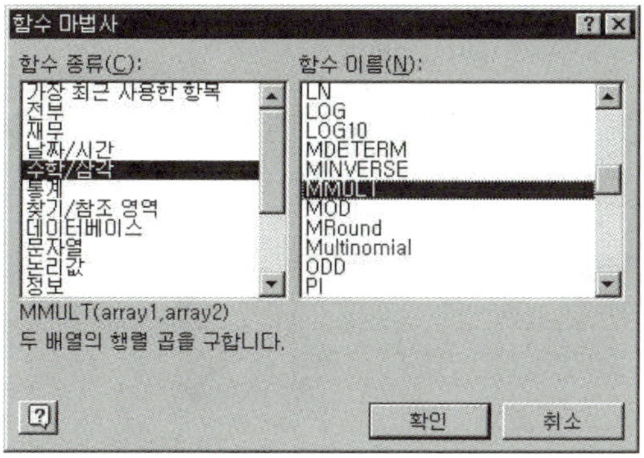

3. MMULT 함수 대화상자에 입력

〔그림 16.3〕에서의 「Array1」에는 C9:F9셀 범위를 지정하고 「Array2」에는 $C$3:$F$6셀 범위를 지정한다. 그런 뒤 Ctrl, Shift, Enter키를 동시에 누른다. 특히 전이행렬식은 절대셀($표시)로 지정하면 이후의 예측치 산출에도 편리하다.

[그림 16.3] MMULT 함수 대화상자 입력

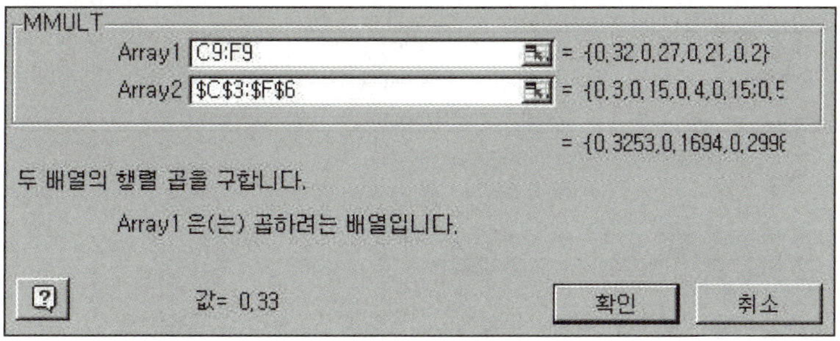

또는 메뉴식으로 위와 같이 접근하는 대신 산출하고자 하는 셀 범위에 직접 MMULT(C3:F9,$C$3:$F$6)을 입력해도 된다.

4. 결과 산출

〔그림 16.4〕에서 보듯이 '98년 4월의 시장점유율은 각각 0.32, 0.27, 0.21, 0.20으로 나타나 있다.

[그림 16.4] 결과 산출

C10 = {=MMULT(C9:F9,$C$3:$F$6)}

전이행렬 자료

	촌리안	하에텔	나누리	유리텔
촌리안	0.30	0.15	0.40	0.15
하에텔	0.53	0.13	0.18	0.18
나누리	0.23	0.30	0.33	0.15
유리텔	0.23	0.13	0.28	0.38

시장점유율

98년 3월	0.32	0.27	0.21	0.20
4월	0.33	0.17	0.30	0.20
5월				
6월				
7월				
8월				
9월				
10월				
11월				
12월				
99년 1월				
2월				

5. 계속적인 예측치 산출

98년 5월 이후의 시장점유율을 산출하려면 C10:F10셀 범위를 지정한 뒤 F10셀의 오른쪽 아래 모서리에 마우스를 놓으면 +가 생기게 된다. 이를 C20:F20셀 범위까지 그대로 아래로 이동하면 〔그림 16.5〕와 같이 '98년 5월 이후의 예측치가 모두 산출된다. 〔그림 16.5〕에서 보듯이 '98년 5월부터는 비율이 동일하게 나타나 안정상태(steady state)에 있음을 알 수 있다.

[그림 16.5] 계속적인 예측치 산출

I8 =

전이행렬 자료

	촌리안	하에텔	나누리	유리텔	합계
촌리안	0.30	0.15	0.40	0.15	1.00
하에텔	0.50	0.12	0.18	0.20	1.00
나누리	0.23	0.30	0.32	0.15	1.00
유리텔	0.23	0.13	0.28	0.36	1.00

시장점유율

98년 3월	0.32	0.27	0.21	0.20	합계
4월	0.33	0.17	0.30	0.21	1.00
5월	0.30	0.19	0.31	0.20	1.00
6월	0.30	0.19	0.31	0.20	1.00
7월	0.30	0.19	0.31	0.20	1.00
8월	0.30	0.19	0.31	0.20	1.00
9월	0.30	0.19	0.31	0.20	1.00
10월	0.30	0.19	0.31	0.20	1.00
11월	0.30	0.19	0.31	0.20	1.00
12월	0.30	0.19	0.31	0.20	1.00
99년 1월	0.30	0.19	0.31	0.20	1.00
2월	0.30	0.19	0.31	0.20	1.00

(2) 특수한 경우: 흡수상태(Absorbing state)

여기서는 (1)에서의 일반적인 경우와는 달리 마코브분석의 특수한 경우인 흡수상태에 대한 예제를 살펴보기로 한다. 흡수상태란 시스템이 특정 상태에 들어가면 이를 벗어나지 못하는 경우로 전이확률 행렬의 주대각선상의 어느 값이 1인 경우에 발생하게 된다. 즉 자기자신으로 이동할 확률은 1이지만 다른 상태로 이동할 확률은 전혀 없는 경우를 말한다. 이 경우에는 일반적인 공식을 적용하여 안정상태를 구할 수 없고 기본행렬(fundamental matrix)을 이용하여 접근하여야 한다. 기본행렬 F란 마코브과정이 흡수상태로 되기 전에 비흡수상태에 존재한 평균기간수와 관계된다. 기본행렬 F에 비흡수상태로부터 흡수상태로 갈 확률 R을 곱하여 즉 FR을 통하여 변화되는 상태를 산출하게 된다.

이러한 예로서는 환자의 상태가 완쾌된다든지 또는 사망하는 경우, 외상대금을 지불받는다든지 또는 영원히 받지 못하는 경우 등을 들 수 있다. 흡수상태가 존재하는 경우 마코브과정은 결국 어떤 흡수상태로 들어가게 되므로 안정상태의 확률은 따로 계산하지 않는다.

SKOK텔레콤주식회사는 1999년 인턴사원을 뽑아서 훈련을 시킨 뒤 채용 여부를 결정하는 입사프로그램을 준비중이다. 과거에 동일한 1개월의 교육프로그램을 통하여 분석된 결과인 〔표 16.2〕를 가지고 마코브분석을 실시해 보자(여기서 중도탈락과 채용확정은 흡수상태를 나타낸다).

〔표 16.2〕 교육프로그램에 의해 분석된 자료

전달 \ 이번달	중도탈락	채용확정	연기	계속 훈련	합계
중도탈락	20	0	0	0	20
채용확정	0	60	0	0	60
연기	5	0	3	2	10
계속 훈련	8	5	7	20	40

[엑셀 모형화]

1. 입 력

먼저 B3:F6셀 범위에 문제의 자료를 입력한다.

[그림 16.6] 자료입력

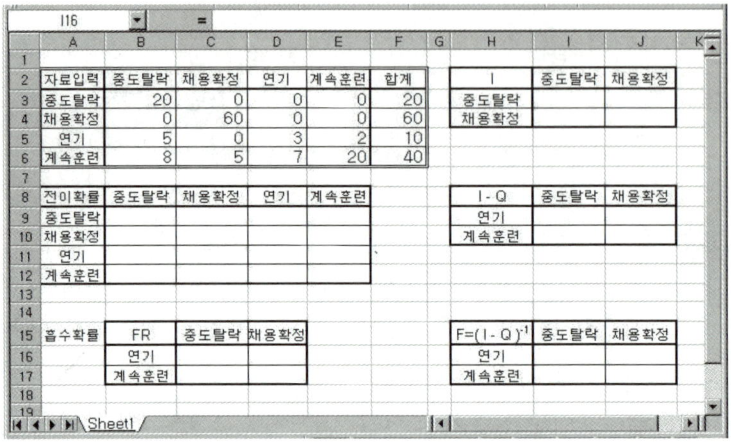

I16 =

자료입력	중도탈락	채용확정	연기	계속훈련	합계
중도탈락	20	0	0	0	20
채용확정	0	60	0	0	60
연기	5	0	3	2	10
계속훈련	8	5	7	20	40

I	중도탈락	채용확정
중도탈락		
채용확정		

전이확률	중도탈락	채용확정	연기	계속훈련
중도탈락				
채용확정				
연기				
계속훈련				

I - Q	중도탈락	채용확정
연기		
계속훈련		

흡수확률

FR	중도탈락	채용확정
연기		
계속훈련		

$F=(I-Q)^{-1}$	중도탈락	채용확정
연기		
계속훈련		

Sheet1

2. 전이확률표 작성

B9:E12셀 범위가 전이확률을 나타낸다. 먼저 B9셀에는 「=B3/$F3」을 입력하고 이를 나머지 셀 범위에 복사해 둔다.

3. 기본행렬 산출

기본행렬 F는 다음의 공식으로 계산된다.

$$F=(I-Q)^{-1}$$

여기서 I는 일단 흡수상태에 다다른 다음, 이 상태에 머물 확률을 나타내는 단위행렬(identity matrix)이다. 여기서는 B9:C10셀 범위를 나타내는데 계산의 용이성을 위하여 별도로 I인 단위행렬표를 I3:J4셀 범위에 만든다. 따라서 I3셀에는 「=B9」을 입력하고 이를 단위행렬표의 다른 셀에도 복사해 둔다. 복사 요령은 I3셀을 지정한 뒤 오른쪽 아래에 마우스를 놓으면 +가 생기고 이를 단위행렬표상에 그대로 이동시키면 자동적으로 복사가 된다.

Q는 비흡수상태에서 비흡수상태로 가는 확률을 나타내는 행렬로 여기서는 D11:E12셀 범위가 이에 해당한다.

따라서 「$I-Q$」를 나타내는 I9:J10셀 범위에는 I행렬에서 Q행렬을 차감한 결과가 주어진다. 예를 들어 I9셀에는 「=I3−D11」을 입력하면 되고 나머지 셀 범위는 이를 복사하면 된다. 한번에 이를 복사하는 방법으로는 I9:J10셀 범위를 먼저 지정하고 「=I3:J4−D11:E12」를 입력한 뒤 Ctrl, Shift, Enter 키를 동시에 누르면 된다.

기본행렬 F를 구하기 위해서 먼저 I16:J17셀 범위를 지정하고 다음의 역행렬 함수식을 입력한 뒤 Ctrl, Shift, Enter 키를 동시에 누르면 된다.

「=MINVERSE(I9:J10)」

4. 흡수확률 산출

최종적으로 흡수확률을 C16:D17셀 범위에 산출하기 위해서는 C16:D17셀 범위를 지정한 뒤 다음의 행렬식 공식을 입력한 후 Ctrl, Shift, Enter 키를 동시에 누르면 된다.

「=MMULT(I16:J17, B11:C12)」

여기서 B11:C12셀 범위가 나타내는 R은 비흡수상태에서 흡수상태로 가는 확률을 나타내는 행렬을 의미한다.
최종 결과가 〔그림 16.7〕에 주어져 있다.

5. 결과 해석

〔그림 16.7〕에서 보면 연기 상태에서 중도탈락될 확률은 0.921이며 채용확정될 확률은 0.079이다. 또 계속훈련 상태에서 중도탈락될 확률은 0.722이며 채용확정될 확률은 0.278이 된다.
만약 연기에 해당하는 훈련생이 100명이고 계속훈련을 받는 훈련생이 100명이라면 이는 〔100 100〕의 행렬 *B*로 표현할 수 있고 *B*에 *FR*을 곱하면 총 200명 중에 몇 명이 중도탈락되며 몇 명이 채용확정될 것인지 알 수 있다. 즉,

〔그림 16.7〕 흡수상태의 최종결과

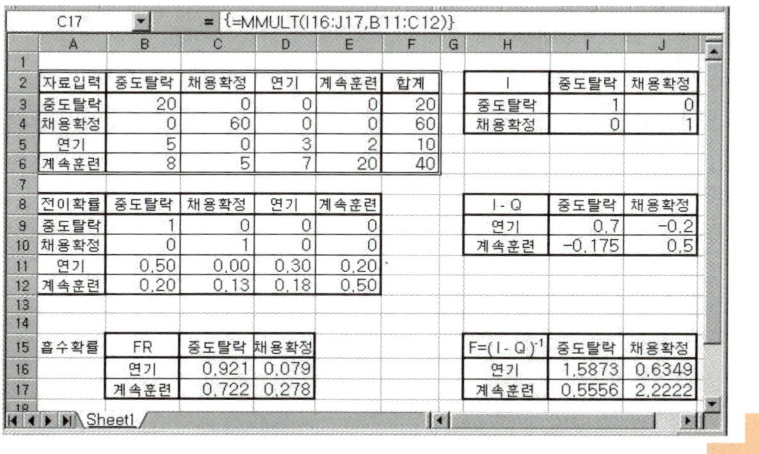

C17 = {=MMULT(I16:J17,B11:C12)}

	A	B	C	D	E	F	G	H	I	J
1										
2	자료입력	중도탈락	채용확정	연기	계속훈련	합계		I	중도탈락	채용확정
3	중도탈락	20	0	0	0	20		중도탈락	1	0
4	채용확정	0	60	0	0	60		채용확정	0	1
5	연기	5	0	3	2	10				
6	계속훈련	8	5	7	20	40				
7										
8	전이확률	중도탈락	채용확정	연기	계속훈련			I-Q	중도탈락	채용확정
9	중도탈락	1	0	0	0			연기	0.7	-0.2
10	채용확정	0	1	0	0			계속훈련	-0.175	0.5
11	연기	0.50	0.00	0.30	0.20					
12	계속훈련	0.20	0.13	0.18	0.50					
13										
14										
15	흡수확률	FR	중도탈락	채용확정				$F=(I-Q)^{-1}$	중도탈락	채용확정
16		연기	0.921	0.079				연기	1.5873	0.6349
17		계속훈련	0.722	0.278				계속훈련	0.5556	2.2222

Sheet1

$$B \cdot FR = [100 \quad 100] \begin{bmatrix} 0.92 & 0.08 \\ 0.72 & 0.28 \end{bmatrix} = [164 \quad 36]$$

가 된다.
따라서 200명 중 164명이 중도탈락되고 36명이 채용확정됨을 알 수 있다.

연습문제

1 고려병원은 입원하는 중환자의 수술에 특수기계 사용을 계획하고 있다. 즉 병원에서는 교통사고를 당하여 응급실에 실려오는 환자가 앞으로 며칠 사이에 특수기계를 사용하여 수술을 받을 가능성을 알고 싶은 것이다. 과거의 자료를 확인한 결과 입원한 100명의 환자 중 50%인 50명이 경상, 25%인 25명이 중간상태 그리고 나머지 25%인 25명은 수술을 요하는 중환자이었다. 또한 입원 당시 환자들의 상태가 다음날 다른 상태로 변화할 전이확률이 다음 표에 주어져 있다. 안정상태가 이루어진 후의 각 상태확률을 계산해 보시오.

입원날 \ 다음날	경상	중간상태	중상
경상	0.7	0.3	0
중간상태	0.2	0.6	0.2
중상	0.1	0.5	0.4

2 고려텔레콤은 사원, 부장, 이사의 세 계층으로 구성되어 있다. 매년 인사이동의 상황을 전이확률로 나타내면 다음 표와 같다.

$t-1$년 \ t년	퇴직	이사	부장	사원
퇴직	1	0	0	0
이사	0	1	0	0
부장	0.3	0.1	0.6	0
사원	0.1	0	0.2	0.7

부장이 결국 이사가 될 확률과 부장이 결국 이사가 되지 못하고 퇴직할 확률은 얼마인지 구해 보시오

제 17 장

대기행렬모형

17.1 기본개념

대기행렬이론은 전화설비에 대한 요구량의 변화와 이와 관련된 서비스의 지연에 대한 얼랑(Erlang)의 연구 이후 여러 현실적 문제에 이용되어 왔다.

이는 고객과 서비스시설과의 관계를 확률이론을 통해 모형화하고 고객이 도착상황에 대응할 수 있는 경제적 규모를 결정하기 위한 의사결정기법이다. 즉, 어떤 서비스를 받으려는 고객의 도착시간과 서비스시설의 서비스시간이 서로 일치하지 않으면 대기행렬(waiting line 또는 queue)이 발생하거나 서비스시설의 유휴상태가 발생하는데 이를 해결하는 기법이 바로 대기행렬모형이다.

대기행렬이론은 제조업에서부터 서비스, 공공단체에 이르기까지 광범위하게 사용되고 있다. 예를 들어 은행창구에서의 고객에 대한 서비스와 관련된 문제, 병원에서의 환자의 대기에 관련된 문제, 공장에서의 기계고장과 수리에 관련된 문제, 항구, 비행장의 시설규모결정에 관련된 문제 등에 이용될 수 있다.

17.2 가정 사항

일정시간 동안 시스템에 도착하는 평균 고객의 수를 나타내는 평균도착률(λ)과 일정시간 동안 시스템 내에서 서비스를 받는 평균 고객의 수를 나타내는 평균서비스율(μ)과 같은 변수를 기초로 다음의 값을 산출한다.

- $1/\lambda$: 도착시간의 간격 또는 평균 도착시간
- $1/\mu$: 평균 서비스시간
- ρ: 서비스시설의 이용률

- L_q: 시스템 내에 대기하는 평균 고객의 수
- L: 시스템 내에 체류하는 평균 고객의 수
- W_q: 고객 1 인당 시스템 내에서 대기하는 평균시간
- W: 고객 1 인당 시스템 내에서 체류하는 평균시간
- P_o: 대기행렬시스템 내에 고객이 없을 확률
- P_n: 대기행렬시스템 내에 n명의 고객이 체류할 확률

Kendall은 대기행렬모형을 구분하는 표기방법을 제시하였는데 일반적으로 (1)(2)(3):(4)(5)(6)형식으로 나타낸다.

(1)은 도착형태로서 다음과 같이 표기하게 된다.

M = 포아송분포
D = 확정적 분포
E = 얼랑분포
GI = 일반분포

(2)는 서비스시간 분포를 나타내는 것으로 다음과 같이 표기하게 된다.

M = 포아송분포
D = 확정적 분포
E = 얼랑분포
G = 일반분포

(3)은 서비스시설 또는 서비스경로의 수를 나타낸다.

(4)는 고객에 대한 서비스원칙을 나타내는데 다음과 같이 표기하게 된다.

FCFS = 선착순 (first-come, first-served) 방식
LCFS = 후착순 (last-come, first-served) 방식
SIRO = 무작위순 (service in random order) 방식
GD = 일반원칙 (general queue discipline) 방식

(5)는 대기행렬시스템에 체류할 수 있는 총 고객의 수를 나타낸다.

(6)은 서비스 요구집단의 크기를 나타낸다.

17.3 엑셀에 의한 실제 사례

본서에서는 먼저 λ산출과 지수분포의 가정분석에 대한 예제와 (M/M/1) : (FCFS/∞/∞) 모형에 한한 예제를 제시하고자 한다.

(1) λ 산출 및 지수분포의 분석

먼저 자료가 지수분포 가정을 충족시키는지에 대한 것과 도착비율 및 서비스 비율의 수치 산출에 대해 다음 예제를 제시하고자 한다.

> 대부분의 은행에서는 현재 365일 자동현금지급기를 통하여 고객서비스 수준을 높이고 있다. 그런데 고려은행의 경영자는 자동지급기에 고객들이 들어오는 어떤 형태를 대기행렬모형으로 분석하고자 한다. 이를 위하여 은행에서는 도착간 시간과 서비스 시간을 일정한 기간 동안 직접 측정하였다. 그에 대한 결과는 〔그림 17.1〕에 제시되어 있다.
> 이 자료를 가지고 도착간 시간과 서비스 시간의 자료가 지수분포를 따르는지와 도착율 및 서비스율의 수치를 구해 보자.

[엑셀 모형화]

입력 자료 및 그 결과가 〔그림 17.1〕에서 〔그림 17.3〕에 나타나 있다. 〔그림 17.1〕에서 입력자료 중 11열에서 31열까지는 화면에 전부 나타내기 어려워 숨기기 메뉴로 자료

〔그림 17.1〕 평균 도착간 시간과 서비스 시간 자료 및 결과

C6 = 7

	A	B	C	D	E	F	G
1	도착간 시간과 서비스 시간						
2							
3	도착간 시간(초)				서비스 시간(초)		
4	7	4	11		10	9	12
5	57	13	16		20	27	63
6	9	67	7		16	13	33
7	11	26	9		57	18	18
8	5	33	10		12	70	47
9	24	23	29		17	77	19
10	4	84	45		41	33	16
32	36	3	17		23	18	24
33	38	8	3		30	57	31
34	84	10	42		62	19	59
35	16	10	112		26	16	22
36	7	46	17		27	7	40
37	2	37	5		17	27	11
38							
39	평균 도착간 시간		26.1		평균 서비스 시간		23.9
40							

Sheet1

를 잠시 감추어 두었다. 이를 위해서 엑셀에서는 11열에서 31열까지 지정한 뒤 마우스 오른쪽을 클릭하면 숨기기 메뉴가 나오게 되는데 이를 이용하면 된다.

도착간 시간이 지수적으로 분포될 때는 통상적으로 도착은 포아송과정(Poisson processs)에 의하여 일어난다고 한다.

먼저 도착간 시간과 서비스 시간이 지수분포를 따르는지를 알아보기 위하여 도착간 시간과 서비스 시간에 대한 히스토그램(histogram)을 살펴본다. 엑셀에서 히스토그램을 보기 위해서는 먼저 「도구(T) → 데이터분석(D)」에서 〔그림 17.2〕와 같이 히스토그램을 선택한다.

〔그림 17.2〕 히스토그램 선택

그 다음 A41:A46셀 범위에 계급구간을 입력하고 〔그림 17.3〕에 입력범위, 계급구간, 그리고 출력옵션으로 새로운 워크시트와 차트 출력을 선택한 후 확인을 누르면 〔그림 17.4〕와 같이 결과가 나오게 된다. 서비스 시간의 히스토그램 또한 마찬가지 방법으로 나타낼 수 있는데 그 결과는 〔그림 17.5〕에 주어져 있다.

〔그림 17.3〕 히스토그램의 자료 입력

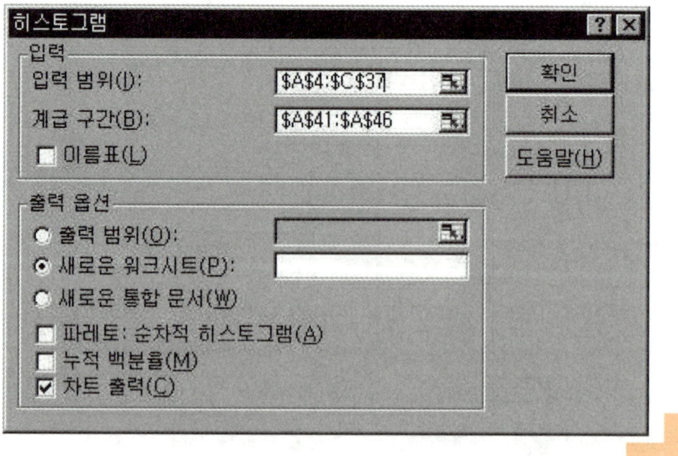

[그림 17.4] 도착간 시간의 히스토그램

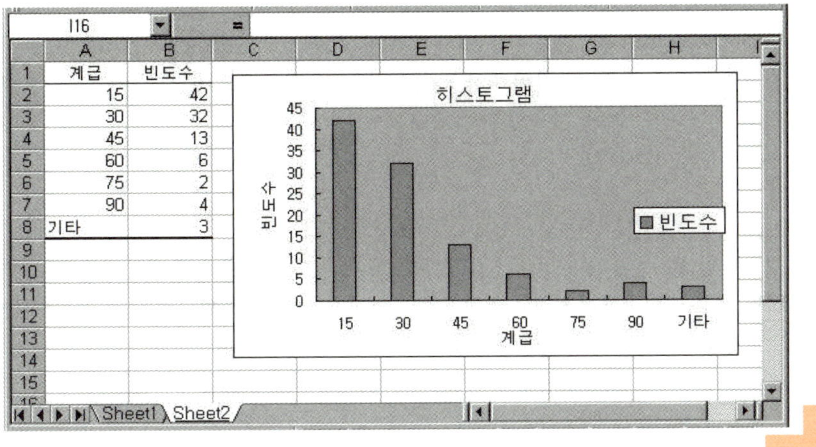

[그림 17.5] 서비스 시간의 히스토그램

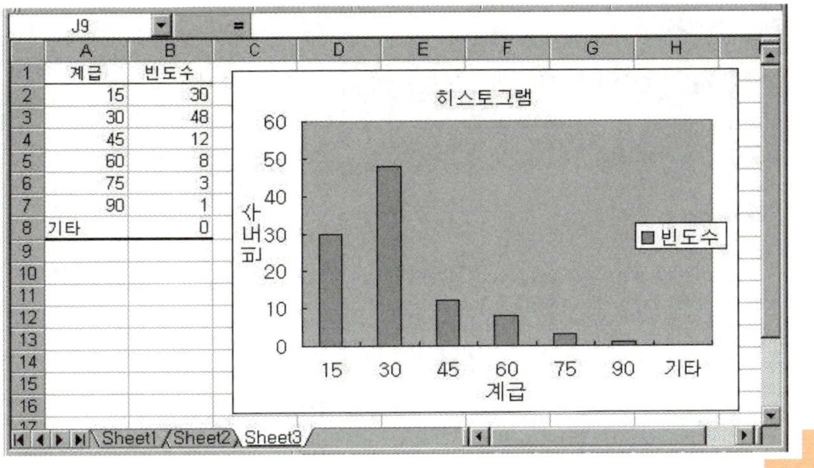

먼저 [그림 17.4]의 도착간 시간의 히스토그램을 보면 지수밀도곡선과 매우 유사함을 알 수 있다. 즉 맨 왼쪽 끝이 가장 높게 형성되면서 점차 낮아지는 모양으로 자료가 형성되어 있음을 알 수 있다. 반면에 서비스 시간의 히스토그램은 그 모양이 지수분포와는 차이가 있음을 알 수 있다.

경영자가 지수적 가정을 받아들인다면 도착간 시간에 대한 λ은 [그림 17.1]에서 C39 셀의 역수인 1/26.1 = 0.0383가 된다. 즉 이는 26.1초당 1명꼴로 고객이 도착한다는 것을 의미한다. 그리고 서비스시간에 대해서는 G39셀의 역수인 1/23.9 = 0.0418이 된다. 즉 23.9초당 1명꼴로 서비스를 받는다는 의미이다.

(2) (M/M/1):(FCFS/∞/∞) 모형

현재 고려슈퍼마켓은 1명의 종업원을 고용하고 있다. 고객들은 포아송분포에 따라 시간당 20명의 비율로 슈퍼마켓에 들어오고 서비스 시간은 평균 2분인 지수분포를 따른다고 가정하자. 이를 기초로 대기행렬모형을 분석해 보자.

[엑셀 모형화]

1. 입　　력

도착율인 B5셀에는 도착이 3분마다 1명의 비율로 일어나기 때문에 「=20/60」을 입력하면 0.333이 산출된다. 서비스율은 평균 서비스 시간(2분)의 역수이므로 B6셀에는 「=1/2」와 같이 입력하면 0.5가 산출된다([그림 17.6] 참조).

[그림 17.6]　자료입력

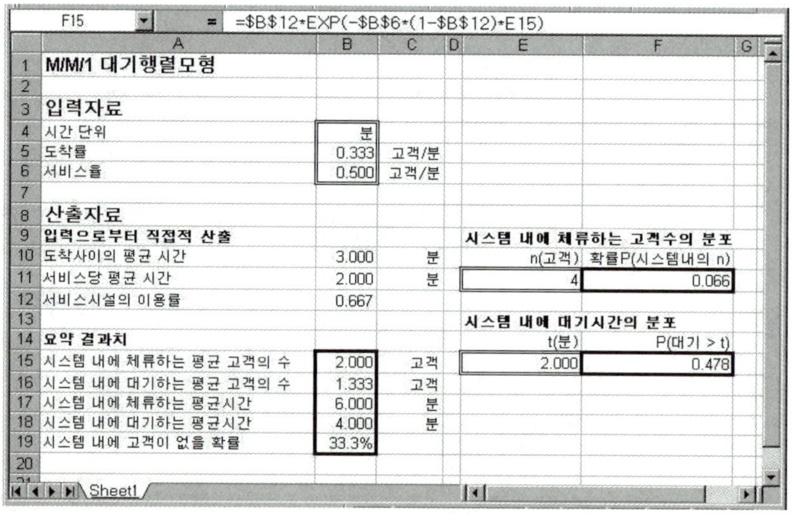

F15　=$B$12*EXP(-$B$6*(1-$B$12)*E15)

	A	B	C	D	E	F
1	M/M/1 대기행렬모형					
2						
3	입력자료					
4	시간 단위	분				
5	도착률	0.333	고객/분			
6	서비스율	0.500	고객/분			
7						
8	산출자료					
9	입력으로부터 직접적 산출				시스템 내에 체류하는 고객수의 분포	
10	도착사이의 평균 시간	3.000	분		n(고객)	확률P(시스템내의 n)
11	서비스당 평균 시간	2.000	분		4	0.066
12	서비스시설의 이용률	0.667				
13					시스템 내에 대기시간의 분포	
14	요약 결과치				t(분)	P(대기 > t)
15	시스템 내에 체류하는 평균 고객의 수	2.000	고객		2.000	0.478
16	시스템 내에 대기하는 평균 고객의 수	1.333	고객			
17	시스템 내에 체류하는 평균시간	6.000	분			
18	시스템 내에 대기하는 평균시간	4.000	분			
19	시스템 내에 고객이 없을 확률	33.3%				
20						

Sheet1

2. 평균시간과 서비스시설의 이용률

도착사이의 평균시간과 서비스당 평균 시간은 도착률과 서비스율의 역수이므로 B10셀에는 「=1/B5」, B11셀에는 「=1/B6」을 입력한다. 또한 서비스시설의 이용률을 구하기 위해 B12셀에 「=B5/B6」을 입력한다.

3. 요약 결과치

다음의 L, L_q, W, W_q, P_0을 구하기 위해 B15:B19셀에는 다음의 식을 입력한다. 즉,

시스템 내에 체류하는 평균 고객의 수 $L(=\frac{\rho}{1-\rho})$를 구하기 위해

B15셀에 「=B12/(1 - B12)」를,

시스템 내에 대기하는 평균 고객의 수 $L_q(=\frac{\rho^2}{1-\rho})$를 구하기 위해

B16셀에 「=B12^2/(1 - B12)」를,

시스템 내에 체류하는 평균시간 $W(=\frac{L}{\lambda})$를 구하기 위해

B17셀에 「=B15/B5」를,

시스템 내에 대기하는 평균시간 $W_q(=\frac{L_p}{\lambda})$를 구하기 위해

B18셀에 「=B16/B5」를,

시스템 내에 고객이 없을 확률 $P_0(=1-\rho)$를 구하기 위해

B19 「=1 - B12」를 입력한다.

4. 시스템 내에 체류하는 고객수의 분포

먼저 E11셀에는 어느 수치라도 입력한다. 여기서는 예로 n=4를 입력하였다. 이처럼 시스템 내에 체류하는 고객수의 확률을 산출하기 위하여 다음의 공식을 F11셀에 입력한다.

=(1 - $B$12) × $B$12^E11

n의 값을 달리함으로써 시스템 내에 n명의 고객이 체류할 확률을 산출할 수 있다. n=4일 경우는 확률이 P_n은 0.066으로 나타났다.

5. 시스템 내에 대기시간의 분포

먼저 E15셀에는 어느 수치라도 입력한다. 여기서는 예로 t=2를 입력하였다. 시스템 내에 고객이 최소한 t시간 이상 대기해야 할 확률을 산출하기 위하여 다음의 공식을 F15셀에 입력한다.

=$B$12 × EXP(- $B$6 × (1 - $B12$12) × E15)

여기서 t를 달리함으로써 시스템 내에 고객이 최소한 t시간 대기해야 할 확률을 산출할 수 있다. t=2인 경우는 0.478로 나타났다.

6. 결과 분석

서비스시설의 이용률은 0.667, 시스템 내에 대기하는 평균 고객의 수는 2명, 시스템 내에 대기하는 평균시간은 4분으로 나타났다. 그리고 시스템 내에 고객이 없을 확률

은 33.3%이며, 47.8%가 대기행렬시스템에서 최소한 2분 이상 기다리는 것으로 나타났다. 또한 4명의 고객이 시스템 내에 체류할 확률은 6.6%임을 알 수 있다.

〔그림 17.6〕에서 또 다른 입력자료를 넣어 그 변화를 살펴봄으로써 더욱 의미 있는 분석을 할 수도 있다. 다만 유의할 점은 도착률이 서비스율보다 항상 작아야만 그 결과가 의미가 있음을 유의할 필요가 있다.

연습문제

1 고려회계법인은 기업의 결산보고뿐 아니라 개인의 재테크와 세무상담을 전문적으로 처리해 주고 있다. 이 법인 이용 고객들의 도착은 시간당 2명의 포아송분포를 이루고 평균 서비스율은 시간당 6명으로 나타나 있다. 특히 서비스 시간의 분포는 1/144의 분산을 갖는 일반분포로 알려져 있다. 위의 자료를 기초로 사무실에서 대기하는 고객의 수, 평균 대기시간, 시스템에 체류하는 평균 대기시간 그리고 사무실에 고객이 한 명도 없을 확률을 구해 보시오(M/G/1 모형).

2 고려 세차장은 자동세차기를 보유하고 있으며 세차하는 데 5분의 시간이 소요된다. 그리고 세차를 위한 자동차는 시간당 평균 6대의 포아송분포를 따라 도착하는 것으로 되어 있다. 이때 서비스를 받기 위해 대기하는 평균 자동차의 수, 자동차당 평균 시스템 체류시간, 그리고 시스템에 체류하는 평균 자동차 수를 구해 보시오(M/D/1 모형).

제 18 장

동적계획법

18.1 기본개념

현실세계에서는 몇 가지 결정들이 상호간에 시간적 혹은 공간적으로 관계되어 있고, 이 결정들의 결합방법에 따라 서로 다른 결과가 일어나는데, 이들 관계를 고려하여 최적화를 시도하려는 해결방법이 바로 동적계획법(dynamic programming)이다. 즉 동적계획법에서는 많은 변수들이 시간에 따라 그 값을 변화시켜 가면서 서로 얽혀 있게 된다.

동적계획법은 1957년 Bellman에 의해 정립된 것으로 예산계획, 설비계획, 수송계획, 재고계획, 인력계획 등의 다단계 의사결정문제에 널리 적용되고 있다.

18.2 동적계획법의 구조

동적계획법의 해결을 위하여 도표를 이용하는 것이 편리할 때가 많다. 이는 문제의 현상을 도표화하면 우선 시각적으로 문제를 파악하기가 쉬워 문제접근이 용이하기 때문이다.

이 경우 어느 단계까지의 경로가 확률분포가 아닌 이전 단계의 상태와 방침결정에 의해 확실하게 결정되는 경우 이를 확정적 동적계획법(deterministic dynamic programming)이라고 한다. 이와는 달리 어느 특정단계의 상태가 그 이전의 상태에 의해서 정해진 확률분포에 의해 결정되는 것을 확률적 동적계획법(probabilistic dynamic programming)이라 한다.

〔그림 18.1〕 동적계획법의 단계

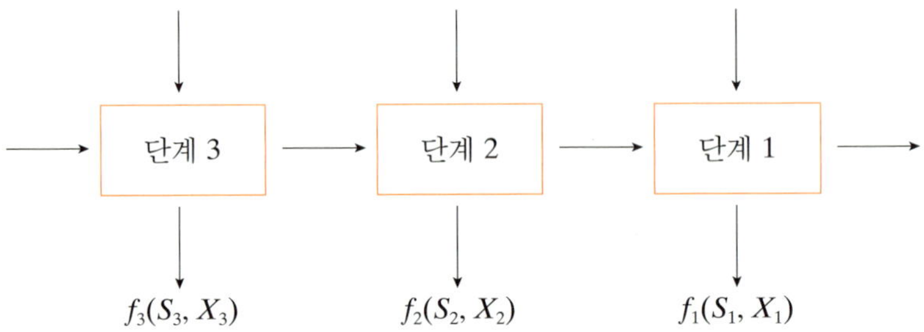

만약 확정적 동적계획법을 적용한다면 〔그림 18.1〕에서 투입상태인 S_1은 단계 2에서 단계 1로 이동할 수 있는 여러 경로를 나타낸다. 단계 1에서의 경제적 경로 결정인 X_1은 단계 1에서 마지막 도착지까지의 가장 짧은 시간 또는 비용의 선택을 나타낸다. 총 보상(total return)이란 모든 단계에 걸쳐 관련된 최단 시간이나 최소 비용을 의미한다.

확정적 동적계획법과는 달리 확률적 동적계획법에 있어서는 다음 단계의 상태가 현 단계의 상태와 방침결정에 의하여 완전히 결정되지 않는다.

동적계획법에서 중요한 개념은 바로 최적의 원리(principle of optimality)이다. 이는 주어진 현 상태에서, 남아 있는 단계들에 대한 최적정책결정은 바로 그 이전의 단계들에서 채택된 정책결정들에만 종속된다는 것이다. 즉 현 상태에서의 결정은 이전 단계의 결정에 의해서만 영향을 받는다는 것을 의미한다.

18.3 엑셀에 의한 실제 사례

동적계획법은 문제의 성격에 따라 사용할 모형정립과정이 다른데 이 점이 동적계획법의 적용을 제약한다고 볼 수 있다.

본서에서는 엑셀을 이용하여 동적인 성격을 갖는 다기간 문제를 동적계획법으로 어떻게 해결할 것인지에 초점을 맞추어 설명하고자 한다. 동적계획법은 주로 최적 경로와 관련된 문제에 많이 적용되나 여기서는 다기간 인력계획(workforce planning)과 현금흐름문제(cash flow problem)에 적용해 보고자 한다.

(1) 다기간 인력계획

고려통신(주)은 통신관련 기기를 수리하는 A/S 회사이다. 향후 5개월 동안 수리시간이 다음과 같이 요구된다. 즉, 1월에는 5,000시간, 2월에는 7,000시간, 3월에는 8,000시간, 4월에는 9,500시간, 5월에는 11,000시간이 요구된다. 1월 초에 고려통신(주)은 50명의 숙련공을 고용하고자 하는데 각 숙련공은 월 160시간 일을 할 수가 있다. 또한 향후 수리시간 증대에 따라 새로이 훈련공을 훈련시킬 필요가 있다. 훈련공을 훈련시키는 데는 1개월이 소요된다. 훈련기간 동안 훈련생들은 기존의 숙련공에 의해 50시간동안의 감독을 받게 된다. 기존의 숙련공들은 월 2,000천원의 보수를 받으며, 훈련생은 월 500천원을 보수로 지급받는다. 과거 경험상 기존 숙련공의 5%가 매달 직업을 그만두는 것으로 나타났다. 이 자료를 가지고 고려통신(주)의 향후 5개월 동안 소요되는 비용을 최소화시킬 인력계획을 세워보도록 하자.

[엑셀 모형화]

앞서 제시한 바와 같이 동적계획법은 문제의 성격에 따라 모형의 정립이 모두 상이하다. 즉 정형적인 LP모형식이 도출되기 어려우며 시간적인 변수로 연결되어 있어서 상당히 복잡하게 보이게 된다. 따라서 여기서는 직접 엑셀에서 접근하는 방법을 제시하면서 모형을 설명하고자 한다.

1. 입　　력

D4:D9셀 범위 및 B19:F19셀 범위에 관련 자료를 입력한다.

[그림 18.2] 초 기 해

B20 = =B13*$D$8+B14*$D$7

	A	B	C	D	E	F	G	H
1	인력계획							
2								
3	자료 입력							
4	1월 숙련공 수			50				
5	숙련공의 월 시간			160				
6	훈련생의 월 훈련감독시간			50				
7	숙련공의 월 보수			2,000				
8	훈련생의 월 보수			500				
9	중도 월 이탈율			5%				
10								
11	계획							
12	월	1	2	3	4	5		
13	훈련생의 수							
14	숙련공의 수	50	47.5	45.13	42.87	40.73		
15	월말 중도이탈자의 수	2.5	2.38	2.26	2.14	2.04		
16								
17	수리에 대한 가용 시간	8000	7600.00	7220	6859	6516.05		
18		>=	>=	>=	>=	>=		
19	수리에 대한 요구 시간	5000	7000	8000	9500	11000	Total cost	
20	비용	100,000	95,000	90,250	85,738	81,451	452,438	
21								

Sheet1 / Sheet2

2. 매월 훈련생의 수

이는 변경 셀로서 본 문제에서 산출될 매월 고용해야 할 훈련생의 수이다. 이는 매월 요구되는 훈련생의 수를 자동적으로 산출해 준다. 우선 B13:F13셀에 빈칸으로 놓거나 아무 수치라도 입력해 둔다.

3. 매월 가능한 숙련공

B14셀에는 「=D4」를 입력한다. 이것은 1월 초에 가능한 50명의 숙련공을 의미한다. 그리고 C14셀에는 「=B14-B15+B13」을 입력한다. 이것은 「=1월의 숙련공 수 - 1월의 중도이탈자의 수 + 1월의 훈련생 수」로서 2월 동안에 가능한 숙련공 수를 의미한다. C14셀의 공식을 다른 월인 D14:F14셀 범위에 복사해 둔다. 이런 식으로 전월과 연결되는 것이 동적계획법의 논리라 할 수 있다.

4. 매월 중도이탈자의 수

숙련공의 5%가 매월 그만두기 때문에 「=$D$9×B14」를 B15셀에 입력한다. 그리고 B15셀의 공식을 다른 월인 C15:F15셀 범위에 복사해 둔다.

5. 매월 수리에 대한 가용시간

B17셀 범위에 「=$D$5×B14-$D$6×B13」 공식을 입력한다. 그리고 B17셀의 공식을 다른 월인 C17:F17셀 범위에 복사해 둔다.

6. 총 비 용

매월 비용을 산출하기 위하여 B20셀에 「=$D$8×B13+$D$7×B14」을 입력한다. B20셀의 공식을 다른 월인 C20:F20셀 범위에 복사해 둔다. 그리고 총 비용인 G20셀은 「=SUM(B20:F20)」을 입력한다.

[엑셀 해찾기 사용]

1. 메뉴 설정

도구(T) → 해찾기(V).. 명령을 선택한다.

[그림 18.3] 인력계획의 해찾기 설정

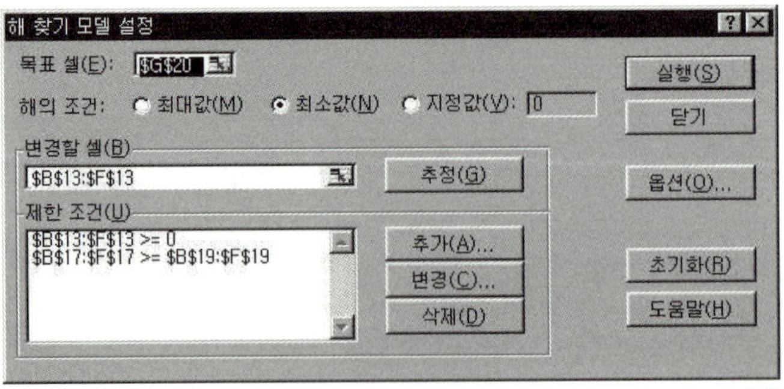

2. 목 표 셀

G20을 목표 셀로서 선택한다. 이 셀에 최종 결과치인 총비용이 산출된다. 다음 「해의 조건」에는 최소값에 클릭한다.

3. 변경할 셀

여기에는 최적해를 구하는 범위를 지정하는 것이므로 B13:F13을 입력하면 된다.

4. 제한조건

① 숙련공 요구시간 제한조건

제한조건식 「B17:F17>=B19:F19」를 추가한다.

② 비음조건

B13:F13셀 범위는 반드시 0보다는 커야 한다는 비음조건을 만족시키도록 한다.

5. 실　　행

「실행」에 클릭을 하면 〔그림 18.4〕과 같이 최적해를 얻게 된다.

〔그림 18.4〕 최적해(Optimal Solution) 결과

G20 = =SUM(B20:F20)

	A	B	C	D	E	F	G	H
1	**인력계획**							
2								
3	**자료 입력**							
4	1월 숙련공 수			50				
5	숙련공의 월 시간			160				
6	훈련생의 월 훈련감독시간			50				
7	숙련공의 월 보수			2,000				
8	훈련생의 월 보수			500				
9	중도 월 이탈율			5%				
10								
11	**계획**							
12	월	1	2	3	4	5		
13	훈련생의 수	0	8.45	11.45	9.52	0		
14	숙련공의 수	50	47.5	53.58	62.35	68.75		
15	월말 중도이탈자의 수	2.5	2.38	2.68	3.12	3.44		
16								
17	수리에 대한 가용 시간	8000	7177.34	8000	9500	11000		
18		>=	>=	>=	>=	>=		
19	수리에 대한 요구 시간	5000	7000	8000	9500	11000	**Total cost**	
20	비용	100,000	99,227	112,881	129,458	137,500	579,066	
21								

Sheet1 / Sheet2

6. 결과 해석

해답을 보면 총 비용이 579,066천원으로 나타났으며, 다음과 같은 교육계획을 세우면 된다. 즉, 1월에는 0명, 2월에는 8.45명, 3월에는 11.45명, 4월에는 9.52명, 5월에는 0명의 훈련생을 고용하면 되는 것이다. 그런데 인력수라는 것은 현실적으로 정수(integer)값을 요구하는 것이므로 변경할 셀을 정수로 제약하는 조건식을 추가시키면

된다. 이를 위해 정수계획법 부분을 참고하기 바란다.

다음 그림이 본 예제의 각 단계별 최적해를 보여 주고 있다.

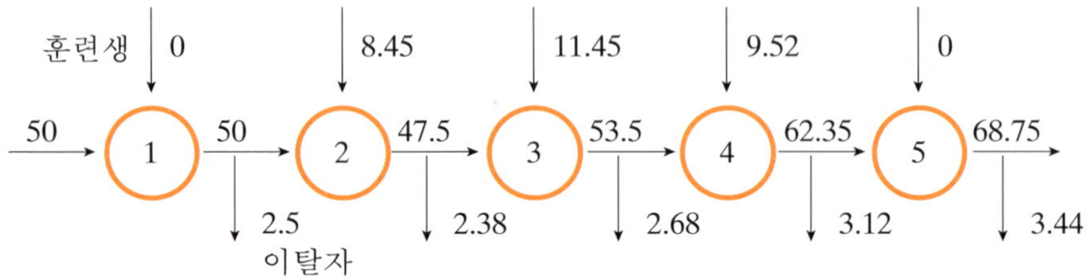

(2) 다기간 현금계획

OK텔레콤은 〔표 18.1〕과 같이 2000년의 월 현금흐름을 계획하고 있다. 부(-)의 현금흐름은 현금유출액이 현금유입액보다 많은 것을 의미한다. 이러한 현금부족액을 메우기 위하여 자금을 차입하고자 한다. OK텔레콤의 경우 자금을 차입하는 데 있어서 두 가지 방법을 이용할 수 있다. 첫째는 1년 장기계약으로 1월에 총 금액을 빌리는 것이다. 이 경우 2000년 2월에 시작하여 매달 1.2%씩의 이자가 부과된다. 그런 뒤 2001년 1월에 원금을 반환하여야 한다. 둘째는 단기계약으로 매달 1.5% 이자율로 자금을 빌리는 것이다. 이 경우도 2001년 1월에 원금을 반환하여야 한다. 또한 매달 말에 초과현금잔고에 대해 0.4%의 이자를 지불하여야 한다.

[표 18.1] 월 현금흐름표

월	현금유입액(단위 : 억원)
1월	-7
2월	-10
3월	-8
4월	-10
5월	-4
6월	5
7월	-7
8월	-2
9월	15
10월	12
11월	-7
12월	47

이제 OK텔레콤의 2001년 1월초 최적 현금흐름을 계획해 보자.

[엑셀 모형화]

이 문제를 해결하기 위해서 다음 세 가지 점을 고려하여야 한다.

① 매달 빌린 단기 차입금은 다음 달 초에 그 차입금을 반환하여야 한다.

② 매달 월말의 현금잔고(cash balance: CB)는 다음과 같이 산출할 수 있다.

$CB_t = t - 1$월 말의 현금잔고

+ $t - 1$월 말의 현금잔고에 대한 이자
+ t월에 빌린 장·단기 차입금
+ t월의 현금유입액
− 장기 차입금에 대한 t월의 지불이자
− $t - 1$월 말의 단기 차입금에 대한 지불이자
− 반환할 장기 차입금액(2001년 1월의 경우만 해당)
− t월에 반환할 단기 차입금

③ 차입금은 매달 월말의 현금잔고가 (−)일 때에만 필요하다.

1. 입　　력

D4:D6셀 범위에 관련 이자율을 입력하고 F9:F20셀 범위에 매달 현금유입액을 입력한다.

[그림 18.5]　자료 입력

D5 = 1.5%

	A	B	C	D	E	F	G	H	I	J	K
1	현금계획										
2											
3	자료 입력										
4	장기차입금에 대한 이자율			1.2%							
5	단기차입금에 대한 이자율			1.5%							
6	초과현금액에 대한 이자율			0.4%							
7											
8	월	이전 월로부터의 현금잔고	현금잔고에 대한 이자	장기 차입금	단기 차입금	현금 유입액	장기차입금에 대해 지급한 이자	단기차입금에 대해 지급한 이자	장기차입금 반환액	단기차입금 반환액	월말의 현금잔고
9	1월	-	-	-	-	(7,000)					($7,000.00)
10	2월	(7,000)	(28)		-	(10,000)	-	-		-	($17,028.00)
11	3월	(17,028)	(68)		-	(8,000)	-	-		-	($25,096.11)
12	4월	(25,096)	(100)		-	(10,000)	-	-		-	($35,196.50)
13	5월	(35,196)	(141)		-	(4,000)	-	-		-	($39,337.28)
14	6월	(39,337)	(157)		-	5,000	-	-		-	($34,494.63)
15	7월	(34,495)	(138)		-	(7,000)	-	-		-	($41,632.61)
16	8월	(41,633)	(167)		-	(2,000)	-	-		-	($43,799.14)
17	9월	(43,799)	(175)		-	15,000	-	-		-	($28,974.34)
18	10월	(28,974)	(116)		-	12,000	-	-		-	($17,090.23)
19	11월	(17,090)	(68)		-	(7,000)	-	-		-	($24,158.60)
20	12월	(24,159)	(97)		-	47,000	-	-		-	$22,744.77
21	1월(2001년)	22,745	91				-	-	-	-	$22,835.75
22											최종 현금잔고

Sheet1

2. 차입금액

장기차입금에 대하여 D9셀, 단기차입금에 대하여 E9:E20셀 범위에 아무 수치나 또는 빈칸으로 남겨 둔다.

3. 매월초 현금잔고

B열은 이전 월부터의 현금잔고를 산출하는 데 사용된다. 1999년 12월부터의 이월된 금액이 없기 때문에 B9셀에는 0을 입력한다. 그런 다음 B10셀에는 「=K9」의 공식을 입력한다 .이는 1월 말에 넘어온 2월 초 현금잔고를 의미한다. 그리고 B11:B21셀 범위에도 이 공식을 복사해 둔다. 이를 위해서는 B9셀을 지정한 뒤 오른쪽 아래에 마우스를 놓으면 +가 생기는데 이때 마우스를 B11에서 B21셀까지 아래로 이동시키면 공식이 자동으로 입력이 된다.

4. 현금잔고에 대한 이자

2000년 1월에는 이자가 발생하지 않으므로 C9셀에는 0을 입력한다. 2월부터는 다음의 공식을 먼저 C10셀에 입력한다.

「=$D$6×B10」

다른 월에 대한 이자를 산출하기 위해서 이 공식을 C11:C21셀 범위에 복사해 둔다.

5. 장기차입금에 대해 지불한 이자

장기차입금에 대한 이자는 2000년 2월부터 발생하고 2001년 1월에 원금상환이 끝나게 된다. 먼저 G10셀에 다음의 공식을 입력한다.

「=$D$4×$D$9」

다른 월에 대한 이자를 산출하기 위하여 이 공식을 G11:G21셀에도 복사해 둔다.

6. 단기차입금에 대해 지불한 이자

단기차입금에 대한 이자를 산출하기 위해서 H10셀에 다음의 공식을 입력한다.

「=$D$5×E9」

다른 월에 대한 이자를 산출하기 위하여 이 공식을 H11:H21셀에도 복사해 둔다.

7. 단기차입금의 반환액

t월에 반환될 금액은 $t-1$월에 차입한 금액이 되므로 J10셀에는 2월의 반환액을 구하기 위해 다음 공식을 입력한다.

「=E9」

다른 월에 대한 반환액을 산출하기 위하여 이 공식을 J11:J21셀에도 복사해 둔다.

8. 월말의 현금잔고

먼저 2000년 1월의 현금잔고를 계산하기 위하여 K9셀에는 다음의 공식을 입력한다.

「=SUM(B9:F9) - SUM(G9:J9)」

다른 월에 대한 현금잔고를 산출하기 위하여 이 공식을 K10:K21셀에도 복사해 둔다. 이것이 바로 앞에서 설명된 CB(현금잔고)의 공식이다.

[엑셀 해찾기 사용]

1. 메뉴 설정

도구(T) → 해찾기(V).. 명령을 선택한다.

[그림 18.6] 현금흐름문제의 해찾기 설정

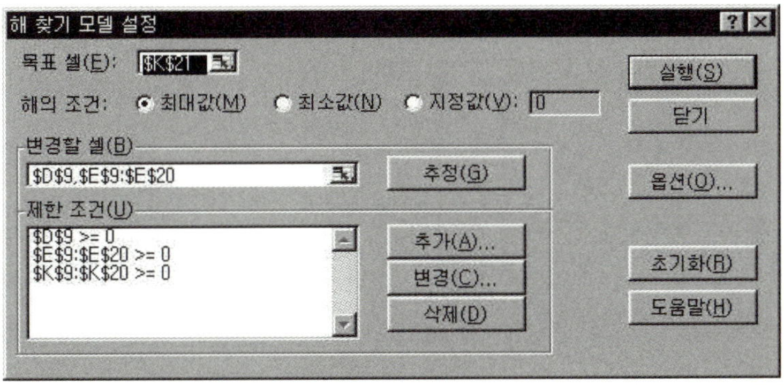

2. 목 표 셀

K21셀을 목표 셀로 선택하고 「해의 조건」은 최대값에 클릭한다.

3. 변경할 셀

여기에는 장기차입금인 D9와 단기차입금인 E9:E20셀 범위를 변경할 셀로 지정한다.

4. 제한조건

① 현금소요액 제한조건

제한조건식 「K9:K20>=0」를 추가시킨다. 이는 매월의 현금소요액이 충족되어야 함을 의미한다.

② 비음조건

E9:E20셀 범위와 D9는 반드시 0보다 커야 한다는 비음조건을 만족시켜야 한다.

5. 실 행

「실행」에 클릭을 하면 원하는 해를 얻게 된다.

[그림 18.7] 최적해(Optimal Solution) 결과

K21 =SUM(B21:F21)-SUM(G21:J21)

	A	B	C	D	E	F	G	H	I	J	K
1	현금계획										
2											
3	자료 입력										
4	장기차입금에 대한 이자율			1.2%							
5	단기차입금에 대한 이자율			1.5%							
6	초과현금액에 대한 이자율			0.4%							
7											
8	월	이전 월로부터의 현금잔고	현금잔고에 대한 이자	장기 차입금	단기 차입금	현금 유입액	장기차입금에 대해 지급한 이자	단기차입금에 대해 지급한 이자	장기차입금 반환액	단기차입금 반환액	월말의 현금잔고
9	1월	-	-	19,862	-	(7,000)					$12,861.80
10	2월	12,862	51		-	(10,000)	238	-		-	$2,674.91
11	3월	2,675	11		5,553	(8,000)	238	-		-	($0.00)
12	4월	(0)	(0)		15,874	(10,000)	238	83		5,553	$0.00
13	5월	0	0		20,351	(4,000)	238	238		15,874	$0.00
14	6월	0	0		15,894	5,000	238	305		20,351	$0.00
15	7월	0	0		23,371	(7,000)	238	238		15,894	$0.00
16	8월	0	0		25,960	(2,000)	238	351		23,371	$0.00
17	9월	0	0		11,588	15,000	238	389		25,960	($0.00)
18	10월	(0)	(0)		-	12,000	238	174		11,588	$0.00
19	11월	-	-		7,238	(7,000)	238	-		-	($0.00)
20	12월	(0)	(0)		-	47,000	238	109		7,238	$39,414.74
21	1월(2001년)	39,415	158				238	-	19,862	-	$19,472.26
22											최종 현금잔고

Sheet1

6. 결과 해석

해답을 보면 2001년 1월 초의 총 현금잔고는 19,472억원임을 알 수 있고, 이 중 장기차입금은 19,862억원, 단기차입금은 3월 5,553억, 4월 15,874억, 5월 20,351억, 6월 15,894억, 7월 23,371억, 8월 25,960억, 9월 11,588억, 11월 7,238억임을 알 수 있다. 현재 입력자료 중 이자율을 다른 수치로 입력하여 다시 엑셀 해찾기를 이용하여 최적해의 변화를 살펴보는 것도 의사결정에 도움이 될 것이다.

연습문제

1 안암약국에서는 A약품에 대하여 다음과 같은 주문 및 재고관련 자료를 가지고 관련 비용을 최소로 하는 주문량을 구하고자 한다. 즉 1월 초 A약품의 기초재고를 100개라고 가정할 때 최소의 비용으로 수요를 만족시키기 위한 월 주문량을 결정하고자 하는 것이다. 수요, 주문 및 구입비 그리고 재고유지비는 매월 변동하는 것으로 가정한다.

월	수요량	단위당 주문 및 구입비용 (단위: 원)	단위당 재고유지비용 (단위: 원)
1	20	12,500	110
2	17	12,000	115
3	15	11,700	110

2 놀이공원인 서울랜드에서는 금년에 6억을 들여 몇 가지 사업을 구상중이다. 고려하는 사업과 관련된 비용 및 수익이 아래 표에 주어져 있다. 여기서 선정된 사업에 대해서는 100% 지원이 가능하지만 선정되지 못한 사업은 전혀 지원되지 않는다. 총 수익을 최대로 하기 위한 사업을 선정해 보시오.

사업	비용(단위: 원)	수익(단위: 원)
A	2	3
B	3	5
C	1	2
D	5	6

제 19 장

시뮬레이션

19.1 기본개념

시뮬레이션(Simulation)은 "실제 경영환경과 가능한 한 동일하게 구성된 가상환경(모형)에서 특정한 경영현상을 재연함으로써, 실제 경영환경에서 이러한 경영현상이 어떤 식으로 전개될 것인지를 미리 이해하고자 하는 실험"이다.

앞서 우리는 많은 계량적 의사결정 방법들을 살펴보았다. 이러한 의사결정 툴(tool)들은 무척 유용하지만, 현실적용 가능성이 제한적이라는 한계가 있다. 대부분의 방법들을 활용하기 위해서는 많은 가정들을 해야만 하는데, 때로는 비현실적인 가정들을 필요로 하기도 한다. 예를 들어, 선형계획법은 변수들로 이루어진 제약식이나 목적식이 모두 선형의 관계를 지녀야 한다는 가정과 모든 계수가 확정적인 값을 가지고 불확실성을 지녀서는 안 된다는 것 등이다.

의사결정 문제의 성격상, 현실에 완전히 부합하지 않는 가정을 사용하더라도 문제의 해법에 큰 영향을 미치지 않는 경우도 있을 수 있다. 그러나 대부분의 현실 경영의사결정 문제는 비현실적인 가정을 바탕으로 해법을 찾았을 때 실제 적용가능성이 급격히 떨어질 위험을 지니고 있다. 현실 경영현장에서는 변수간의 관계가 여러 불확실한 요인들에 의해 영향 받고, 복잡한 인과관계로 얽혀 있을 수 있기 때문이다.

시뮬레이션(simulation)은 이러한 복잡한 현실 문제를 해결할 수 있는 대안이 된다. 이러한 시뮬레이션을 구성하는 요소들은 다음과 같다.

첫째, 시뮬레이션을 통해 평가하고자 하는 전략들이 있어야 한다. 예를 들어, 신제품을 개발할 것인지 말 것인지를 결정하고자 한다면, 두 가지 전략, 즉 개발하는 것과 개발하지 않는 것이 있게 된다.

둘째, 전략들을 평가하는데 영향을 미칠 수 있는 불확실성과 그와 관련된 확률

값들이 있어야 한다. 신제품을 개발하기 위해서 R&D를 수행해야 하는데, R&D의 성공여부는 불확실하며, 그 정도를 나타내는 확률이 미리 주어져야만 한다.

셋째, 다양한 시나리오를 만들어 낼 수 있는 시스템이 있어야 한다. 예를 들어, R&D의 성공확률이 50%라고 한다면, 과연 그것을 어떻게 시뮬레이션에 구현해야만 할까? 불확실성이 존재한다는 것은 매번 시뮬레이션을 할 때마다 다른 값이 나온다는 것을 의미하는데, 몇 번의 실험을 반복해야만 가장 현실에 근접한 결과를 얻을 수 있을까? 이와 같이 여러 질문들에 답을 할 수 있도록, 다양한 조건들을 체계적으로 반영한 시뮬레이션 시스템이 필요하다.

끝으로, 각 전략을 다양한 시나리오를 통해 평가한 결과를 비교하여 최종 의사결정할 수 있는 기준이 필요하다. 신제품을 개발하는 전략과 개발하지 않는 전략을 비교할 때, 순현재가치(Net Present Value)를 사용하다면, NPV가 평가기준 혹은 평가시스템이 된다.

19.2 시뮬레이션의 과정

시뮬레이션을 적용하기 위해서는 다음 순서를 밟는다.

① 문제의 발견과 설정

막연하고 애매한 문제를 분명히 하는 문제설정의 중심이 된다.

② 문제에 대한 관련 자료의 수집과 조사

모형에 직접 적용할 자료를 수집한다.

③ 시뮬레이션 적용의 여부결정

과연 시뮬레이션으로 문제에 대한 정확하면서도 만족할 수 있는 해를 얻을 수 있을 것인가와 함께 시뮬레이션이 문제를 해결하는 데 가장 적당한 방법인가를 판단한다.

④ 모형의 작성

실제의 현상을 모형화함으로써 계량적으로 접근할 수 있는 모형을 구축한다.

⑤ 모형의 타당성 조사

모형이 작성되면 데이터의 변경을 통해 모형의 민감도를 조사한다. .

⑥ 시뮬레이션 실시

모형이 작성되고 그 모형의 타당성이 입증되면 여기에 수집된 자료를 입력한다.

⑦ 해의 검토

시뮬레이션에 의해서 얻은 결과가 논리적으로 적합한가를 검토한다.

19.3 확률적 시뮬레이션

이는 몬테칼로(Monte Carlo)라고도 하는데 시스템의 불확실한 확률과정을 만들어 내기 위한 하나의 방법으로 난수(Random)를 이용하여 문제를 해결하는 데 이용된다. 이렇게 난수를 통하여 시뮬레이션을 행함으로써 해를 도출하는 데 적용된다.

19.4 체계적인 난수의 산출방법

통상적으로 난수산출에는 전통적으로 많이 쓰이는 난수표와 최근에 많이 이용되는 스프레드시트(Spreadsheet)에 의한 방법이 있다.

(1) 난수표(Random Number Table)

난수표는 무작위로 추출된 숫자들의 집합이라고 할 수 있는데 이를 사용할 때는 난수표 위의 숫자를 눈을 감고 임의로 표에 있는 숫자를 찍어서 정하게 되는 방법과 어떤 주어진 방식에 따라 숫자를 선택하는 방법이 있다.

(2) 스프레드시트에 의한 난수 산출

엑셀에서는 0과 1 사이의 난수를 발생시킬 수 있는데 이는 예제에서 설명하고자 한다.

19.5 엑셀에 의한 실제 사례

(1) 난수 산출

1. 입　력

A4셀에 「=RAND( )」를 입력하고 이것을 A4:J53셀에 복사한다. 그 결과는 〔그림 19.1〕에 제시되어 있다. 그런데 난수(Random Numbers)는 말 그대로 결과가 항상 다르게 나오므로 이를 확인하기 위해 F9 키를 누르면 그 답이 변하게 된다.

[그림 19.1] 난수 실험결과

H1 =

	A	B	C	D	E	F	G	H	I	J
1	무작위함수 Rand에 의한 난수(Random Number)									
2										
3										
4	0.6649	0.0553	0.3180	0.5479	0.8781	0.6578	0.4544	0.1612	0.0183	0.2097
5	0.3176	0.3769	0.9483	0.8184	0.2386	0.0814	0.2434	0.7953	0.0925	0.4512
6	0.1378	0.3279	0.3897	0.5809	0.3356	0.3325	0.5671	0.3115	0.0734	0.9210
7	0.6395	0.2888	0.5333	0.4058	0.9430	0.2710	0.3606	0.9530	0.8604	0.2126
8	0.6449	0.3416	0.1325	0.7796	0.4889	0.5983	0.3319	0.5742	0.9147	0.8584
9	0.7042	0.5121	0.9590	0.2176	0.4320	0.1076	0.9661	0.1756	0.7370	0.5990
10	0.9792	0.1578	0.3365	0.6165	0.0585	0.8908	0.6530	0.1373	0.3661	0.5845
11	0.7920	0.2449	0.5897	0.0646	0.4934	0.7439	0.0274	0.1175	0.4291	0.6306
12	0.0062	0.9522	0.7770	0.1888	0.1013	0.0286	0.5291	0.0936	0.6835	0.1470
47	0.9151	0.8923	0.6494	0.6456	0.9611	0.1508	0.4610	0.7287	0.5469	0.8367
48	0.8826	0.9995	0.1426	0.8180	0.6667	0.8533	0.8358	0.1535	0.1454	0.6669
49	0.9747	0.7099	0.9658	0.8336	0.1226	0.8365	0.9005	0.8795	0.1470	0.5499
50	0.9677	0.7685	0.0022	0.0164	0.4465	0.8433	0.0290	0.2499	0.4263	0.5353
51	0.9025	0.2867	0.8537	0.4036	0.4519	0.0993	0.2170	0.4439	0.4932	0.0981
52	0.6838	0.2374	0.7376	0.0240	0.2675	0.9024	0.6448	0.5256	0.1471	0.5621
53	0.5017	0.9099	0.4438	0.7875	0.7617	0.8392	0.8365	0.9967	0.7427	0.8813
54										

Sheet1 / Sheet2 / Sheet3 / Sheet4

※ [그림 19.1]에서 모든 결과를 한 화면에 보여 주기가 어려워 13행에서 46행까지는 생략되어 있다. 엑셀에서 이러한 생략작업을 하기 위해서는 13행에서 46행까지를 지정한 뒤 마우스의 오른쪽을 클릭하면 관련된 메뉴가 나오는데 여기서 숨기기(H)를 클릭하면 13행에서 46행까지의 결과가 보이지 않게 된다.

(2) 실제 시뮬레이션 방법

여기서는 주문량과 관련된 시뮬레이션에 대한 모형의 문제를 설정하였는데 그 밖에 생산일정계획, 재고수준, 서비스분야의 최적의 대기행렬을 위한 분석 등 많은 분야에 활용이 가능하다.

10월에 고려문고는 책을 얼마만큼 주문해야 하는지를 결정하고자 한다. 각 책의 원가는 7.5천원이고 10천원에 판매된다. 팔리지 않은 책은 출판사에 2.5천원으로 반환된다. 고려문고에서 매월 팔리는 책의 수는 다음 [표 19.1]의 확률분포를 갖는 것으로 알려져 있다. 시뮬레이션을 적용하여, 고려문고가 10월에 주문해야 할 최적 주문량을 산출하자.

〔표 19.1〕 고려문고의 매월 책 수요 분포

책 수요	확　률
100	0.2
150	0.3
200	0.3
250	0.15
300	0.05

일단, 시뮬레이션을 수행하기 전에 앞에서 논의하였던 시뮬레이션의 네 가지 구성요소를 이 예제에서 확인해 보자.

첫째, 시뮬레이션을 통해 평가하고자 하는 전략들은 무엇인가? 이 문제에서의 전략은 고려문고의 10월 주문량이 된다. 이론적으로 무수히 많은 대안들이 있으나, 현실적으로는 주어진 책 수요에 맞춰 100~300 사이가 되리라 예상할 수 있다.

둘째, 전략들을 평가하는데 영향을 미칠 수 있는 불확실성과 그와 관련된 확률 값들은 무엇인가? 이 예제에서 가장 중요한 불확실성은 책 수요에 관한 것이며, 그 확률 값들은 〔표 19.1〕에 주어졌다.

셋째, 다양한 시나리오를 만들어 낼 수 있는 시스템은 무엇인가? 각 책 수요의 확률을 이용하여 어떻게 10월의 수요를 재생 혹은 재연할 수 있느냐에 대한 질문인데, 이는 아래 엑셀 모형화에서 살펴본다.

끝으로, 최종 의사결정기준은 무엇인가? 가장 최적의 주문량을 결정하기 위해서는 각 대안이 가져오게 되는 순이익을 계산해야만 한다. 즉, 최종 의사결정의 기준은 고려문고가 예상할 수 있는 10월의 순이익이다. 고려문고에게 가장 큰 순이익을 제공하는 대안이 최적의 대안이 된다.

이제 구체적인 엑셀 모형화를 통해 시뮬레이션의 실행방식을 익히자.

[엑셀 모형화]

본 예제에서는 고려문고가 200권을 주문하는 전략을 택했을 때, 기대되는 순이익을 구하고자 한다. 이 문제에서는 수요에 대한 불확실성만 있으므로, 한 개의 난수를 이용하면 '하나의 상황 혹은 경우' 에 대한 값을 구할 수 있다. 하지만, 수요 자체가 불확실하기 때문에 단 하나의 난수만을 가지고 구한 값은 실제로 일어날 수 있는 상황을 제대로 반영하지 못할 수 있다. 다시 자세한 설명을 하겠지만, 예를 들어, 주어진 난수가 0.98이면 순이익은 50만원이 된다. 하지만, 만약에 난수가 0.18이라면 순이익은 -25만원이 된다. 이 경우 50만원이 고려문고가 기대할 수 있는 10월의 순이익인가 혹은 -25만원이 보다 정확한 것인가? 이에 대한 답을 하기 위해서는 가능한 한 많은 반복을 하고, 결과값들의 분포를 살펴보아야 한다. 일반적인 시뮬레이션의 경우 대략 1,000번 이상의 반복을 통해 결과를 얻게 된다. 즉, 충분히 많은 수의 반복 실험(Experiment)을 통해 신뢰할 수 있는, 현실의 진정한 값(True Value)에 가까운 기대값을 얻는 것이 시뮬레이션의 의의라 하겠다. 이 예제에서는 1000개의 난수를 발생시켜, 기대되는 순이익을 구하고자 한다.

1. 입 력

B4:B6셀 범위에 관련 자료를 입력하고 D5: F9셀 범위에는 수요의 확률분포를 입력한다. 특히 E열은 누적확률분포로 D열의 수치를 누적으로 더하여 산출한다. 그리고 B9셀에는 문제에서 가정된 주문량 200을 입력한다.

2. 난수 발생

B13셀에는 「=RAND( )」공식을 입력하고 이것을 B14:B1012셀 범위에 복사한다. 여기서 주의할 점은 엑셀에서의 난수는 항상 다른 결과가 나타나므로 〔그림 19.2〕와 다르게 나올 수 있다는 점이다. 그리고 〔그림 19.2〕에서는 20~1006의 행(Row)이 숨겨져 있음에 유의해야 한다.

3. 수요 발생

B열에 난수를 발생시키면 산출된 그 난수에 해당되는 누적확률분포(E5:E9셀 범위)를 찾아서 그와 관련된 수요를 C13:C1012에 입력한다. 예를 들어 산출된 난수가 0.1967이라면 이는 누적확률분포에서 첫번째 행에 해당하므로 관련된 수요는 100이 된다. 여기서 구간은 0에서 0.3까지는 100, 0.3에서 0.5까지는 150, 0.5에서 0.8까지는 200, 0.8에서 0.95까지는 250, 0.95 이상은 300으로 나누어진다.

이제 이러한 수요를 C열에 산출하기 위하여 다음 공식을 C13셀에 먼저 입력한다.

「=VLOOKUP(B13,$E$5:$F$9,2)」

이 공식을 C14:C1012셀 범위에도 복사해 두면 C열에 수요가 산출된다.

4. 수 익

D열의 수익을 산출하기 위해서는 먼저 가정된 주문량 200과 난수에 의해 발생된 수요량을 비교하여 작은 수치에다 단위당 가격을 곱하여 구하게 된다. 왜냐하면 주문량보다 많은 수요량은 충족시킬 수 없기 때문이다. 예를 들어 난수에 의해 발생된 수요량이 150이라면 Min(150, 200)으로 계산하여 150×단위당가격으로 수익을 산출하고 만약 난수에 의하여 발생된 수요량이 250이라면 Min(250, 200)으로 계산하여 200×단위당가격으로 수익을 산출한다.

이를 위해 다음 공식을 먼저 D13셀에 입력한다.

「=$B$5×MIN(C13, $B$9)」

이 공식을 D14:D1012셀 범위에도 복사해 두면 D열에 수익이 산출된다.

5. 주문비용

비용은 단위당비용에다 주문량을 곱하여 산출된다.

다음 공식을 먼저 E13셀에 입력한다.

「=$B$4×$B$9」

이 공식을 E14:E1012셀 범위에도 복사해 두면 E열에 비용이 산출된다.

6. 상 환 액

만약 가정된 주문량이 수요량이 작으면 그 차이만큼의 반환액이 생기게 된다. 다음 공식을 먼저 F13셀에 입력한다.

「=$B$6×MAX($B$9 - C13,0)」

이 공식을 F14:F1012셀 범위에도 복사해 두면 F열에 상환액이 산출된다.

7. 이 익

이는 다음 공식으로 산출한다.

「=D13 - E13 + F13」

이 공식을 G14:G1012셀 범위에도 복사해 두면 G열에 이익이 산출된다.

8. 요약치 산출

평균이익, 이익의 표준편차, 최소이익, 최대이익의 요약치는 각각 다음 공식을 이용하여 산출된다.

G1013셀(평균이익)「=Average(G13:G1012)」
G1014셀(이익의 표준편차)「=STDEV(G13:G1012)」
G1015셀(최소이익)「=MIN(G13:G1012)」
G1016셀(최대이익)「=MAX(G13:G1012)」

〔그림 19.2〕의 결과를 보면 주문량이 200인 경우 평균이익은 231이고 표준편차는 296.59이다. 그러나 위의 작업 결과는 F9 키를 눌러보면 결과가 달라지게 된다. 이제 B9셀에서 가정한 200개의 주문량을 다른 수치로 수정하여 다시 난수를 발생시키는 경우 그 결과가 어떻게 달라지는지 알아보자. 예를 들어, 5개의 대안 각각에 대해 시뮬레이션을 하여 얻은 평균이익이 〔그림 19.3〕과 같이 나왔다면, 고려문고의 입장에서 최적의 의사결정은 무엇인가? 그 이유를 어떻게 설명할 수 있을까?

[그림 19.2] 주문량에 대한 시뮬레이션

B9 | fx | 200

	A	B	C	D	E	F	G	H
1	시뮬레이션							
2								
3	비용자료			수요분포				
4	단위 비용	7.5		확률	누적확률	수요		
5	단위 가격	10		0.2	0	100		
6	단위 반환액	2.5		0.3	0.2	150		
7				0.3	0.5	200		
8	결정변수			0.15	0.8	250		
9	주문량	200		0.05	0.95	300		
10								
11	시뮬레이션							
12	반복	난수	수요	수익	비용	반환액	이익	
13	1	0.23310	150	1500	1500	125	125	
14	2	0.23234	150	1500	1500	125	125	
15	3	0.30904	150	1500	1500	125	125	
16	4	0.52644	200	2000	1500	0	500	
17	5	0.95517	300	2000	1500	0	500	
18	6	0.24363	150	1500	1500	125	125	
19	7	0.14146	100	1000	1500	250	-250	
1007	995	0.64281	200	2000	1500	0	500	
1008	996	0.74853	200	2000	1500	0	500	
1009	997	0.50491	200	2000	1500	0	500	
1010	998	0.10284	100	1000	1500	250	-250	
1011	999	0.88146	250	2000	1500	0	500	
1012	1000	0.55497	200	2000	1500	0	500	
1013						평균이익	231.125	
1014						이익의 표준편차	296.5907542	
1015						최소이익	-250	
1016						최대이익	500	
1017								

[그림 19.3] 각 주문량에 대한 평균이익

주문량	평균이익
100	250
150	301
200	231
250	68
300	-155

위의 결과들은 1,000번의 난수발생을 통해 얻어진 가상결과이기 때문에 반복수를 늘리거나 엑셀 난수가 아닌 다른 난수표를 사용하면 결과가 달라질 수 있다는 점을 기억할 필요가 있다.

연습문제

1 고려슈퍼마켓의 일일 고객 수가 다음 표와 같이 확률로 주어져 있다고 할 때 이 슈퍼마켓의 총 매출액을 확률적 시뮬레이션을 이용하여 산출해 보시오. 여기서 고객 1인당 평균지불액은 3,000원으로 가정한다.

일 고객 數	확률
50명	0.1
60명	0.15
70명	0.2
80명	0.3
90명	0.15

2 대학 구내매점의 주인 K씨는 이익최대화를 위해서 매일 구매해야 하는 커피원료의 양을 결정하고자 한다. 커피 1잔의 원가는 200원이고 판매가격은 500원이므로 1잔당 이익은 300원이 된다. 원료는 바로 전날에 50잔 분을 구매하는데 당일 팔고 남은 커피는 신선도 측면에서 좋지 않기 때문에 모두 버린다고 한다. 따라서 버리는 커피에 대해서는 1잔당 200원의 손해를 보게 된다. K씨는 매일 50잔 분의 커피를 준비하나 손님이 많은 경우 커피를 팔지 못하는 경우가 발생하여 이제 70잔을 준비하는 것이 좋은지 알고자 한다. 시뮬레이션을 이용하여 50잔과 70잔의 준비 중 어느 것이 이익 측면에서 유리한지를 결정하시오

이 구내매점의 지난 100일간의 영업을 통한 커피 판매량 자료가 다음과 같이 주어져 있다.

수요량	10	30	50	70	90
확률	0.1	0.2	0.3	0.25	0.15

연습문제 해답

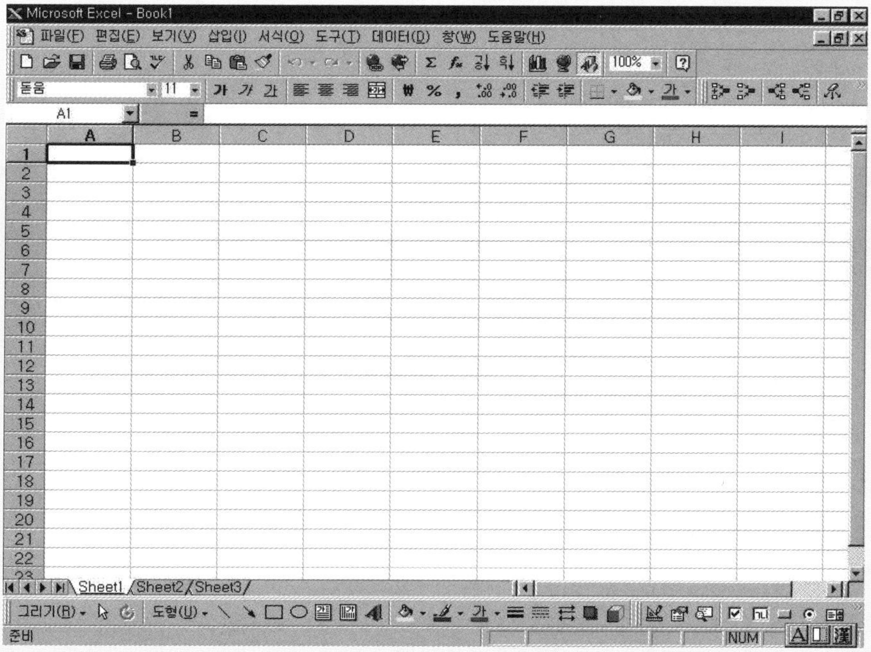
Microsoft Excel - Book1
파일(F) 편집(E) 보기(V) 삽입(I) 서식(O) 도구(T) 데이터(D) 창(W) 도움말(H)
100%
돋움
11
A1
A B C D E F G H I
Sheet1 Sheet2 Sheet3
그리기(R) 도형(U)
준비
NUM

제 2 장

선형계획법

1 〔그림 2.a〕에서 보는 바와 같이 목적함수의 값은 35,000이고 X=5, Y=3으로 주어져 있다.

〔그림 2.a〕 최종 결과

F12 =

	A	B	C	D	E	F
1	최소화문제					
2						
3		X	Y	총사용자원		총가용자원
4	제한조건1	100	100	800	>=	800
5	제한조건2	300	100	1800	>=	1200
6	제한조건3	300	500	3000	>=	3000
7				총이익		
8	단위당 비용	4000	5000	35,000		
9						
10	최적생산량	5	3			
11						
12						

sheet1

2 다음과 같이 모형을 수립할 수 있다.

최대화 $Z = 500A + 450B$

제약조건

$$6A + 5B \le 600$$
$$10A + 20B \le 1500$$
$$A, B \ge 0$$

위의 모형식의 풀이결과는 〔그림 2.b〕와 같다. 〔그림 2.b〕에서 보면 A는 64개, B는 43개를 생산하는 것이고 이때의 총 이익은 51,429로 나타나 있다.

[그림 2.b] 최종 결과

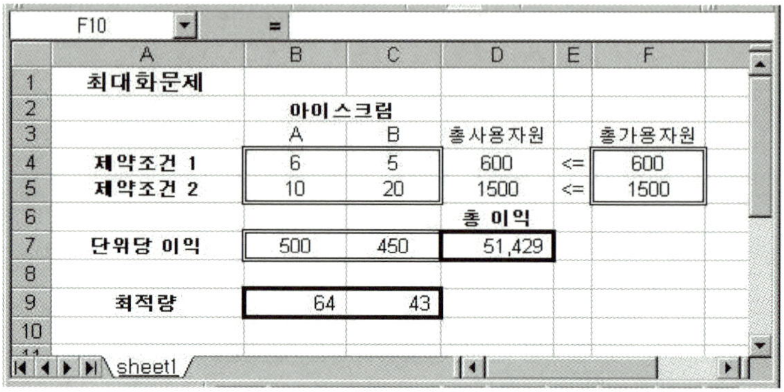

	A	B	C	D	E	F
1	최대화문제					
2		아이스크림				
3		A	B	총사용자원		총가용자원
4	제약조건 1	6	5	600	<=	600
5	제약조건 2	10	20	1500	<=	1500
6				총 이익		
7	단위당 이익	500	450	51,429		
8						
9	최적량	64	43			
10						

제 3 장

DEA

1 대리점 A에 대한 모형식은 다음과 같다.

최대화 $Z = 100\, y_1$

제약조건

$$
\begin{aligned}
& 200\, x_1 + 300\, x_2 = 1 \\
& 100\, y_1 - (200\, x_1 + 300\, x_2) \le 0 \\
& 100\, y_1 - (300\, x_1 + 200\, x_2) \le 0 \\
& 100\, y_1 - (400\, x_1 + 100\, x_2) \le 0 \\
& 100\, y_1 - (200\, x_1 + 200\, x_2) \le 0 \\
& 100\, y_1 - (100\, x_1 + 400\, x_2) \le 0 \\
& \quad y_r,\, x_i \ge 0
\end{aligned}
$$

〔그림 3.a〕 최종 결과

	A	B	C	D	E	F
1	**대리점 A**					
2						
3	사용 및 생산된 양					
4		투입물 1	투입물 2	산출물 1		
5	A	200	300	100		
6	B	300	200	100		
7	C	400	100	100		
8	D	200	200	100		
9	E	100	400	100		
10						
11	투입물에 대한 단위당 원가 및	투입물 1	투입물 2	산출물 1		
12	산출물에 대한 단위당 가격	0.002857	0.001429	0.008571		
13						
14	사용된 투입물 원가와 산출물 가격	투입물 원가		산출물 가치		
15	A	1.000	>=	0.857		
16	B	1.143	>=	0.857		
17	C	1.286	>=	0.857		
18	D	0.857	>=	0.857		
19	E	0.857	>=	0.857		
20						
21	대리점 A 투입물 원가	1.000	=	1.000		
22	대리점 A 산출치 가치	0.857				
23						
24						

sheet1 / sheet2 / sheet3 / Sheet4 / Sh

〔그림 3.a〕의 시트 1에서 대리점 A의 산출물 가치가 0.857로 나타나 있다. 같은 방식으로 시트 2에서 시트 5까지에 나머지 각 대리점을 분석해 보면 대리점 B가 0.857이고, 대리점 C, D, E는 전부 1로 나타나 결국 대리점 A와 B가 비효율적임을 알 수 있다.

2 지점 A에 대한 모형은 다음과 같다.

최대화 $Z = 1{,}260\, y_1 + 45{,}378\, y_2 + 23{,}217\, y_3$

제약조건

$$
\begin{aligned}
& 42\, x_1 + 842\, x_2 + 193\, x_3 = 1 \\
& 1{,}260\, y_1 + 45{,}378\, y_2 + 23{,}217\, y_3 - (42\, x_1 + 842\, x_2 + 193\, x_3) \le 0 \\
& 790\, y_1 + 28{,}415\, y_2 + 16{,}339\, y_3 - (29\, x_1 + 477\, x_2 + 160\, x_3) \le 0 \\
& 454\, y_1 + 22{,}944\, y_2 + 7{,}001\, y_3 - (34\, x_1 + 933\, x_2 + 211\, x_3) \le 0 \\
& 811\, y_1 + 31{,}691\, y_2 + 14{,}227\, y_3 - (41\, x_1 + 1{,}661\, x_2 + 216\, x_3) \le 0 \\
& 593\, y_1 + 31{,}891\, y_2 + 23{,}030\, y_3 - (29\, x_1 + 688\, x_2 + 151\, x_3) \le 0 \\
& 533\, y_1 + 28{,}537\, y_2 + 6{,}946\, y_3 - (39\, x_1 + 1{,}135\, x_2 + 209\, x_3) \le 0 \\
& y_r, x_i \ge 0
\end{aligned}
$$

〔그림 3.b〕 최종 결과

C6 = 477

	A	B	C	D	E	F	G
1	**은행 지점**						
2							
3	사용 및 생산된 양						
4		투입물 1	투입물 2	투입물 3	산출물 1	산출물 2	산출물 3
5	A	42	842	193	1260	45378	23217
6	B	29	477	160	790	28415	16339
7	C	34	933	211	454	22944	7001
8	D	41	1661	216	811	31691	14227
9	E	29	688	151	593	31891	23030
10	F	39	1135	209	533	28537	6946
11							
12	투입물에 대한 단위당 원가 및	투입물 1	투입물 2	투입물 3	산출물 1	산출물 2	산출물 3
13	산출물에 대한 단위당 가격	0.0238095	0.0000000	0.0000000	0.0000421	0.0000209	0.0000000
14							
15	사용된 투입물 원가와 산출물 가격	투입물 원가		산출물 가치			
16	A	1.000	>=	1.000			
17	B	0.690	>=	0.626			
18	C	0.810	>=	0.498			
19	D	0.976	>=	0.695			
20	E	0.690	>=	0.690			
21	F	0.929	>=	0.618			
22							
23	은행 A 투입물 원가	1.000	=	1.000			
24	은행 A 산출치 가치	1.000					
25							

sheet1 / sheet2 / sheet3 / Sheet4 / Sheet5 / Sheet6

〔그림 3.b〕의 시트 1에서 지점 A의 산출물 가치가 1로 나타나 있다. 같은 방식으로 시트 2에서 시트 6까지에 나머지 각 지점을 분석해 보면 지점 C가 0.615, 지점 D가 0.396, 지점 F가 0.489이고 지점 B, E는 1로 나타나 결국 지점 C, D, F가 지점 A, B, E에 비해 비효율적임을 알 수 있다.

제 4 장

정수계획법

1 〔그림 4.a〕에서 보듯이 최적해는 X=6, Y=3으로 주어지고 이때의 총 이익은 57로 나타나 있다.

〔그림 4.a〕 최종 결과

C4 = 2

	A	B	C	D	E	F
1	정수계획법					
2						
3		X	Y	총사용자원		총가용자원
4	제약조건1	5	2	36	<=	37
5	제약조건2	2	6	30	<=	32
6				총이익		
7	단위당 이익	7	5	57		
8						
9	최적해	6	3			
10						
11						

Sheet1 / Sheet2 / Sheet3

2 먼저 다음과 같이 모형을 수립할 수 있다.

최대화 $Z = 100X_1 + 150X_2 + 230X_3 + 170X_4 + 70X_5 + 77X_6$

제약조건

$$600X_1 + 900X_2 + 150X_3 + 450X_4 + 670X_5 + 580X_6 \le 1{,}500$$

$$5X_1 + 5X_2 + 3X_3 + 7X_4 + 6X_5 + 2X_6 \le 27$$

$$X_3 + X_5 \le 1$$

$X_j = 0$ 또는 1 $(j = 1, 2, 3, 4, 5, 6)$

X_j는 투자 j

위의 모형을 근거로 〔그림 4.b〕와 같이 해답을 얻을 수 있다. 여기서 투자안은 2, 3, 4, 6으로 결정되었으며 이때의 총 순현가는 627로 산출되었다.

〔그림 4.b〕 최종 결과

H16 =

	A	B	C	D	E	F	G	H	I	J
1	투자예산문제									
2										
3				프로젝트						
4		1	2	3	4	5	6			
5	투자여부	0	1	1	1	0	1			
6										
7	NPV	100	150	230	170	70	77			
8								실제 투자내용		예산
9	초기 투자비용	600	900	150	450	670	580	1500	<=	1500
10	신규운영인원	5	5	3	7	6	2	15	<=	27
11	상호배타 투자							1	<=	1
12	순현가(NPV)	627								
13										
14										

sheet1

제 5 장

수송모형

1 다음과 같이 모형을 수립할 수 있다.

최소화 $Z = 70X_{11} + 50X_{12} + 60X_{13} + 150X_{21} + 90X_{22} + 120X_{23} + 30X_{31} + 90X_{32} + 100X_{33}$

제약조건

$$X_{11} + X_{12} + X_{13} = 120$$
$$X_{21} + X_{22} + X_{23} = 90$$
$$X_{31} + X_{32} + X_{33} = 70$$
$$X_{11} + X_{21} + X_{31} = 150$$
$$X_{12} + X_{22} + X_{32} = 75$$
$$X_{13} + X_{23} + X_{33} = 55$$
$$X_{ij} \geq 0 \text{ 또는 양의 정수}$$

X_{ij}은 i에서 j까지의 수송량

결과는 〔그림 5.a〕에서 보는 바와 같이 공장 A에서 포항으로 80, 울산으로 40, 공장 B에서 부산으로 75, 울산으로 15 그리고 공장 C에서 포항으로 70을 수송하는 것이며 이때의 총 비용 18,650으로 나타나 있다.

〔그림 5.a〕 최종 결과

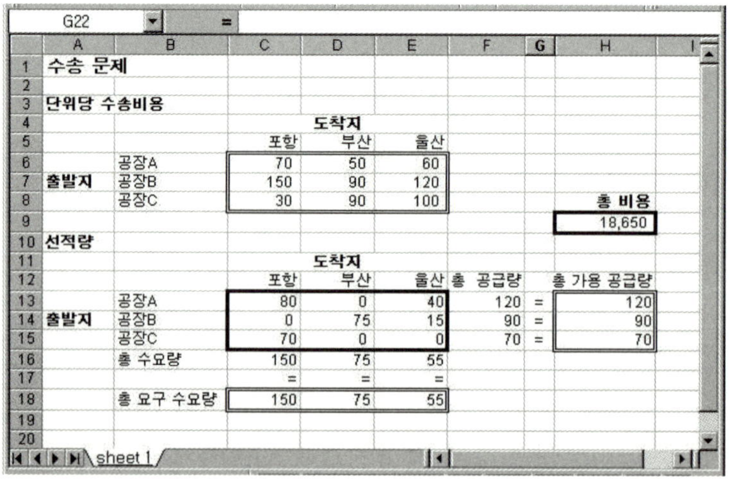

G22 =

	A	B	C	D	E	F	G	H
1	수송 문제							
2								
3	단위당 수송비용							
4				도착지				
5			포항	부산	울산			
6		공장A	70	50	60			
7	출발지	공장B	150	90	120			
8		공장C	30	90	100			총 비용
9								18,650
10	선적량							
11				도착지				
12			포항	부산	울산	총 공급량		총 가용 공급량
13		공장A	80	0	40	120	=	120
14	출발지	공장B	0	75	15	90	=	90
15		공장C	70	0	0	70	=	70
16		총 수요량	150	75	55			
17			=	=	=			
18		총 요구 수요량	150	75	55			
19								
20								

sheet 1

2 다음과 같이 모형을 수립할 수 있다.

최소화 $Z = 70\,X_{11} + 50\,X_{12} + 60\,X_{13} + 150\,X_{21} + 90\,X_{22} + 120\,X_{23} + 30\,X_{31} + 90\,X_{32} + 100\,X_{33}$

제약조건

$$X_{11} + X_{12} + X_{13} \leq 120$$
$$X_{21} + X_{22} + X_{23} \leq 90$$
$$X_{31} + X_{32} + X_{33} \leq 70$$
$$X_{11} + X_{21} + X_{31} = 150$$
$$X_{12} + X_{22} + X_{32} = 75$$
$$X_{13} + X_{23} + X_{33} = 25$$

$X_{ij} \geq 0$ 또는 양의 정수

(X_{ij}은 i에서 j까지의 수송량)

결과는 〔그림 5.b〕와 같고 이 경우의 총 비용은 15,350으로 나타나 있다.

〔그림 5.b〕 최종 결과

E19 =

	A	B	C	D	E	F	G	H
1	**수송 문제**							
2								
3	**단위당 수송비용**							
4				**도착지**				
5			포항	부산	울산			
6		공장A	70	50	60			
7	**출발지**	공장B	150	90	120			
8		공장C	30	90	100			**총 비용**
9								15,350
10	**선적량**							
11				**도착지**				
12			포항	부산	울산	총 공급량		총 가용 공급량
13		공장A	80	15	25	120	<=	120
14	**출발지**	공장B	0	60	0	60	<=	90
15		공장C	70	0	0	70	<=	70
16		총 수요량	150	75	25			
17			=	=	=			
18		총 요구 수요량	150	75	25			
19								
20								

sheet 1

제 6 장

할당모형

1 다음과 같이 모형을 수립할 수 있다.

$$
\begin{aligned}
\text{최대화} \quad Z = {} & 70 X_{11} + 65 X_{12} + 36 X_{13} + 29 X_{14} \\
& + 102 X_{21} + 92 X_{22} + 64 X_{23} + 46 X_{24} \\
& + 22 X_{31} + 45 X_{32} + 37 X_{33} + 105 X_{34} \\
& + 75 X_{41} + 52 X_{42} + 98 X_{43} + 35 X_{44}
\end{aligned}
$$

$$
\begin{aligned}
\text{제약조건} \quad & X_{11} + X_{12} + X_{13} + X_{14} = 1 \\
& X_{21} + X_{22} + X_{23} + X_{24} = 1 \\
& X_{31} + X_{32} + X_{33} + X_{34} = 1 \\
& X_{41} + X_{42} + X_{43} + X_{44} = 1 \\
& X_{11} + X_{21} + X_{31} + X_{41} = 1 \\
& X_{12} + X_{22} + X_{32} + X_{42} = 1 \\
& X_{13} + X_{23} + X_{33} + X_{43} = 1 \\
& X_{14} + X_{24} + X_{34} + X_{44} = 1 \\
& X_{ij} = 0 \text{ 또는 } 1
\end{aligned}
$$

X_{ij}는 i번째 버스를 j번째 구간에 할당하는 변수

위의 모형을 근거로 얻은 결과는 〔그림 6. a〕에서 보듯이 A → 나, B → 가, C → 라, D → 다 로 배정하는 것이고 이 경우 총 이익은 670으로 나타나 있다.

(그림 6.a) 최종 결과

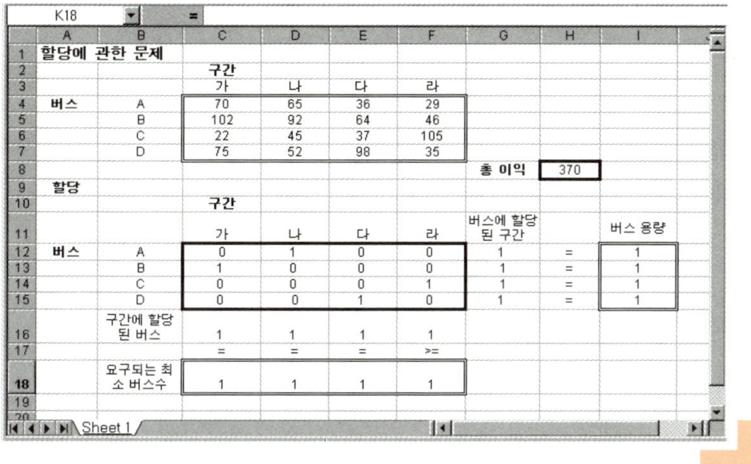

	A	B	C	D	E	F	G	H	I
1	할당에 관한 문제								
2			구간						
3			가	나	다	라			
4	버스	A	70	65	36	29			
5		B	102	92	64	46			
6		C	22	45	37	105			
7		D	75	52	98	35			
8							총 이익	370	
9	할당								
10			구간						
11			가	나	다	라	버스에 할당된 구간		버스 용량
12	버스	A	0	1	0	0	1	=	1
13		B	1	0	0	0	1	=	1
14		C	0	0	0	1	1	=	1
15		D	0	0	1	0	1	=	1
16		구간에 할당된 버스	1	1	1	1			
17			=	=	=	>=			
18		요구되는 최소 버스수	1	1	1	1			
19									

2 다음과 같이 모형을 수립할 수 있다.

$$
\begin{aligned}
\text{최소화} \quad Z = & \ 9X_{11} + 7X_{12} + 6X_{13} + 5X_{14} \\
& + 8X_{21} + 8X_{22} + 7X_{23} + 7X_{24} \\
& + 6X_{31} + 8X_{32} + 8X_{33} + 6X_{34} \\
& + 9X_{41} + 8X_{42} + 6X_{43} + 4X_{44}
\end{aligned}
$$

$$
\begin{aligned}
\text{제약조건} \quad & X_{11} + X_{12} + X_{13} + X_{14} = 1 \\
& X_{21} + X_{22} + X_{23} + X_{24} = 1 \\
& X_{31} + X_{32} + X_{33} + X_{34} = 1 \\
& X_{41} + X_{42} + X_{43} + X_{44} = 1 \\
& X_{11} + X_{21} + X_{31} + X_{41} = 1 \\
& X_{12} + X_{22} + X_{32} + X_{42} = 1 \\
& X_{13} + X_{23} + X_{33} + X_{43} = 1 \\
& X_{14} + X_{24} + X_{34} + X_{44} = 1
\end{aligned}
$$

$$X_{ij} = 0 \text{ 또는 } 1$$

X_{ij}는 i번째 요리사를 j번째 음식군에 할당하는 변수

위의 모형을 근거로 얻은 결과는 (그림 6. b)에서 보듯이 A → 다, B → 나, C → 가, D → 라 로 배정하는 것이고 이 경우 총 요리시간은 19분으로 나타나 있다.

〔그림 6.b〕 최종 결과

I118

	A	B	C	D	E	F	G	H	I
1	할당에 관한 문제								
2			음식물						
3			가	나	다	라			
4	요리사	A	9	7	6	5			
5		B	8	3	7	9			
6		C	6	10	8	6			
7		D	5	8	12	4			
8							총 시간	19	
9	할당								
10			음식물						
11			가	나	다	라	요리사에 할당된 음식군		요리사 용량
12	요리사	A	0	0	1	0	1	=	1
13		B	0	1	0	0	1	=	1
14		C	1	0	0	0	1	=	1
15		D	0	0	0	1	1	=	1
16		요리사에 할당된 음식군	1	1	1	1			
17			=	=	=	>=			
18		요구되는 최소 음식군수	1	1	1	1			
19									
20									

Sheet 1

제 7 장

목표계획법

1 〔그림 7.a〕의 결과를 보면 모든 목표의 편차가 0으로 목표는 모두 달성되었으며 이때의 최적해는 x_1=100, x_2=45, d_1=65임을 알 수 있다.

〔그림 7.a〕 최종 결과

J11

	A	B	C	D	E	F	G
1	목표계획법의 단계1						
2							
3		X1	X2				
4	1	1	1				
5	2	1	0				
6	3	0	1				
7							
8	결정변수	100	45				
9							
10	목적 제약조건		목표 미달수	목표 초과수	합계		RHS
11	우선순위 1	145	0	65	80	=	80
12	우선순위 2	100	0	0	100	=	100
13	우선순위 3	45	0	0	45	=	45
14							
15	목표1로부터의 편차	0					
16	목표2로부터의 편차	0					
17	목표3으로부터의 편차	0					
18							

sheet 1

2 다음과 같이 모형을 수립할 수 있다.

$$\text{최소화} \quad Z = P_1 d_1^- + P_2 d_2^- + P_3 d_3^-$$

$$\begin{aligned} \text{제약조건} \quad & 2.5\, x_1 + 5\, x_2 + d_1^- - d_1^+ = 275 \\ & 7\, x_1 + 10\, x_2 + d_2^- - d_2^+ = 630 \\ & 1{,}000\, x_1 + 900\, x_2 + d_3^- - d_3^+ = 80{,}750 \\ & 3\, x_1 + 2\, x_2 \leq 222 \\ & x_j, d_i^-, d_i^+ \geq 0 \end{aligned}$$

이제 〔그림 7.b〕에서 결과를 보면 목표 1, 2, 3의 편차가 0으로, 목표 1, 2, 3 모두 달성되었으며 이 경우의 최적해는 x_1=55, x_2=29임을 알 수 있다.

〔그림 7.b〕 최종 결과

C6 = 10

	A	B	C	D	E	F	G	H
1	목표계획법의 단계1							
2								
3	각 음식에 대한 영양과 비용에 대한 정보							
4		불고기버거	치킨버거					
5	포장	2.5	5					
6	재료준비	7	10					
7	단위당 이익	1000	900					
8	굽기	3	2					
9								
10								
11	생산량	55	29					
12								
13	굽기 제약조건	222				<=	222	
14								
15	목적 제약조건	요구 시간 및 이익	목표 미달수	목표 초과수	합계		목표 영양	
16	우선순위 1	281	0	6	275	=	275	
17	우선순위 2	672	0	42	630	=	630	
18	우선순위 3	80750	0	0	80750	=	80750	
19								
20	목표1로부터의 편차	0						
21	목표2로부터의 편차	0						
22	목표3로부터의 편차	0						
23								
24								
25								

sheet 1 / sheet 2 / sheet 3

제 8 장

네트워크 모형

1 다음과 같이 모형을 수립할 수 있다.

최소화 $Z = 1{,}000{,}000\ X_{11} + 3{,}710\ X_{12} + 1{,}600\ X_{13} + 1{,}900\ X_{14} + 1{,}700\ X_{15} + 1{,}000{,}000\ X_{16}$
$1{,}000{,}000\ X_{21} + 1{,}000{,}000\ X_{22} + 1{,}700\ X_{23} + 3{,}200\ X_{24} + 1{,}700\ X_{25} + 1{,}600\ X_{26}$
$1{,}000{,}000\ X_{31} + 1{,}000{,}000\ X_{32} + 1{,}000{,}000\ X_{33} + 1{,}850\ X_{34} + 3{,}425\ X_{35} + 1{,}900\ X_{36}$
$1{,}000{,}000\ X_{41} + 1{,}000{,}000\ X_{42} + 1{,}000{,}000\ X_{43} + 1{,}000{,}000\ X_{44} + 1{,}950\ X_{45} + 3{,}650\ X_{46}$
$1{,}000{,}000\ X_{51} + 1{,}000{,}000\ X_{52} + 1{,}000{,}000\ X_{53} + 1{,}000{,}000\ X_{54} + 1{,}000{,}000\ X_{55} + 2{,}075\ X_{56}$

제약조건

$$(X_{11} + X_{21} + X_{31} + X_{41} + X_{51} + X_{61}) - (X_{11} + X_{12} + X_{13} + X_{14} + X_{15} + X_{16}) = 1$$
$$(X_{12} + X_{22} + X_{32} + X_{42} + X_{52} + X_{62}) - (X_{21} + X_{22} + X_{23} + X_{24} + X_{25} + X_{26}) = 0$$
$$(X_{13} + X_{23} + X_{33} + X_{43} + X_{53} + X_{63}) - (X_{31} + X_{32} + X_{33} + X_{34} + X_{35} + X_{36}) = 0$$
$$(X_{14} + X_{24} + X_{34} + X_{44} + X_{54} + X_{64}) - (X_{41} + X_{42} + X_{43} + X_{44} + X_{45} + X_{46}) = 0$$
$$(X_{15} + X_{25} + X_{35} + X_{45} + X_{55} + X_{65}) - (X_{51} + X_{52} + X_{53} + X_{54} + X_{55} + X_{56}) = 0$$
$$(X_{16} + X_{26} + X_{36} + X_{46} + X_{56} + X_{66}) - (X_{61} + X_{62} + X_{63} + X_{64} + X_{65} + X_{66}) = -1$$

$$X_{ij} \geq 0$$

X_{ij}는 i노드에서 j노드까지의 경로를 의미하는 변수

결과는 〔그림 8.a〕에서 보듯이 시스템을 2년 사용한 후 3년 초에 새로 구입하고 이를 다시 5년 말 또는 6년 초에 처분하는 것으로 이때의 총비용은 3,631로 나타나 있다.

[그림 8.a] 최종 결과

	A	B	C	D	E	F	G	H	I
1	장비교체								
2									
3			년초까지 유지						
4			1	2	3	4	5	6	
5	년초 구입	1	1000000	3710	1600	1900	1700	1000000	
6		2	1000000	1000000	1700	3200	1700	1600	
7		3	1000000	1000000	1000000	1850	3425	1900	
8		4	1000000	1000000	1000000	1000000	1950	3650	
9		5	1000000	1000000	1000000	1000000	1000000	2075	
10		6	1000000	1000000	1000000	1000000	1000000	1000000	
11									
12	구매 및 대체 계획						총 비용	3,631	
13			년초까지 유지						
14			1	2	3	4	5	6	총 유출량
15	년초 구입	1	0	0	1	0	0	0	1
16		2	0	0	0	0	0	0	0
17		3	0	0	0	0	0	1	1
18		4	0	0	0	0	0	0	0
19		5	0	0	0	0	0	0	0
20		6	0	0	0	0	0	0	0
21		총 유입량	0	0	1	0	0	1	
22		총 유출량	1	0	1	0	0	0	
23		순 유출량	1	0	0	0	0	-1	
24			=	=	=	=	=	=	
25		요구 순 유출량	1	0	0	0	0	-1	
26									

sheet1

2 다음과 같이 모형을 수립할 수 있다.

최대화 $Z = X_{12} + X_{13} + X_{14} + X_{15} + X_{16} + X_{17}$

제약조건

$$(X_{11} + X_{21} + X_{31} + X_{41} + X_{51} + X_{61} + X_{71}) - (X_{11} + X_{12} + X_{13} + X_{14} + X_{15} + X_{16} + X_{17}) = 0$$

$$(X_{12} + X_{22} + X_{32} + X_{42} + X_{52} + X_{62} + X_{72}) - (X_{21} + X_{22} + X_{23} + X_{24} + X_{25} + X_{26} + X_{27}) = 0$$

$$(X_{13} + X_{23} + X_{33} + X_{43} + X_{53} + X_{63} + X_{73}) - (X_{31} + X_{32} + X_{33} + X_{34} + X_{35} + X_{36} + X_{37}) = 0$$

$$(X_{14} + X_{24} + X_{34} + X_{44} + X_{54} + X_{64} + X_{74}) - (X_{41} + X_{42} + X_{43} + X_{44} + X_{45} + X_{46} + X_{47}) = 0$$

$$(X_{15} + X_{25} + X_{35} + X_{45} + X_{55} + X_{65} + X_{75}) - (X_{51} + X_{52} + X_{53} + X_{54} + X_{55} + X_{56} + X_{57}) = 0$$

$$(X_{16} + X_{26} + X_{36} + X_{46} + X_{56} + X_{66} + X_{76}) - (X_{61} + X_{62} + X_{63} + X_{64} + X_{65} + X_{66} + X_{67}) = 0$$

$$(X_{17} + X_{27} + X_{37} + X_{47} + X_{57} + X_{67} + X_{77}) - (X_{71} + X_{72} + X_{73} + X_{74} + X_{75} + X_{76} + X_{77}) = 0$$

$$\sum_i \sum_j X_{ij} \leq 483(\text{총 유동량})$$

$$X_{ij} \geq 0$$

X_{ij}는 i노드에서 j노드까지의 유동량을 의미하는 변수

결과는 〔그림 8.b〕와 같이 주어져 있고 총 유동량(승객수)은 120으로 나타나 있다.

〔그림 8.b〕 최종 결과

M24 =

	A	B	C	D	E	F	G	H	I	J	K	L
1	**최대흐름문제**											
2												
3	**흐름**											
4						**까지**						
5			**제주**	**경주**	**광주**	**대구**	**울산**	**부산**	**서울**	**총 유출량**		**총 흐름**
6	**부터**	제주	0	30	10	20	15	45	0	120		120
7		경주	0	0	0	0	0	0	30	30		
8		광주	0	0	0	0	0	0	15	15		
9		대구	0	0	5	0	0	0	15	20		
10		울산	0	0	0	0	0	0	15	15		
11		부산	0	0	0	0	0	0	45	45		
12		서울	120	0	0	0	0	0	0	120		
13		총 유입량	120	30	15	20	15	45	120			
14		총 유출량	120	30	15	20	15	45	120			
15		순 유입량	0	0	0	0	0	0	0			
16			=	=	=	=	=					
17		주어진 순 유출량	0	0	0	0	0	0	0			
18												
19	**연결선 용량**											
20						**까지**						
21			**제주**	**경주**	**광주**	**대구**	**울산**	**부산**	**서울**			
22	**부터**	제주	0	30	10	20	15	55	0			
23		경주	0	0	0	0	15	7	37			
24		광주	0	0	0	0	0	0	26			
25		대구	0	0	25	0	0	0	25			
26		울산	0	0	0	0	0	0	20			
27		부산	0	0	0	0	0	0	45			
28		서울	153	0	0	0	0	0	0			
29												

Sheet 1

제 9 장

PERT/CPM

1 통상적으로 PERT 절차는 각 활동에 대해 단일의 기대 완성시간을 구하기 위해 세 가지 시간 추정치를 이용한다. 즉 각 활동에 대한 기대 완성시간은 다음과 같이 계산된다.

$$T = (o + 4m + p) / 6$$

T = 기대 완성시간

o = 낙관 추정치

m = 최빈 추정치

p = 비관 추정치

예를 들어 판매예산(sales budget)은 평균 14일이 소요된다. 즉

$$14 = (10 + 4 \times 14 + 18) / 6$$

위와 같이 계산한 결과는 다음 표에 제시되어 있다.

활동 내용	활동 코드	추정 시간(일)
판매예산	A	14.00
매출채권회수예산	B	4.17
자본비용예산	C	5.17
판매비와 일반관리비예산	D	4.00
생산예산	E	7.83
직접재료비예산	F	5.00
재료비현금지급예산	G	4.17
직접노무비예산	H	4.17
제조간접비예산	I	5.00
현금예산	J	3.17
현금차입예산	K	2.17
손익계산서	L	1.17
대차대조표	M	1.17

〔그림 9. a〕에서 보듯이 본 예제 해결을 위해서는 가상활동(Dummy activities)경로가 필요하다. 즉 PERT 네트워크에서 화살표 DU1에서 DU6은 단지 선후관계만 보여 주는 가상활동이다.

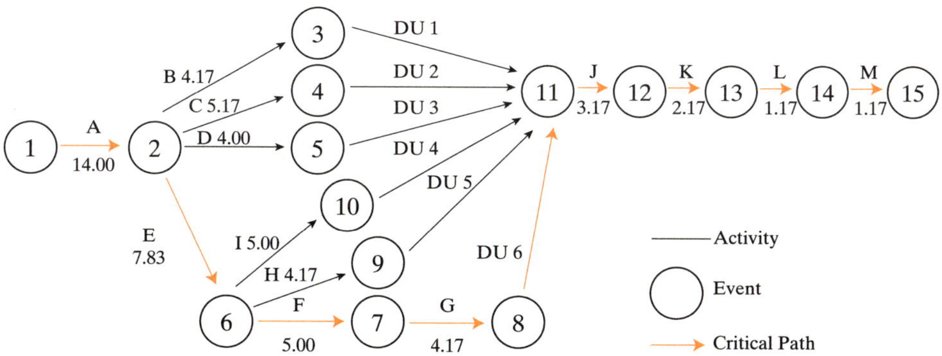

다음과 같이 모형을 수립할 수 있다.

최소화 $Z = X_{15}$

제약조건

$$
\begin{aligned}
X_2 - X_1 &\geq 14 \\
X_3 - X_2 &\geq 4.17 \\
X_4 - X_2 &\geq 5.17 \\
X_5 - X_2 &\geq 4 \\
X_6 - X_2 &\geq 7.83 \\
X_7 - X_6 &\geq 5 \\
X_8 - X_7 &\geq 4.17 \\
X_9 - X_6 &\geq 4.17 \\
X_{10} - X_6 &\geq 5 \\
X_{11} - X_3 &\geq 0 \\
X_{11} - X_4 &\geq 0 \\
X_{11} - X_5 &\geq 0 \\
X_{11} - X_8 &\geq 0 \\
X_{11} - X_9 &\geq 0 \\
X_{11} - X_{10} &\geq 0 \\
X_{12} - X_{11} &\geq 3.17 \\
X_{13} - X_{12} &\geq 2.17 \\
X_{14} - X_{13} &\geq 1.17 \\
X_{15} - X_{14} &\geq 1.17 \\
X_i &\geq 0
\end{aligned}
$$

X_i는 단계 i가 발생한 기간

〔그림 9.a〕에서 보면 총 프로젝트 기간은 39일이며 R열과 T열의 수치가 일치하는 활동 중에서 경로가 가능한 활동인 A, E, F, G, DU6, J, K, L, M이 주 경로임을 알 수 있다.

[그림 9.a] 최종 결과

T4 = =Q4

PERT/CPM

	노드															프로젝트 기간
	1	2	3	4	5	6	7	8	9	10	11	12	13	14	15	
	0	14	31	19	31	22	27	31	31	31	31	34	36	38	39	39

		노드																	추정기간
		1	2	3	4	5	6	7	8	9	10	11	12	13	14	15			
활동	A	-1	1														14.00	>=	14.00
	B		-1	1													17.00	>=	4.17
	C		-1		1												5.17	>=	5.17
	D		-1			1											17.00	>=	4.00
	E		-1				1										7.83	>=	7.83
	F						-1	1									5.00	>=	5.00
	G							-1	1								4.17	>=	4.17
	H						-1			1							9.17	>=	4.17
	I						-1				1						9.17	>=	5.00
	DU1			-1								1					0.00	>=	0.00
	DU2				-1							1					11.83	>=	0.00
	DU3					-1						1					0.00	>=	0.00
	DU4										-1	1					0.00	>=	0.00
	DU5									-1		1					0.00	>=	0.00
	DU6								-1			1					0.00	>=	0.00
	J											-1	1				3.17	>=	3.17
	K												-1	1			2.17	>=	2.17
	L													-1	1		1.17	>=	1.17
	M														-1	1	1.17	>=	1.17

민감도 보고서 1 / Sheet 1

또한 주 경로는 [그림 9.b]에서 잠재가격이 1인 활동을 통해서도 확인할 수 있다.

[그림 9.b] 민감도 분석결과

L36 =

제한 조건

셀	이름	계산 값	잠재 가격	제한 조건 우변	허용 가능 증가치	허용 가능 감소치
$R$8	A	14.00	1.00	14	1E+30	14
$R$9	B	17.00	0.00	4.17	12.83	1E+30
$R$10	C	5.17	0.00	5.17	11.83	19.17
$R$11	D	17.00	0.00	4	13	1E+30
$R$12	E	7.83	1.00	7.83	1E+30	11.83
$R$13	F	5.00	1.00	5	1E+30	4.17
$R$14	G	4.17	1.00	4.17	1E+30	4.17
$R$15	H	9.17	0.00	4.17	5	1E+30
$R$16	I	9.17	0.00	5	4.17	1E+30
$R$17	DU1	0.00	0.00	0	12.83	1E+30
$R$18	DU2	11.83	0.00	0	11.83	1E+30
$R$19	DU3	0.00	0.00	0	13	1E+30
$R$20	DU4	0.00	0.00	0	4.17	1E+30
$R$21	DU5	0.00	0.00	0	5	1E+30
$R$22	DU6	0.00	1.00	0	1E+30	4.17
$R$23	J	3.17	1.00	3.17	1E+30	34.17
$R$24	K	2.17	1.00	2.17	1E+30	36.34
$R$25	L	1.17	1.00	1.17	1E+30	37.51
$R$26	M	1.17	1.00	1.17	1E+30	38.68

민감도 보고서 1 / Sheet 1

2 다음과 같이 모형을 수립할 수 있다.

최소화 $Z = X_{10}$

제약조건

$$X_2 - X_1 \geq 3$$
$$X_3 - X_2 \geq 3$$
$$X_4 - X_3 \geq 1$$
$$X_6 - X_4 \geq 1$$
$$X_7 - X_2 \geq 1$$
$$X_5 - X_4 \geq 1$$
$$X_{10} - X_5 \geq 3$$
$$X_8 - X_6 \geq 2$$
$$X_8 - X_7 \geq 4$$
$$X_9 - X_8 \geq 3$$
$$X_8 - X_5 \geq 1$$
$$X_{10} - X_9 \geq 1$$
$$X_{10} - X_7 \geq 2$$
$$X_i \geq 0$$

〔그림 9.c〕에서 보듯이 프로젝트 기간은 총 14일로 나타났으며, 〔그림 9.d〕의 민감도분석 보고서에서 잠재가격이 1인 활동 A, B, C, D, H, J, L이 주 활동임을 알 수 있다.

〔그림 9.c〕 최종 결과

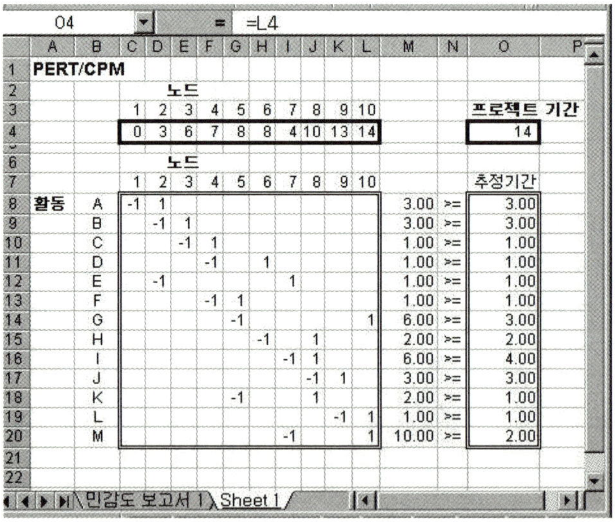
O4 =L4

	A	B	C	D	E	F	G	H	I	J	K	L	M	N	O
1	PERT/CPM														
2				노드											
3			1	2	3	4	5	6	7	8	9	10			프로젝트 기간
4			0	3	6	7	8	8	4	10	13	14			14
6				노드											
7			1	2	3	4	5	6	7	8	9	10			추정기간
8	활동	A	-1	1									3.00	>=	3.00
9		B		-1	1								3.00	>=	3.00
10		C			-1	1							1.00	>=	1.00
11		D				-1		1					1.00	>=	1.00
12		E		-1					1				1.00	>=	1.00
13		F				-1	1						1.00	>=	1.00
14		G					-1					1	6.00	>=	3.00
15		H						-1		1			2.00	>=	2.00
16		I							-1	1			6.00	>=	4.00
17		J								-1	1		3.00	>=	3.00
18		K					-1			1			2.00	>=	1.00
19		L									-1	1	1.00	>=	1.00
20		M							-1			1	10.00	>=	2.00

민감도 보고서 1 / Sheet 1

〔그림 9.d〕 민감도 분석결과

A1 = Microsoft Excel 8.0 민감도 보고서

제한 조건

셀	이름	계산 값	잠재 가격	제한 조건 우변	허용 가능 증가치	허용 가능 감소치
$M$8	A	3.00	1.00	3	1E+30	3
$M$9	B	3.00	1.00	3	1E+30	2
$M$10	C	1.00	1.00	1	1E+30	2
$M$11	D	1.00	1.00	1	1E+30	1
$M$12	E	1.00	0.00	1	2	4
$M$13	F	1.00	0.00	1	1	8
$M$14	G	6.00	0.00	3	3	1E+30
$M$15	H	2.00	1.00	2	1E+30	1
$M$16	I	6.00	0.00	4	2	1E+30
$M$17	J	3.00	1.00	3	1E+30	3
$M$18	K	2.00	0.00	1	1	1E+30
$M$19	L	1.00	1.00	1	1E+30	3
$M$20	M	10.00	0.00	2	8	1E+30

민감도 보고서 1 / Sheet 1 /

제 10 장

재고모형

1 〔그림 10.a〕에서 보는 바와 같이 최적주문량은 158개이며 이때의 총 재고비용은 31,623원으로 산출된다.

[그림 10.a] 최종 결과

B11 = 158.113881928881

	A	B	C
1	**기본적 EOQ모형**		
2			
3	**입력**		
4			
5	주문 비용(K)	1,000	
6	저장 비용(S)	200	
7	년 수요(D)	2,500	
8			
9	**해찾기 분석**		
10			
11	주문량(EOQ)	158	
12	주문사이의 기간(주문주기)	0.063	
13	주문 횟수	16	
14			
15	주문량에 의해 영향을 받는 비용		
16	년 총 주문비용	15,811	
17	년 총 유지비용	15,811	
18	총 재고비용	31,623	
19			
20			

Sheet 1

2 최종 결과는 그림 [10.b]와 [10.c]에서 보듯이 6,000개를 주문하는 것으로 이때의 총비용은 45,451,000으로 나타나 있다.

[그림 10.b] 최종 결과 1

F37 =

	A	B
1	**수량할인문제**	
2	**자료입력**	
3	주문 비용 (K)	200
4	유지비용비율	10%
5	년 수요(D)	30,000
6	범위 1의 구입비용	1,750
7	범위 1과 2의 구입수량 경계	3,000
8	범위 2의 구입비용	1,600
9	범위 2의 구입수량	6,000
10	범위 2과 3의 구입수량 경계	1,500
12	**범위 1의 주문량일 때**	
13	주문량 Q	262
14	주문 횟수	115
15	주문당 구입비용	458,500
16	년 주문비용	22,901
17	년 구입비용	52,500,000
18	년 유지비용	22,925
19	총 비용	52,545,826

sheet1

[그림 10.c] 최종 결과 2

F37 =

	A	B
21	**범위 2의 주문량일 때**	
23	주문량 Q	3,000
24	주문 횟수	10
25	주문당 구입비용	4,800,000
26	년 주문비용	2,000
27	년 구입비용	48,000,000
28	년 유지비용	240,000
29	총 비용	48,242,000
31	**범위 3의 주문량일 때**	
33	주문량 Q	6,000
34	주문 횟수	5
35	주문당 구입비용	9,000,000
36	년 주문비용	1,000
37	년 구입비용	45,000,000
38	년 유지비용	450,000
39	총 비용	45,451,000
41	**최적 주문량**	6,000
42	**최소 총 비용**	45,451,000
43		

sheet1

제 11 장

수요예측

1 이동평균법의 경우 다음 그림과 같이 11월의 예측치는 59.67로 나타나 있다.

F17 =

	A	B	C	D	E	F
1	**이동평균법**					
2	**월**	**자료**	**이동평균**	**오차**	**절대오차**	
3	1	45				
4	2	43				
5	3	47				
6	4	51	45.00	6.00	6.00	
7	5	48	47.00	1.00	1.00	
8	6	52	48.67	3.33	3.33	
9	7	57	50.33	6.67	6.67	
10	8	52	52.33	-0.33	0.33	
11	9	60	53.67	6.33	6.33	
12	10	67	56.33	10.67	10.67	
13			59.67	**MAD**	**4.90**	
14						
15						

Sheet 1

지수평활법의 경우 〔그림 11-a〕과 같이 53.63으로 나타나 있다. 또한 아래 셀에는 각 지수평활에 대한 절대오차인 MAD가 제시되어 있다. 표에서는 평활요소가 0.5일 때 MAD가 가장 작은 것으로 나타나 있다. 따라서 평활요소를 0.5로 수정하고 다시 예측하는 것이 바람직함을 알 수 있다.

〔그림 11.a〕 최종 결과

F18 =

	A	B	C	D	E	F	G
1	**지수평활법**						
2	**월**	**가입자수**	**평활수준**	**예측치**	**오차**	**절대오차**	**지수평활요소**
3			32.00				**0.20**
4	1	45	34.60	32.00	13.00	13.00	
5	2	43	36.28	34.60	8.40	8.40	
6	3	47	38.42	36.28	10.72	10.72	
7	4	51	40.94	38.42	12.58	12.58	
8	5	48	42.35	40.94	7.06	7.06	
9	6	52	44.28	42.35	9.65	9.65	
10	7	57	46.82	44.28	12.72	12.72	
11	8	52	47.86	46.82	5.18	5.18	
12	9	60	50.29	47.86	12.14	12.14	
13	10	67	53.63	50.29	16.71	16.71	
14				53.63	**MAD**	**10.82**	
15							
16	MAD **대 평활요소에 대한 데이터테이블**						
17	**평활요소**	MAD					
18		10.82					
19	0.05	16.97					
20	0.10	14.42					
21	0.15	12.41					
22	0.20	10.82					
23	0.25	9.538					
24	0.30	8.51					
25	0.35	7.673					
26	0.40	7.007					
27	0.45	6.581					
28	0.50	6.222					

Sheet1

2 〔그림 11.b〕에서 회귀계수가 $a = 5.601$ 그리고 $b = 7.577$로 산출되었으므로 회귀식은 $Y = 5.601 + 7.577 \cdot X$임을 알 수 있다. 즉 장려금 1억원당 신규 가입자수가 7,577명 늘어난다고 볼 수 있다.

〔그림 11.b〕 최종 결과

M21 =

	A	B	C	D	E	F	G	H	I	J	K	L	M
1	**자료**				요약 출력								
2													
3	월	신규가입자수	장려금		회귀분석 통계량								
4	1	26	4		다중 상관계수	0.97094							
5	2	36	5		결정계수	0.94273							
6	3	73	6		조정된 결정계수	0.93557							
7	4	85	11		표준 오차	10.0661							
8	5	100	12		관측수	10							
9	6	97	13										
10	7	114	15		분산 분석								
11	8	126	15			자유도	제곱합	제곱 평균	F 비	유의한 F			
12	9	131	16		회귀	1	13343.9	13343.9	131.693	3E-06			
13	10	147	19		잔차	8	810.606	101.326					
14					계	9	14154.5						
15													
16						계수	표준 오차	t 통계량	P-값	하위 95%	상위 95%	하위 95.0%	상위 95.0%
17					Y 절편	5.60155	8.2946	0.67533	0.51851	-13.5258	24.7289	-13.5258	24.7289
18					장려금	7.57745	0.6603	11.4758	3E-06	6.0548	9.10011	6.0548	9.10011
19													

sheet1

제 12 장

의사결정론

1 1) 〔그림 12.a〕에서 보듯이 결과는 맥시민 기준에 의하면 소규모, 맥시맥스 기준에 의하면 대규모, 미니맥스 기준에 의하면 보통규모로 나타나 있다.

〔그림 12.a〕 최종 결과

H12 =

	A	B	C	D	E
1	**1. 맥시민기준**				
2	대안	낮음	보통	높음	기대수익
3	소규모	400	400	400	400
4	보통규모	100	600	600	100
5	대규모	-300	300	900	- 300
6	**선택안**				**400**
7					
8	**2. 맥시맥스기준**				
9	대안	낮음	보통	높음	기대수익
10	소규모	400	400	400	400
11	보통규모	100	600	600	600
12	대규모	-300	300	900	900
13	**선택안**				**900**
14					
15	**3.미니맥스기준**				
16	대안	낮음	보통	높음	기대수익
17	소규모	0	200	500	500
18	보통규모	300	0	300	300
19	대규모	700	300	0	700
20	**선택안**				**300**
21					

sheet1 / sheet2

2) 기대값 기준에 의하는 경우는 결과가 〔그림 12.b〕와 같이 보통규모로 나타나 있다.

3) 완전정보의 기대값은 〔그림 12.b〕에 195로 주어져 있다.

[그림 12.b] 최종 결과

	A	B	C	D	E
1	**1. 기대값기준**				
2	대안	낮음	보통	높음	기대수익
3	확률	0.2	0.35	0.45	
4	소규모	400	400	400	400
5	보통규모	100	600	600	500
6	대규모	-300	300	900	450
7	**선택안**				**500**
8					
9	**2. 완전정보의 가치(EVPI:기대기회손실기준에 의한 가치)**				
10	대안	낮음	보통	높음	기대수익
11	확률	0.2	0.35	0.45	
12	소규모	0	200	500	295
13	보통규모	300	0	300	195
14	대규모	700	300	0	245
15	**선택안**				**195**

2 여기서 구하고 싶은 확률은 $P(A_1 \mid B_1)$이다. 결과에서 보듯이 이 확률은 0.62으로 나타나 있다. 즉 면접통지를 받음으로써 회사에 합격할 사후확률은 0.62가 되어 사전확률 (A_1)=0.05보다 훨씬 증가함을 알 수 있다.

[그림 12.c] 최종 결과

	A	B	C	D	E
1	**베이지안 정리**				
2					
3	사전적 확률				
4		합격	불합격		
5		0.05	0.95		
6					
7	조건부확률				
8		합격	불합격		
9	면접을 받음	0.92	0.03		
10	면접을 받지 않음	0.08	0.97		
11					
12	결합확률				
13		합격	불합격		주변확률
14	면접을 받음	0.05	0.03		0.07
15	면접을 받지 않음	0.00	0.92		0.93
16					
17	사후확률				
18		합격	불합격		
19	면접을 받음	0.62	0.38		
20	면접을 받지 않음	0.00	1.00		
21					

제 13 장

비선형계획법

1 다음과 같이 모형을 수립할 수 있다.

$$\text{최대화} \quad Z = 50X - 5X^2 - 75$$

[제한조건 없음]

(X는 편의점의 크기, Z는 판매액)

위의 모형을 근거로 〔그림 13-a〕의 결과처럼 편의점의 크기는 50,000m²으로 결정할 수 있다. 그리고 이때의 판매액은 500,000으로 나타나 있다.

〔그림 13.a〕 최종 결과

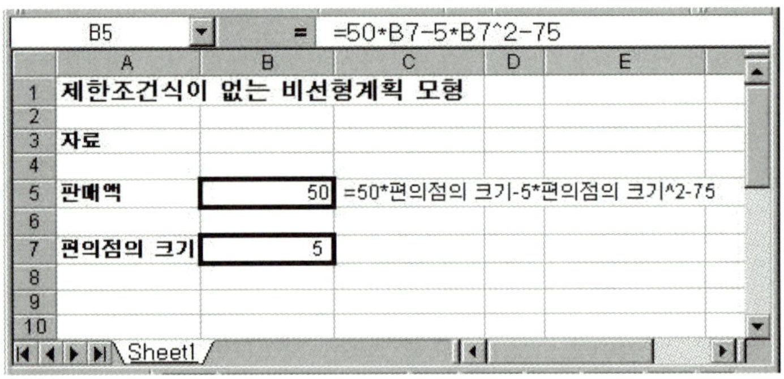

2 다음과 같이 모형을 수립할 수 있다.

$$\text{최대화} \quad Z = -x_1^2 - 2x_2^2 - x_1 x_2 + 10x_1 + 11x_2$$

$$\text{제한조건} \quad x_1 + x_2 = 5$$

$$x_1, x_2 \geq 0$$

결과는 〔그림 13.b〕에서 보듯이 라디오광고에 2천만원, 신문광고에 3천만원을 투자하는 것이고 이 경우 총 이용횟수는 2,800회로 나타나 있다.

〔그림 13.b〕 최종 결과

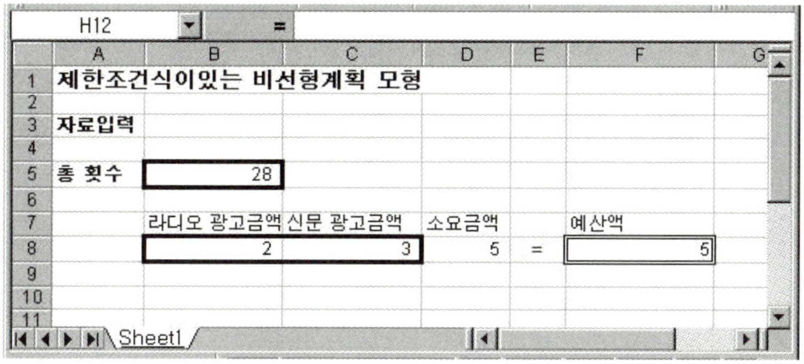

제 14 장

게임이론

1 다음과 같이 모형을 수립할 수 있다.

최대화 $Z = U$

제약조건

$$76\,X_1 + 64\,X_2 \geq U$$
$$34\,X_1 + 31\,X_2 \geq U$$
$$69\,X_1 + 26\,X_2 \geq U$$
$$\sum_i X_i = 1$$
$$X_i = 0 \text{ 또는 } 1$$
$$X_1, X_2 \geq 0, \qquad U\text{는 제한조건 없음}$$

결과는 〔그림 14.a〕에서 보듯이 고려가 X_1의 전략(즉 a_1)을 취함으로써 34의 값을 얻을 수 있다.

〔그림 14.a〕 **최종 결과**

C14 | = =B9+C9

	A	B	C	D	E	F
1	**자료입력**					
2		성과표				
3		구분	b1	b2	b3	
4		a1	76	34	69	
5		a2	64	31	26	
6						
7		변경할 셀				최대화
8	확률	x1	x2	U		Z
9		1.00	0.00	34.00		34.00
10						
11		제약조건	76.00	>=	34.00	
12			34.00	>=	34.00	
13			69.00	>=	34.00	
14			1.00	=	1	
15						

Sheet1

2 다음과 같이 모형을 수립할 수 있다.

최대화 $Z = U$

제약조건

$$7\,X_1 + 2\,X_2 \geq U$$
$$5\,X_1 + 9\,X_2 \geq U$$
$$\sum_{i=1}^{2} X_i = 1$$
$$X_1, X_2 \geq 0, \qquad U\text{는 제한조건 없음}$$

결과는 〔그림 14.b〕에서 보듯이 甲은 X_1을 0.78, X_2를 0.22 비율로 혼합전략을 취하는 것이고 이때의 기대이익은 5.89임을 알 수 있다.

〔그림 14.b〕 **최종 결과**

D4 | = 5

	A	B	C	D	E	F
1	**자료입력**					
2		성과표				
3		구분	b1	b2		
4		a1	7	5		
5		a2	2	9		
6						
7		변경할 셀				최대화
8	확률	x1	x2	U		Z
9		0.78	0.22	5.89		5.89
10						
11		제약조건	5.89	>=	5.89	
12			5.89	>=	5.89	
13			1.00	=	1	
14						
15						

Sheet1

제 15 장

계층분석과정

1 〔그림 15.a〕와 같이 각 요인에 대한 가중치가 산출되어 있다. 결과에서 보듯이 재고관리 요인이 가장 중요함을 알 수 있다.

〔그림 15.a〕 최종 결과

P23 = =N23/1.45

	A	B	C	D	E	F	G	H	I	J	K	L
1	AHP											
2	목적사이의 쌍비교											
3		재고관리	수배송	하역	주문관리	조달	물류정보	고객서비스	타부서와의 협력	사회적 환경		
4	재고관리	1	2	4	2	1	1	2	4	4		
5	수배송	1/2	1	3	1	1	1	1	4	4		
6	하역	1/4	1/3	1	1/4	1/4	1/5	1/3	1	1		
7	주문관리	1/2	1	1	1	1	1	1	3	4		
8	조달	1	1	1	1	1	1	1	4	4		
9	물류정보	1	1	1	1	1	1	2	3	3		
10	고객서비스	1/2	1	1	1	1	1/2	1	3	2		
11	타부서와의 협력	1/4	1/4	1/4	1/3	1/4	1/3	1	1	1		
12	사회적 환경	1/4	1/4	1/4	1/4	1/4	1/3	1	1	1		
13	행렬											가중치
14	재고관리	0.1905	0.2553	0.3200	0.2553	0.1481	0.1571	0.1935	0.1667	0.1667		0.2059
15	수배송	0.0952	0.1277	0.2400	0.1277	0.1481	0.1571	0.0968	0.1667	0.1667		0.1473
16	하역	0.0476	0.0426	0.0800	0.0319	0.0370	0.0314	0.0323	0.0417	0.0417		0.0429
17	주문관리	0.0952	0.1277	0.0800	0.1277	0.1481	0.1571	0.0968	0.1250	0.1667		0.1249
18	조달	0.1905	0.1277	0.0800	0.1277	0.1481	0.1571	0.0968	0.1667	0.1667		0.1401
19	물류정보	0.1905	0.1277	0.0800	0.1277	0.1481	0.1571	0.1935	0.1250	0.1250		0.1416
20	고객서비스	0.0952	0.1277	0.0800	0.1277	0.1481	0.0785	0.0968	0.1250	0.0833		0.1069
21	타부서와의 협력	0.0476	0.0319	0.0200	0.0426	0.0370	0.0524	0.0968	0.0417	0.0417		0.0457
22	사회적 환경	0.0476	0.0319	0.0200	0.0319	0.0370	0.0524	0.0968	0.0417	0.0417		0.0445
23	합계	1.0000	1.0000	1.0000	1.0000	1.0000	1.0000	1.0000	1.0000	1.0000		1.0000
24												
25												

Sheet1 / Sheet2

2 결과는 〔그림 15.b〕와 같이 C는 0.5861, A는 0.2183, B는 0.1956의 순으로 나타나 C 컴퓨터를 선택하는 것이 좋음을 알 수 있다. .

〔그림 15.b〕 최종 결과

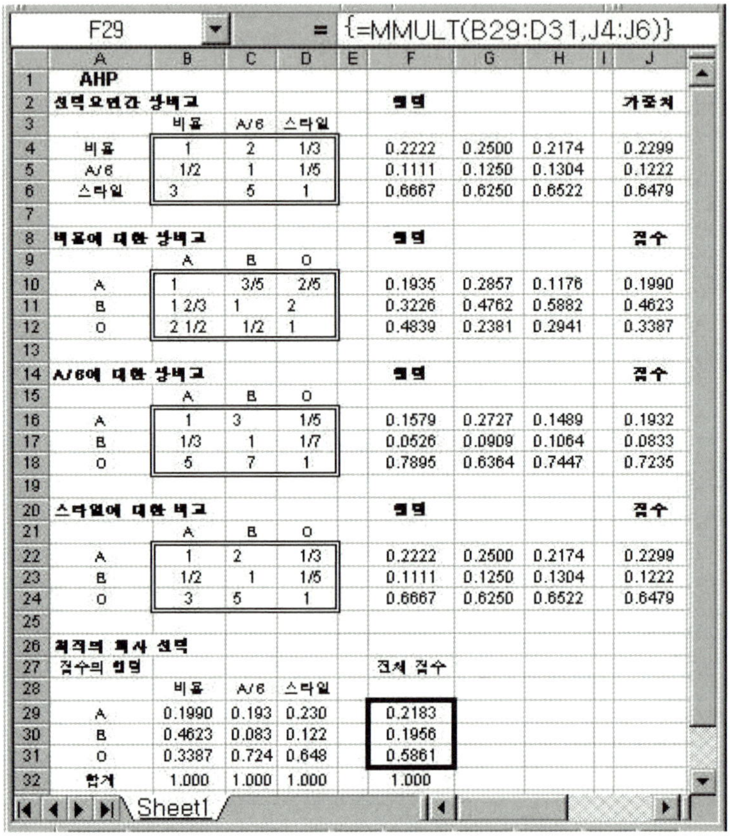

F29 = {=MMULT(B29:D31,J4:J6)}

	A	B	C	D	E	F	G	H	I	J
1	**AHP**									
2	**선택요인간 쌍비교**					**행렬**				**가중치**
3		비용	A/6	스타일						
4	비용	1	2	1/3		0.2222	0.2500	0.2174		0.2299
5	A/6	1/2	1	1/5		0.1111	0.1250	0.1304		0.1222
6	스타일	3	5	1		0.6667	0.6250	0.6522		0.6479
7										
8	**비용에 대한 쌍비교**					**행렬**				**점수**
9		A	B	O						
10	A	1	3/5	2/5		0.1935	0.2857	0.1176		0.1990
11	B	1 2/3	1	2		0.3226	0.4762	0.5882		0.4623
12	O	2 1/2	1/2	1		0.4839	0.2381	0.2941		0.3387
13										
14	**A/6에 대한 쌍비교**					**행렬**				**점수**
15		A	B	O						
16	A	1	3	1/5		0.1579	0.2727	0.1489		0.1932
17	B	1/3	1	1/7		0.0526	0.0909	0.1064		0.0833
18	O	5	7	1		0.7895	0.6364	0.7447		0.7235
19										
20	**스타일에 대한 비교**					**행렬**				**점수**
21		A	B	O						
22	A	1	2	1/3		0.2222	0.2500	0.2174		0.2299
23	B	1/2	1	1/5		0.1111	0.1250	0.1304		0.1222
24	O	3	5	1		0.6667	0.6250	0.6522		0.6479
25										
26	**최적의 회사 선택**									
27	**점수의 행렬**					**전체 점수**				
28		비용	A/6	스타일						
29	A	0.1990	0.193	0.230		0.2183				
30	B	0.4623	0.083	0.122		0.1956				
31	O	0.3387	0.724	0.648		0.5861				
32	**합계**	1.000	1.000	1.000		1.000				

Sheet1

일관성지수를 통하여 응답자의 대답이 신뢰성이 있는지를 또한 검증할 수 있다. 〔그림 15.c〕에서 보듯이 일관성지수는 0에 가까워 일관성이 있음을 알 수 있다.

〔그림 15.c〕 최종 결과

P6 =

	I	J	K	L	M	N	O	P
1		일관성		쌍비교행렬과				
2		지수	가중치	쌍비교행렬과				
3				가중치 곱	비율			
4		비용	0.2299	0.6902	3.0026			
5		A/S	0.1222	0.3667	3.0013			
6		스타일	0.6479	1.9485	3.0071			
7				일관성지수	0.0000	CI/RI	0.0000	
8			점수					
9								
10		LC	0.1990	0.6118	3.0751			
11		삼손	0.4623	1.4713	3.1824			
12		삼부	0.3387	1.0673	3.1512			
13				일관성지수	0.0000	CI/RI	0.0000	
14			점수					
15								
16		LC	0.1932	0.5878	3.0427			
17		삼손	0.0833	0.2511	3.0137			
18		삼부	0.7235	2.2726	3.1411			
19				일관성지수	0.0000	CI/RI	0.0000	
20			점수					
21								
22		LC	0.2299	0.6902	3.0026			
23		삼손	0.1222	0.3667	3.0013			
24		삼부	0.6479	1.9485	3.0071			
25				일관성지수	0.0000	CI/RI	0.0000	
26								

Sheet1 / Sheet2

제 16 장

마코브분석

1 결과는 〔그림 16.a〕에서 보듯이 경상의 경우는 0.368, 중간상태는 0.473, 중상은 0.157에 수렴함을 알 수 있다.

〔그림 16.a〕 최종 결과

H24 =

전이행렬 자료

	경상	중간상태	중상	합계
경상	0,70	0,30	0,00	1,00
중간상태	0,20	0,60	0,20	1,00
중상	0,10	0,50	0,40	1,00

변화확률표

1	**0,50**	**0,25**	**0,25**	합계
2	0,425	0,425	0,15	1,00
3	0,3975	0,4575	0,145	1,00
4	0,38425	0,46625	0,1495	1,00
5	0,377175	0,469775	0,15305	1,00
6	0,3732825	0,4715425	0,155175	1,00
7	0,3711238	0,47249775	0,1563785	1,00
8	0,369924	0,473025025	0,15705095	1,00
9	0,3692569	0,473317698	0,157425385	1,00
10	0,3688859	0,473480386	0,157633694	1,00
11	0,3686796	0,473570855	0,157749555	1,00
12	0,3685648	0,473621167	0,157813993	1,00
13	0,368501	0,473649149	0,157849831	1,00
14	0,3684655	0,473664711	0,157869762	1,00
15	0,3684458	0,473673366	0,157880847	1,00
16	0,3684348	0,473678179	0,157887012	1,00
17	0,3684287	0,473680856	0,157890441	1,00
18	0,3684253	0,473682345	0,157892347	1,00
19	0,3684234	0,473683173	0,157893408	1,00
20	0,3684224	0,473683633	0,157893998	1,00

Sheet1

2 결과는 〔그림 16.b〕에서 보듯이 부장이 이사가 될 확률은 1/4이고 퇴직할 확률은 3/4임을 알 수 있다.

〔그림 16.b〕 최종 결과

E6 = 0.7

전이확률	퇴직	이사	부장	사원
퇴직	1	0	0	0
이사	0	1	0	0
부장	0.3	0.1	0.6	0.0
사원	0.1	0.0	0.2	0.7

I	퇴직	이사
퇴직	1	0
이사	0	1

I - Q	퇴직	이사
부장	0.40	0
사원	-0.2	0.30

흡수확률

FR	퇴직	이사
부장	3/4	1/4
사원	5/6	1/6

$F=(I-Q)^{-1}$	퇴직	이사
부장	2 1/2	0
사원	1 2/3	3.33

Sheet1

제 17 장

대기행렬모형

1 결과는 〔그림 17.a〕에서 보듯이 대기고객의 수는 5/6명이며, 평균 대기시간은 5/24 시간, 시스템에 체류하는 평균 대기시간은 3/8시간 그리고 사무실에 고객이 한 명도 없을 확률은 1/3으로 나타나 있다.

〔그림 17.a〕 최종 결과

F18 =

	A	B	C	D
1	**M/G/1 대기행렬모형**			
2				
3	**입력자료**			
4	시간 단위	시		
5	도착률	4	고객/시	
6	서비스율	6	고객/시	
7				
8	**산출자료**			
9	**입력으로부터 직접적 산출**			
10	도착사이의 평균 시간	1/4	시	
11	서비스당 평균 시간	1/6	시	
12	서비스시설의 이용률	2/3		
13				
14	**요약 결과치**			
15	시스템 내에 체류하는 평균 고객의 수	1.5	고객	
16	시스템 내에 대기하는 평균 고객의 수	5/6	고객	
17	시스템 내에 체류하는 평균시간	3/8	시	
18	시스템 내에 대기하는 평균시간	5/24	시	
19	시스템 내에 고객이 없을 확률	1/3		
20				

Sheet1

2 결과는 〔그림 17.b〕와 같다.

[그림 17.b] 최종 결과

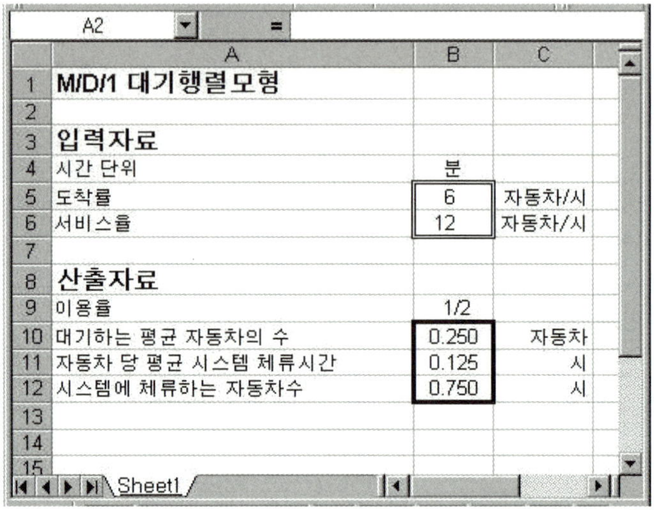

	A	B	C
1	**M/D/1 대기행렬모형**		
2			
3	**입력자료**		
4	시간 단위	분	
5	도착률	6	자동차/시
6	서비스율	12	자동차/시
7			
8	**산출자료**		
9	이용율	1/2	
10	대기하는 평균 자동차의 수	0.250	자동차
11	자동차 당 평균 시스템 체류시간	0.125	시
12	시스템에 체류하는 자동차수	0.750	시
13			
14			
15			

제 18 장

동적계획법

1 단계별로 모형을 수립해야 하는데 3월의 경우, 비용을 최소로 하는 목적함수식은 '11,700×구입량 + 110×기말재고' 으로 계산되며, 제약조건식은 구입량의 경우 비음조건식과 정수를 충족시켜야 하는 것과 기초재고와 구입량의 합은 매월 수요량보다 많아야 한다는 것이다. 그리고 3월의 기초재고는 2월의 기말재고로 이는 단계2의 산출을 의미하게 된다. 이러한 방식으로 각 단계를 연결하여 하나의 목적함수식과 제약조건식을 만들어 분석하면 [그림 18.a]의 결과를 얻게 된다. 즉 1월에 10, 2월에 17, 3월에 15를 구입하는 것이다. 그리고 이 경우의 비용은 504,500원으로 나타나 있다.

[그림 18.a] 최종 결과

A15 =

	A	B	C	D	E	F
1	**제고계획**					
2						
3	**자료 입력**		1	2	3	
4	단위당 주문 및 구입비용		12500	12000	11700	
5	단위당 재고유지비용		110	115	110	
6						
7	**계획**					
8	월	12월	1	2	3	
9	구입량		10	17	15	
10						
11	**제한조건**					
12	수요량		20	17	15	
13			<=	<=	<=	
14	기초재고와 구입량 합		20	17	15	
15						
16	기말재고	10	0	0	0	
17						
18						**Total cost**
19	비용		125,000	204,000	175,500	504,500
20						
21						

Sheet1

2 이 문제는 실제 각 사업을 단계로 보고 동적계획법으로 접근할 수 있다. 그러나 이 문제를 0-1정수계획 모형으로 분석하면 해를 간단히 얻을 수 있다. 즉 동적계획법에 의해서도 해결할 수 있으나 0-1정수계획법보다는 비효율적이라는 의미이다.

결과는 [그림 18.b]에서 보듯이 A, B 사업에 투자하는 것이고 이 경우의 총 수익은 21억원으로 나타나 있다.

[그림 18.b] 최종 결과

L7 =

	A	B	C	D	E	F	G	H	I
1	**투자문제**								
2									
3			A	B	C	D			
4	**투자대상**		1	1	0	0			
5									
6	**단위당 수익**		10	11	9	6	**총 비용**		**가용투자액**
7	**단위당 비용**		9	8	7	5	17	<=	17
8							**총 수익**		
9	**총 수익**		10	11	-	-	21		
10									
11									

Sheet1

제 19 장

시뮬레이션

1 결과는 [그림 19.a]에서 보듯이 50회의 반복실험으로 분석을 하였으며 이 경우의 평균 이익은 220,800으로 나타나 있다. 주의할 점은 난수로 인해 분석 시마다 결과가 달라진다는 점이다.

〔그림 19.a〕 최종 결과

G64 =

	A	B	C	D	E	F
1	**시뮬레이션**					
2						
3	**매출액자료**			**수요 분포**		
4				확률	누적확률	고객수
5	고객1인 평균지불액	**3000**		**0.10**	0.00	**50**
6				**0.15**	0.10	**60**
7				**0.20**	0.25	**70**
8				**0.3**	0.45	**80**
9				**0.15**	0.75	**90**
10						
11	**시뮬레이션**					
12	반복	난수	고객수	총 매출액		
13	1	0.7391	80	240,000		
14	2	0.1427	60	180,000		
15	3	0.2798	70	210,000		
16	4	0.4976	80	240,000		
59	47	0.1384	60	180,000		
60	48	0.4242	70	210,000		
61	49	0.8686	90	270,000		
62	50	0.3447	70	210,000		
63			평균 이익	220,800		
64			표준편차 이익	35,216		
65			최소 이익	150,000		
66			최대 이익	270,000		

Sheet1

2 결과는 〔그림 19.b〕와 〔그림 19.c〕에서 보듯이 50잔의 경우 평균이익이 11,080원이 나왔으며 70잔의 경우는 8,120원으로 나타나 있다. 그러나 이는 단지 50번의 실험결과일 뿐이므로 횟수가 달라지면 다른 결과가 나올 수 있음을 유의해야 한다.

〔그림 19.b〕 최종 결과

B7 =

	A	B	C	D	E	F	G	H
1	**시뮬레이션**							
2								
3	**비용자료**			**수요 분포**				
4	단위 비용	**200**		확률	누적확률	수요		
5	단위 가격	**500**		**0.10**	0.00	**10**		
6	단위 손해액	**200**		**0.20**	0.10	**30**		
7				**0.30**	0.30	**50**		
8	**결정변수**			**0.25**	0.60	**70**		
9	주문량	**50**		**0.15**	0.85	**90**		
10								
11	**시뮬레이션**							
12	반복	난수	수요	수익	비용	손해액	이익	
13	1	0.6106	70	25000	10000	0	15000	
14	2	0.5631	50	25000	10000	0	15000	
15	3	0.3269	50	25000	10000	0	15000	
16	4	0.2892	30	15000	10000	4000	1000	
59	47	0.5700	50	25000	10000	0	15000	
60	48	0.4059	50	25000	10000	0	15000	
61	49	0.3719	50	25000	10000	0	15000	
62	50	0.7472	70	25000	10000	0	15000	
63						평균 이익	11,080	
64						총 이익	554,000	
65						표준편차 이익	8,020	
66						최소 이익	-13000	
67						최대 이익	15000	
68								

50잔인 경우 / 70잔인 경우

〔그림 19.c〕 최종 결과

B7 =

	A	B	C	D	E	F	G	H
1	**시뮬레이션**							
2								
3	**비용자료**			**수요 분포**				
4	단위 비용	**200**		확률	누적확률	수요		
5	단위 가격	**500**		**0.10**	0.00	**10**		
6	단위 손해액	**200**		**0.20**	0.10	**30**		
7				**0.30**	0.30	**50**		
8	**결정변수**			**0.25**	0.60	**70**		
9	주문량	**70**		**0.15**	0.85	**90**		
10								
11	**시뮬레이션**							
12	반복	난수	수요	수익	비용	손해액	이익	
13	1	0.6927	70	35000	14000	0	21000	
14	2	0.0045	10	5000	14000	12000	-21000	
15	3	0.2347	30	15000	14000	8000	-7000	
16	4	0.8063	70	35000	14000	0	21000	
59	47	0.1437	30	15000	14000	8000	-7000	
60	48	0.6423	70	35000	14000	0	21000	
61	49	0.8371	70	35000	14000	0	21000	
62	50	0.8091	70	35000	14000	0	21000	
63						평균 이익	8,120	
64						총 이익	406,000	
65						표준편차 이익	14,378	
66						최소 이익	-21000	
67						최대 이익	21000	
68								

50잔인 경우 / 70잔인 경우

엑셀 사용법의 기초

엑셀 시작하기와 끝내기

1. 엑셀의 개념

엑셀(Excel)은 마이크로소프트사가 개발한 오피스(Office)그룹 중 스프레드시트 기능을 수행하는 프로그램이다. 스프레드시트(spreadsheet)는 말 그대로 '펼쳐져 있는 종이'라고 할 수 있겠지만 더 정확한 표현으로는 계산할 수 있는 표 계산 프로그램이라고 할 수 있다. 즉 판매현황표, 생산실적표, 재무제표, 재고물품목록, 고객명단 등과 같이 행과 열로 구성되어 표 형태로 정리된 시트에서 각 셀(cell)간의 관계를 규명하여 여러 가지 다양한 자료계산 및 분석기능을 수행하게 된다.

스프레드시트는 가로축과 세로축을 가지는 행렬모양의 표로 표현되는데, 이때 가로축과 세로축이 만나는 곳을 셀(cell)이라 하고 이 곳에 자료(data)나 수식 등을 입력하여 계산을 수행하는 것이다. 각 셀은 고유한 주소(address)를 가지고 있으며, 이 주소를 통하여 특정 셀로부터 다른 셀로의 자료나 수식의 이동, 복사 등과 같은 기능들이 자유자재로 이루어지게 된다.

이러한 스프레드시트에는 엑셀 이외에도 로터스(Lotus) 1-2-3, 콰트로프로(Quartro-Pro) 등이 있으나 현재는 윈도우(window) 체계에서 가장 사용환경이 맞는 엑셀이 완전히 시장을 장악하고 있어 「스프레드시트 = 엑셀」이라고 할 정도로 계산프로그램의 대명사로 고유명사화되고 있다고 볼 수 있다. 그리고 엑셀은 그 동안 계속 버전을 높여 왔는데 본서에서는 엑셀 97을 중심으로 설명하고자 한다.

2. 엑셀 시작 화면

〔그림 1〕에 엑셀의 문서화면이 나타나 있다. 이는 통합문서로 되어 있는데 통합문서는 워크시트, 차트시트, 대화상자, 엑셀 매크로시트, 비주얼베이직으로 되어 있다. 본서에서 설명된 해찾기 기능은 대화상자의 한 예로 볼 수 있다.

[그림 1] 엑셀문서 화면

① 행

워크시트(worksheet)의 세로 줄로서, 번호가 1부터 16,384까지 되어 있으므로 총 16,384행이다.

② 열

워크시트의 가로 줄로서, A부터 시작하여 총 256열로 되어 있다.

③ 참조상자

왼쪽 상단에 현재의 셀 이름을 표시한다. 셀 참조는 열 문자를 먼저 쓰고 다음 행번호를 쓰도록 되어 있다. 그림에서는 A1로 되어 있다.

④ 수식상자

현재 셀의 자료나 수식을 표시하는 곳으로 「 = 」로 표시되어 있는 옆에 표시하게 되어 있다.

⑤ 타이틀바

현재 프로그램의 파일명이 제시되는데 여기서는 Book1.xls로 되어 있다.

⑥ 메뉴바

명령을 그룹(group)으로 분류해 놓은 곳이다.

⑦ 도구모음

명령을 아이콘화하여 나열해 놓은 곳이다.

⑧ 상태표시줄

선택한 명령이나 실행중인 조작에 대한 정보가 표시되는 곳이다.

3. 엑셀의 끝내기

엑셀을 끝내고자 할 때는 다음의 두 방법 중 하나를 적용한다.

① 파일메뉴에서 종료를 선택하거나 ALT+F4를 누르면 된다.

② 그림에서 오른쪽 상단의 표시를 누르거나 왼쪽 상단의 엑셀표시 아이콘 바를 누르면 제어 메뉴가 제시되고 여기서 닫기를 선택한다.

워크시트 입력과 편집

1. 워크시트 개념

〔그림 1〕과 같은 문서를 워크시트라고 하며 화면 밑에 sheet1이라고 표시되어 있다. 기본적으로 16개의 시트를 제공하고 있으며, 필요에 따라 입력메뉴에서 시트를 더 추가할 수 있다. 한 파일에 넣을 수 있는 총 시트의 개수는 255개이다.

2. 셀과 범위의 선택

자료나 수식을 입력하려면 먼저 자료나 수식이 입력될 셀이나 범위를 선택해 주어야 한다. 범위는 두 개 이상의 셀이 입력 대상으로 지정되는 경우를 말하게 된다. 현재의 셀은 굵은 테두리선으로 표시되며, 수행되는 모든 명령, 입력되는 모든 자료나 수식이 현재 셀에 삽입된다. 그리고 범위가 선택되었을 때에는 범위로 설정된 사각 영역의 둘레에 굵은 테두리선이 표시되고, 범위 안의 모든 셀이 반전 표시된다. 여기서 셀을 선택한다는 것은 곧 현재 셀의 위치를 지정한다는 의미이다.

마우스나 키보드를 사용해서도 행이나 열 또는 시트 전체를 선택할 수도 있다. 마우스로 행이나 열을 선택할 때는 행번호나 열번호에 마우스 왼쪽을 누르면 된다. 또한 키보드로 행이나 열 전체를 선택하려면 선택하려는 행이나 열의 아무 셀이나 선택한 후 각각 shift+spacebar와 ctrl+spacebar를 누르면 된다.

〔그림 2〕와 〔그림 3〕은 행 및 열 전체를 선택하였을 때의 그림이다.

〔그림 2〕 행 전체를 선택시 화면

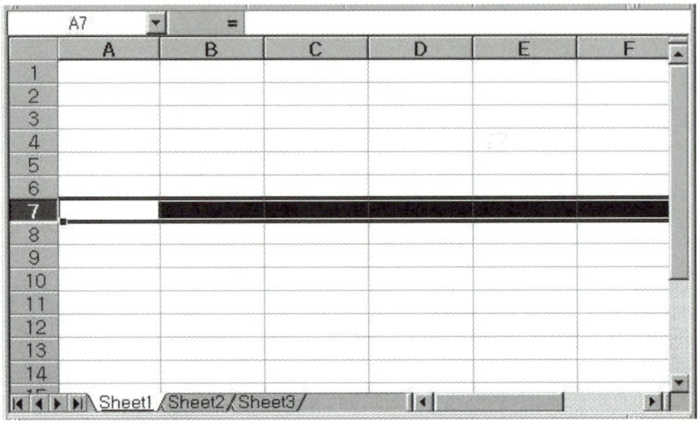

〔그림 3〕 열 전체를 선택시 화면

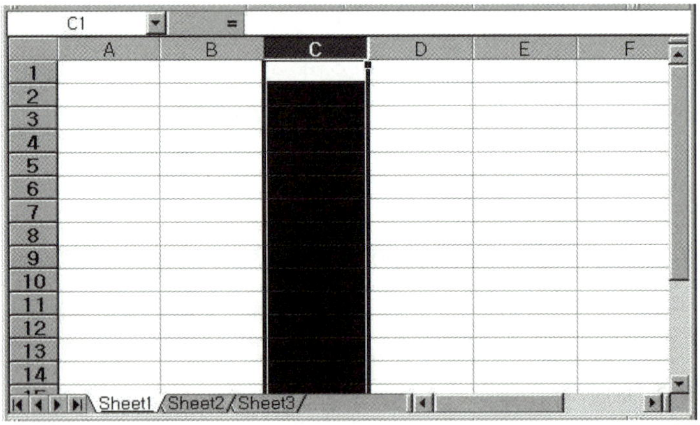

그리고 시트 전체를 선택하려면 행번호와 열번호가 교차하는 왼쪽 상단지점에 마우스를 누르게 되면 〔그림 4〕와 같이 선택된다.

〔그림 4〕 시트 전체를 선택시 화면

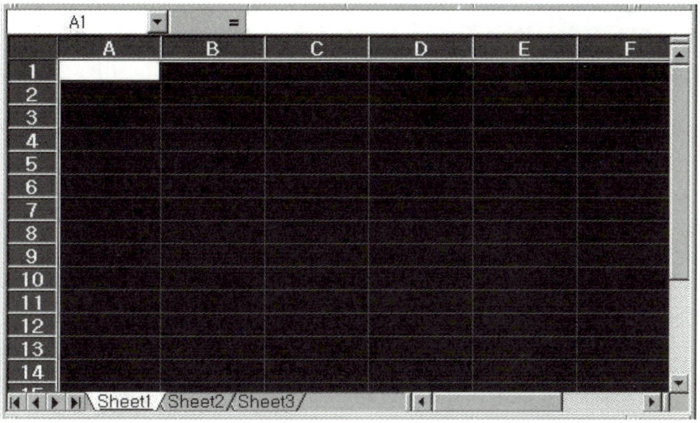

3. 자료 입력

엑셀의 각 셀에는 두 종류의 자료, 즉 상수(constant)와 수식(formula)을 입력할 수 있다.

상수는 숫자, 문자, 기호 등으로 특별히 변경하지 않는 한 셀에 입력된 형태를 그대로 유지하는 값이다. 숫자는 계산이 되는 상수로서 여기에는 소수점이 없는 정수와 소수부로 이루어지는 실수가 있는데, 실수는 부동소수점 표기법(예를 들어 1.333)과 지수 표기법(1.23E+07) 등 두 가지 형식으로 산출된다.

만약 숫자가 길어 현재의 셀에 다 표시가 안될 때는 현재 셀의 폭만큼 #가 표시되거나 지수 표기법으로 나타나게 된다. 이는 잘못 입력되거나 산출된 것이 아니므로 표시가 가능하도록 셀 폭을 충분히 늘려 주면 원래의 값이 나타나게 된다. 〔그림 5〕에서 현재는 C2셀에 지수 표기법으로 표시가 되어 있으나 마우스를 C와 D열 사이에 놓게 되면 +가 생기게 된다. 이것을 오른쪽으로 늘리게 되면 입력하였던 수치가 셀에 나타나게 된다. #의 경우도 마찬가지로 해결할 수 있다.

[그림 5] 지수 표기법의 표시 변경

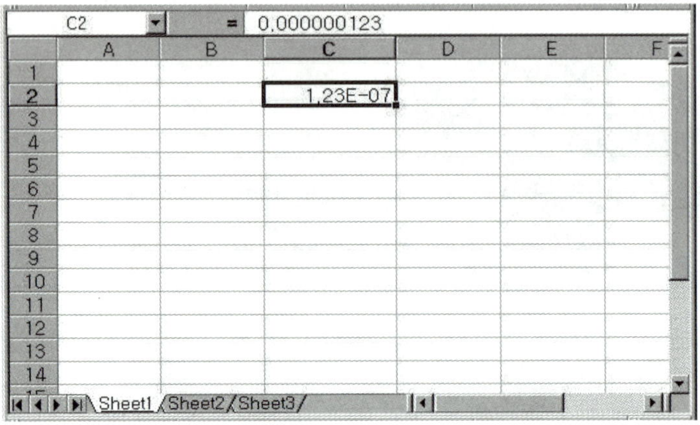

4. 자료 편집

① 셀 편집

셀에 입력되어 있는 자료는 수식 입력줄에서 편집할 수도 있고 인셀(in-cell) 편집 기능을 이용하여 셀 안에서 직접 편집할 수도 있다.

〔그림 6〕에서 먼저 수식 입력줄을 마우스로 누르고 삽입선이 나오면 편집가능을 알 수 있다. 그리고 인셀 편집은 편집할 셀을 선택하고 편집할 셀을 마우스로 두 번 클릭하거나 F2를 누르면 셀 안에서 직접 내용을 편집할 수 있게 된다.

[그림 6] 지수 표기법의 표시 변경

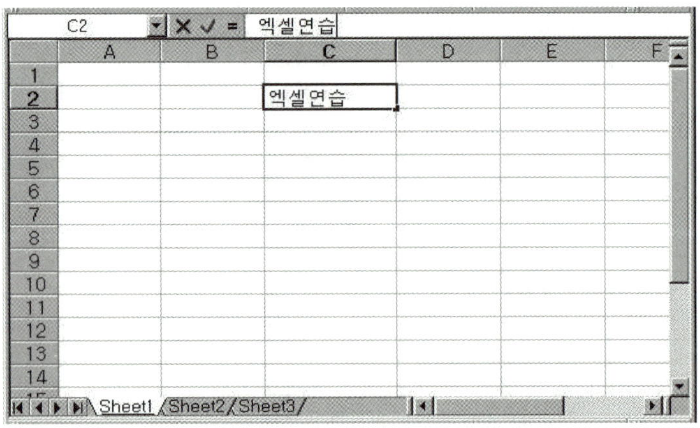

② 셀 삭제

셀 또는 셀 범위를 삭제한다는 것은 특정 셀 또는 셀 범위가 시트에 존재하지 않도록 만든다는 의미이다. 예를 들어 〔그림 7〕에서 C2셀을 선택한 후 셀을 삭제하면 C2셀에 입력되어 있던 2라는 숫자는 없어지면서 D2셀에 있는 숫자가 왼쪽으로 한 칸씩 당겨져 〔그림 9〕와 같이 삭제된 C2를 채우게 되는 것이다. 이를 위해서는 〔그림 8〕과 같이 오른쪽 마우스를 선택하면 단축메뉴가 뜨게 되고 여기서 삭제(D)를 선택하거나 편집(E)메뉴에서 삭제(D)를 선택하면 된다.

만약 행 또는 열 전체를 선택하여 같은 방법으로 삭제하면 한 행 또는 한 열씩 이동하게 된다.

〔그림 7〕 셀 삭제의 이전 화면

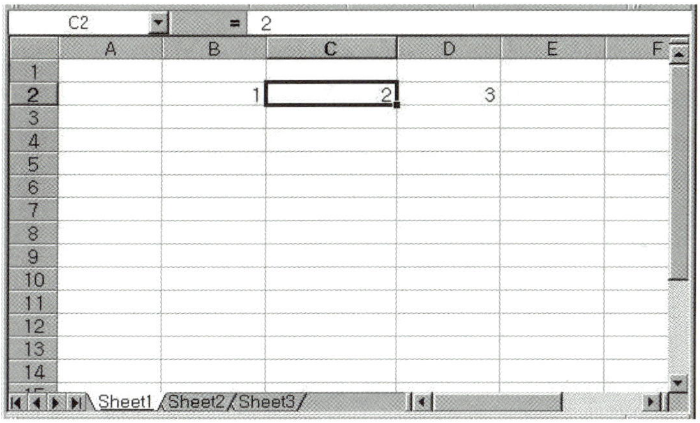

〔그림 8〕 삭제 대화상자

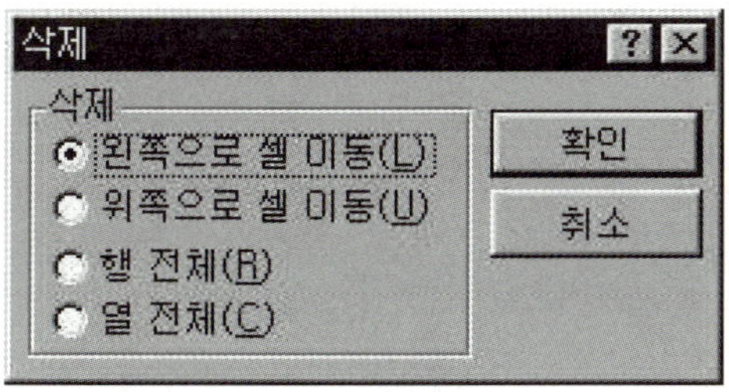

〔그림 9〕 셀 삭제의 결과 화면

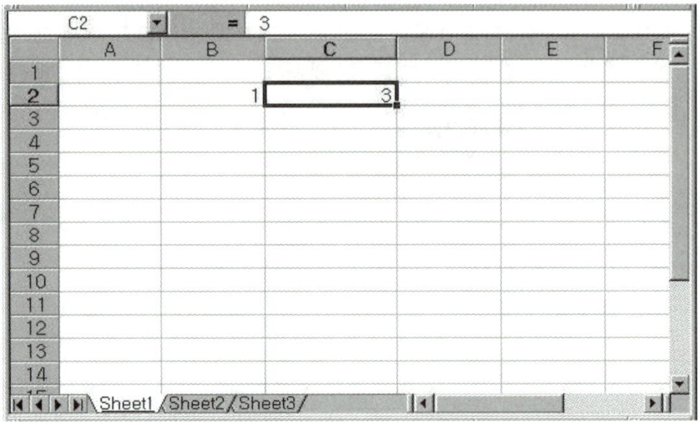

주의할 점은 〔그림 7〕에서 C2셀에 있는 수치를 키보드상에서 Delete키로 지우거나 편집(E)메뉴상에서 지우기(A) 항목을 선택하면 〔그림 10〕과 같이 C2셀은 그대로 존재하고 단지 내용만 없어진다는 것이다. 특히 지우기(A) 항목을 선택하는 경우 전체, 서식, 내용, 메모 등 네 개의 항목이 나타나는데 여기서 무엇을 선택하느냐에 따라 결과가 각각 달라지게 된다.

〔그림 10〕 셀 내용지우기

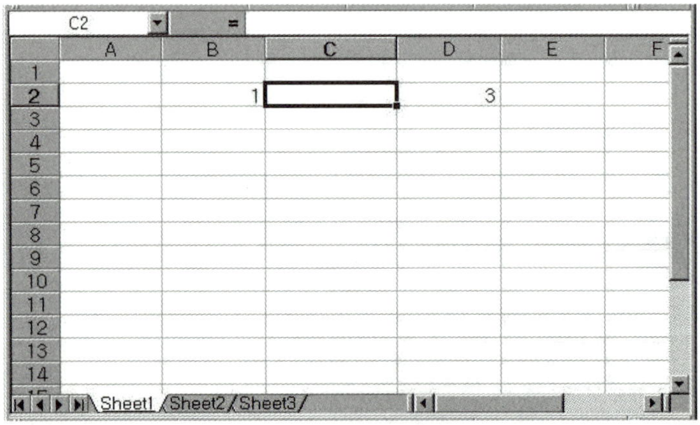

5. 셀 복사와 이동

셀 또는 범위를 복사하거나 이동하기 위해 drag-and-drop을 이용한다.

〔그림 11〕에서 B3:D3셀 범위를 C5:E5셀 범위로 이동하려면 B3:D3셀 범위를 지정한 다음 그 선택된 범위에서 마우스 포인터를 오른쪽에 있는 셀의 오른쪽 경계선 부근으로 옮기면 화살모양으로 변하는데, 이것이 바로 drag 이동포인터이다.

〔그림 11〕 drag-and-drop의 셀 범위 지정

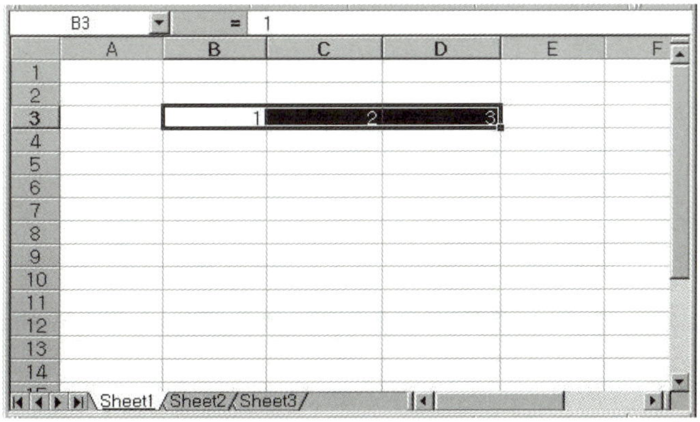

이 상태에서 마우스 왼쪽 단추를 누른 채 아래로 끌어내리면 선택된 셀 범위 크기의 윤곽선이 나타나 새로 옮겨질 위치를 알 수 있게 해 준다. 새로운 위치로 이동시킨 후 마우스 왼쪽 단추를 놓으면 옮겨지게 된다. 그 결과는 〔그림 12〕와 같다.

〔그림 12〕 drag-and-drop의 결과

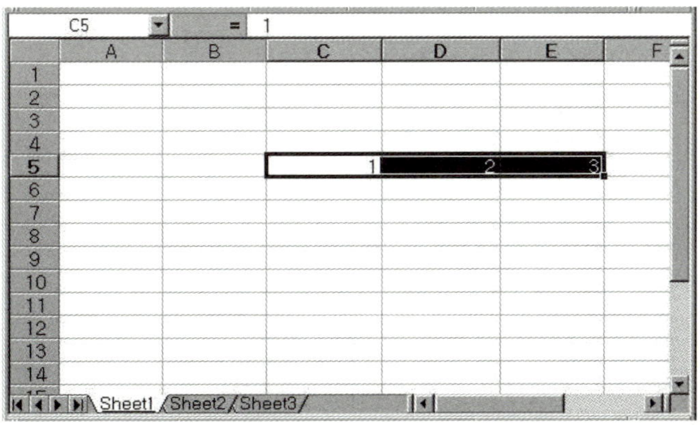

만약 이동하기가 아닌 복사하기를 원한다면 복사하고자 하는 셀 범위를 선택하고 이동하기와 마찬가지로 마우스 포인터가 생길 때 Ctrl키를 누른 상태에서 복사될 위치를 지정하면 〔그림 13〕과 같이 복사가 된다.

〔그림 13〕 drag-and-drop의 셀 범위 복사

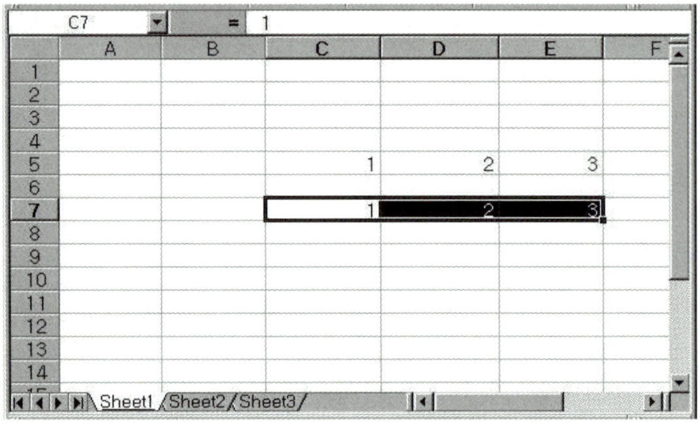

6. 자동채우기(AutoFill)

셀 또는 범위의 자료를 인접한 다른 셀이나 범위에 복사하고자 할 때에는 엑셀의 또 다른 기능인 자동채우기를 이용하면 상당히 편리한데 이는 연속자료가 아닌 경우와 연속자료인 경우로 나누어 살펴볼 수 있다.

① 자동채우기를 이용한 복사

〔그림 14〕는 B2셀을 인접된 셀로 자동채우기 복사를 하기 전 화면이다. 그림에서 마우스를 셀 오른쪽 아래에 놓게 되면 +가 생기게 된다.

[그림 14] 자동채우기 핸들

이 상태에서 마우스 왼쪽 단추를 누른 채 B6셀까지 내리면 자동적으로 내용이 채워지면서 복사가 된다. 그 결과는 〔그림 15〕에 나타나 있다.

[그림 15] 자동채우기에 의한 복사 결과

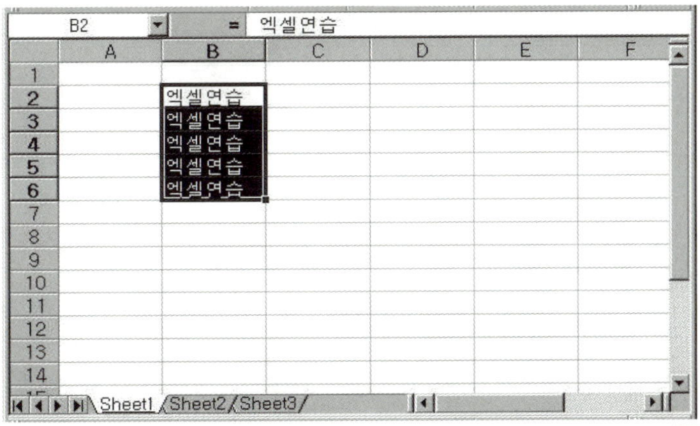

② 자동채우기를 이용한 연속자료의 산출

〔그림 16〕과 같이 연속형 자료의 경우 먼저 B2:D2셀 범위를 선택하여 지정하고 지정된 셀 범위의 오른쪽 아래 하단에 마우스를 놓으면 + 가 생기게 된다. 여기서 마우스를 오른쪽으로 끌면 연속적인 자료가 〔그림 17〕처럼 생긴다.

[그림 16] 연속형 자료의 경우 자동채우기 이전 화면

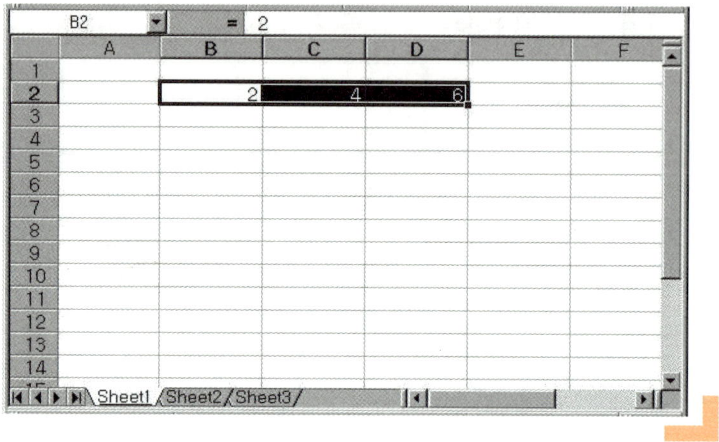

[그림 17] 연속형 자료의 경우 자동채우기 결과 화면

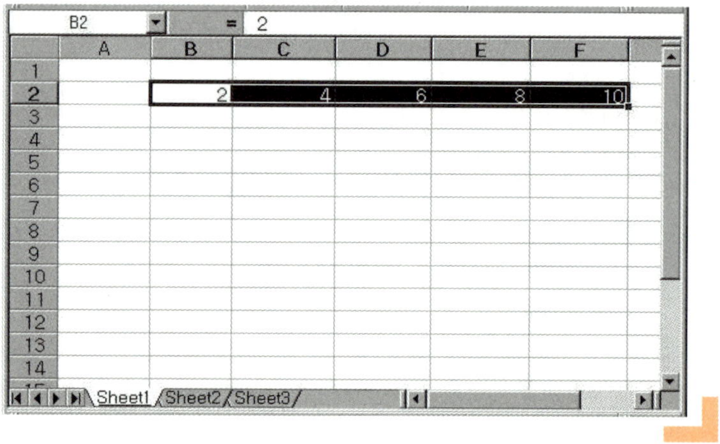

시트 서식

1. 셀 변경

① 열 너비 및 행 높이 변경

자료가 셀 너비보다 많은 경우 그 수치가 다 나오지 않게 된다. 이를 해결하는 두 가지 방법이 있는데, 하나는 너비를 변경할 열의 번호를 마우스로 눌러 열 전체

를 선택한다. 또는 여러 열의 너비를 동시에 변경하려면 열번호를 마우스로 누른 채 좌우로 끌어 원하는 열을 모두 선택한다.

[그림 18] 너비를 변경할 열을 선택하는 화면

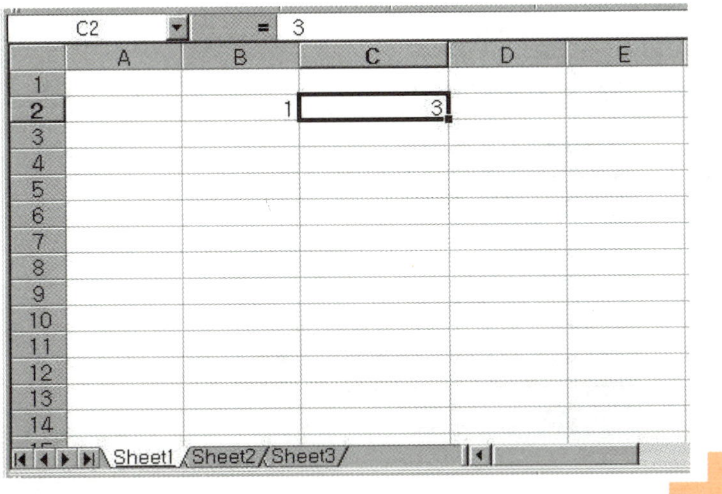

그런 뒤 서식(O)메뉴에서 열(C)을 선택하고, 다시 너비(W)를 선택하여 〔그림 19〕와 같은 열 너비 대화상자를 연다. 열 너비 입력상자에 원하는 값을 입력한 다음 확인을 누르면 입력된 수치대로 열 너비가 변경된다.

[그림 19] 열 너비 대화상자

또 하나는 마우스를 이용한 열 너비 변경으로서, 열번호의 경계선 부근으로 옮기면 마우스 포인터가 수직선 양쪽에 화살표가 있는 모양으로 변하게 된다. 이 상태에서 마우스 왼쪽 단추를 누른 채 왼쪽이나 오른쪽으로 끌면 새로운 열 너비를 나타내는 점선이 표시되는데 원하는 크기가 되었을 때 마우스 단추를 놓으면 된다.

행 높이 변경도 마찬가지로 같은 방식으로 하면 된다.

② 셀 감추기

감추고자 하는 열이나 행을 선택하고 〔그림 20〕과 같이 단축메뉴의 숨기기(H)를 선택하면 감추어진다.

〔그림 20〕 셀 감추기 단축메뉴

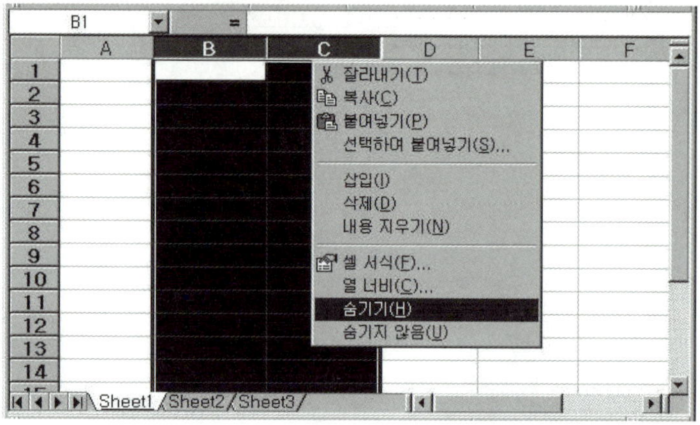

〔그림 21〕을 보면 B, C열이 감추어져 있다.

〔그림 21〕 셀 감추기 결과

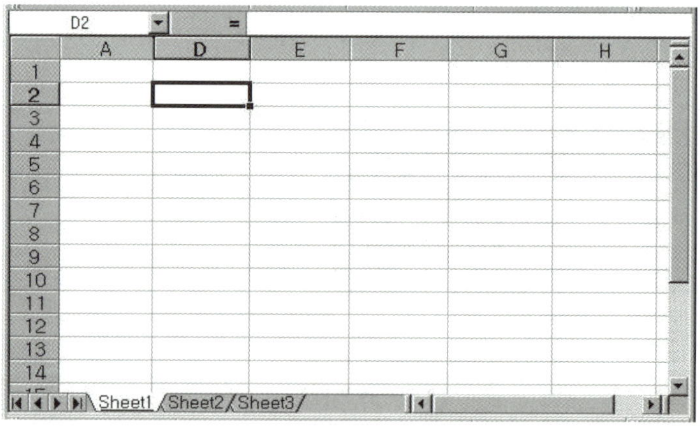

행 감추기도 마찬가지 방법으로 숨길 수 있다.

2. 셀 서식

셀 서식도구에는 표시형식, 맞춤, 글꼴, 괘선, 무늬, 보호 등이 있는데 여기서는 글꼴과 괘선만 설명하고자 한다.

① 글　　꼴

셀에 입력된 글자의 형태와 모양을 원하는 대로 수정하기 위해서는 글꼴 서식 단추를 사용하면 된다. 먼저 셀을 선택한 후에 서식도구(O) 메뉴에서 〔그림 22〕와 같이 글꼴, 종류, 크기 등을 바꿀 수 있다.

또한 셀을 지정한 후 오른쪽 마우스를 누르면 단축메뉴에서 셀 서식(O)이 나오게 되는데 이를 선택하여 마찬가지 결과를 얻을 수 있다.

〔그림 22〕 글꼴 지정

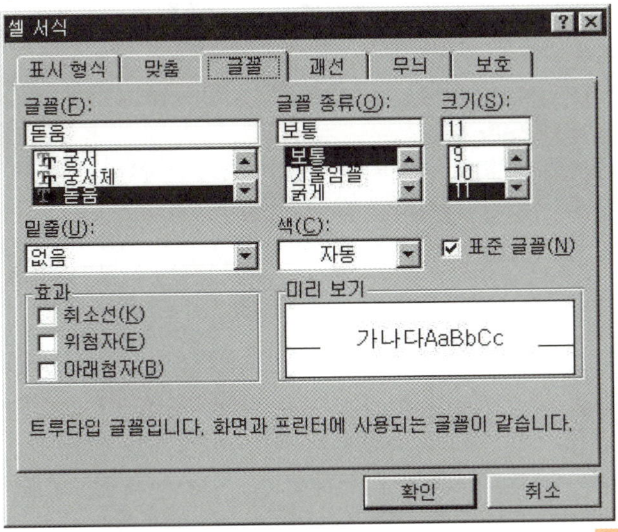

② 괘　　선

표를 작성할 때 한 눈에 쉽게 보이게 하거나 효율적으로 정리하기 위하여 괘선을 사용할 수 있다. 괘선을 넣으려는 셀을 우선 선택한 후 서식(O)메뉴 또는 단축메뉴를 통하여 셀 서식(C)을 선택한 후 괘선을 클릭하면 된다. 이때 나타난 화면인 〔그림 23〕에서 선 유형(S)으로 굵은 선을, 그리고 기본설정으로 외곽선(O)을 선택하여 확인을 누르면 〔그림 24〕의 결과를 얻게 된다.

[그림 23] 괘선 대화상자

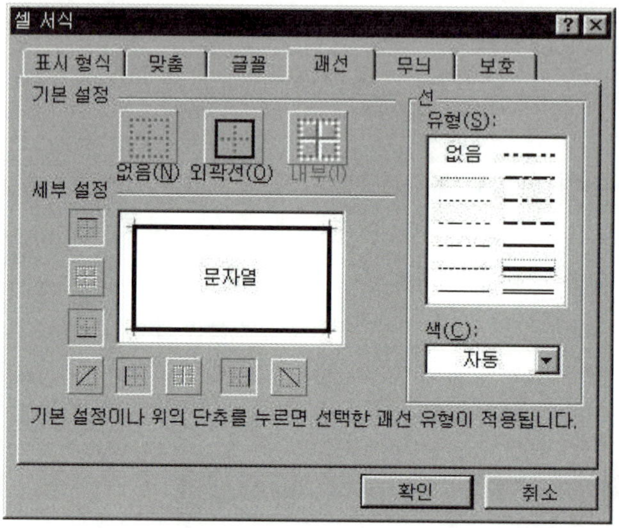

[그림 24] 괘선 결과

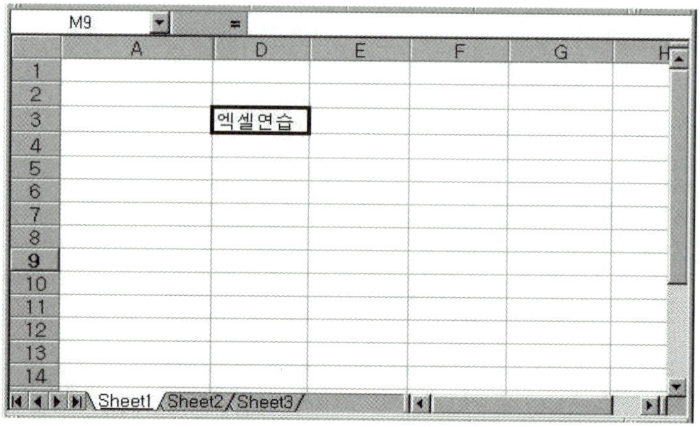

차트 그리기

복잡한 수치를 그래프로 나타내면 시각적으로 크기 비교나 추세 파악 등이 편리할 뿐만 아니라 의사전달 및 보고에도 효과적이다.

차트를 작성하기 위해서는 도구모음에서 차트마법사 아이콘을 누르거나 삽입(O) → 차트(H)명령을 사용하면 된다. 차트마법사를 이용하는 경우 사용자가 마법사가 지시하는 대로 따라가면 손쉽게 차트를 작성할 수 있다.

차트를 그리기 위한 자료를 〔그림 25〕와 같이 먼저 입력하고 B2:B12셀 범위를 선택하여 지정한다. 그러면 차트마법사 이용을 위한 자료입력이 자동적으로 이루어지게 된다.

〔그림 25〕 차트 그리기를 위한 자료 입력

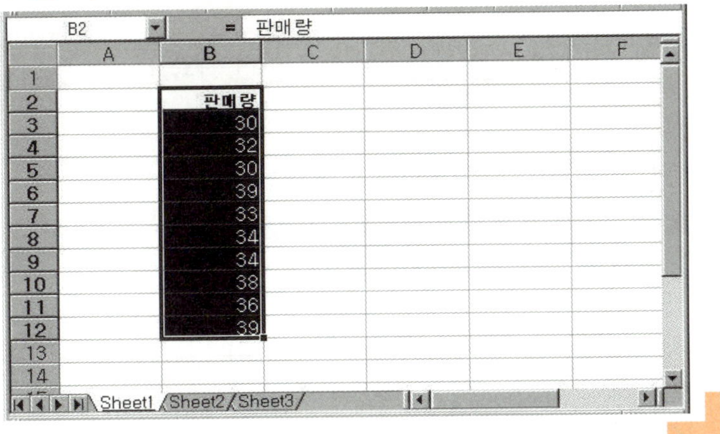

이제 〔그림 26〕과 같이 차트마법사 대화상자를 띄운다. 그런 후 표준종류의 차트종류(C)에서 원하는 차트를 선택하면 되는데 여기서는 꺾은선형을 선택하였다. 세부종류도 원하는 종류를 선택한 뒤 다음을 누른다.

〔그림 26〕 차트 그리기 1단계

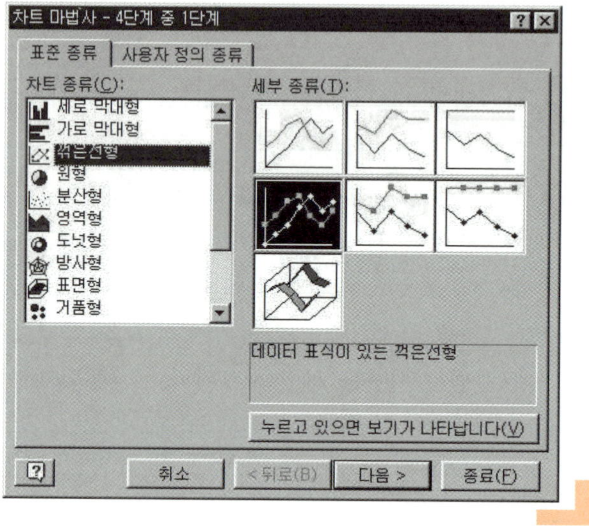

〔그림 27〕은 데이터 범위를 지정하는 것으로 이미 자료가 입력 · 선택되어 있으므로 다음을 누른다.

〔그림 27〕 차트 그리기 2단계

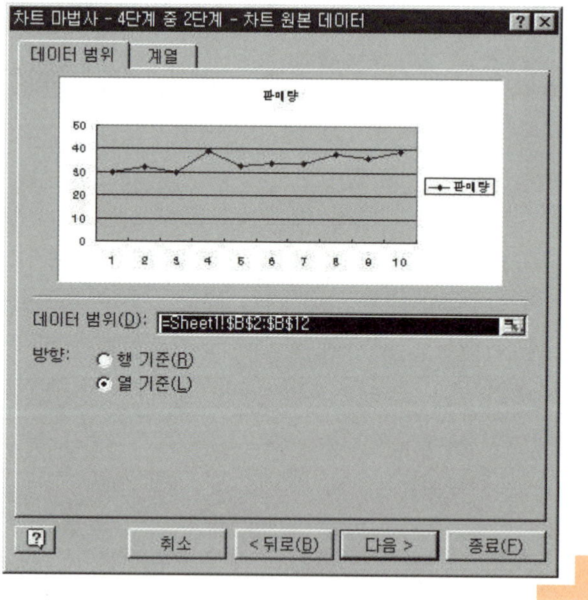

〔그림 28〕에서 필요한 제목을 입력하면 되는데, 여기서는 차트제목에 판매량 추세선을, *X*축에는 월을, *Y*축에는 판매량을 입력하였다. 다음을 다시 누른다.

〔그림 28〕 차트 그리기 3단계

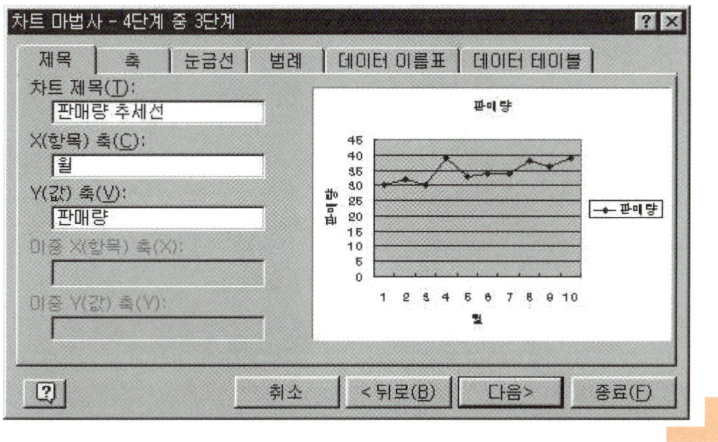

차트를 다른 시트에 삽입하고 싶은 경우 〔그림 29〕에서 새로운 시트에 클릭한다. 여기서는 자료가 입력된 시트인 sheet1로 입력하였다. 이제 마지막으로 종료를 누르면 최종 결과가 〔그림 30〕에 차트로 나타나게 된다.

〔그림 29〕 차트 그리기 4단계

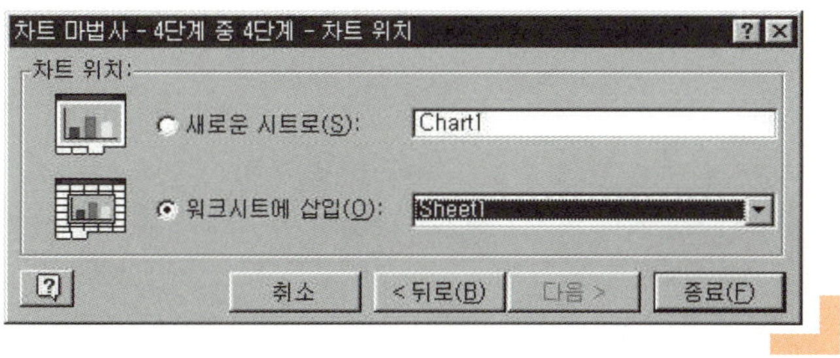

차트모양이나 크기, 글꼴 등을 수정하려면 〔그림 30〕에서 수정하고자 하는 차트부분을 더블클릭(double click)하면 그와 관련된 단축메뉴가 나오게 되는데 여기서 직접 수정하면 된다.

(그림 30) 차트 그리기 결과 화면

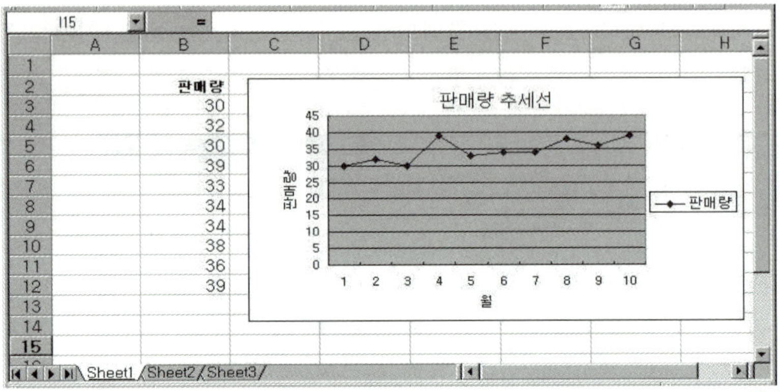

찾 아 보 기

〔ㅁ〕

〔ㅂ〕

〔ㅅ〕

공저자약력

박 광 태

서울대학교 공과대학 졸업
서울대학교 대학원(산업공학 석사)
미국 버클리대학교(산업공학/경영과학 박사)
영남대학교 경영학과 교수 역임
전 한국생산성학회 회장
현 고려대학교 경영대학 교수
한국기업경영학회 부회장
서비스사이언스학회 부회장

김 민 철

고려대학교 경영학 박사
위스콘신 주립대학교 이학 석사
서울대학교 보건대학원 석사
고려대학교 경영학 석사
조지아공대 Certificate of ITPM
중앙대학교 경영학 학사
전 SK텔레콤 마케팅연구팀 근무
현 제주대학교 경영정보학과 교수

김 보 원

서울대학교 경영학과 학사
스탠퍼드대학교 경영과학(OR) 석사
하버드대학교 경영학 박사
현 KAIST 경영대학 교수

제2판
EXCEL 활용 의사결정

1999년 10월 20일 초판발행
2012년 8월 30일 제2판 인쇄
2012년 9월 5일 제2판 발행

공저자 박광태 · 김민철 · 김보원
발행인 안 종 만
발행처 (주) 박영사
서울특별시 종로구 평동 13-31번지
전화 (733)6771 FAX (736)4818
등록 1959. 3. 11. 제300-1959-1호(倫)

공저자와 협의하여 인지를 생략함

www.pybook.co.kr e-mail: pys@pybook.co.kr

정 가 23,000원 ISBN 978-89-6454-290-3